# 輪迴可有道理？

【五十三篇・菩提比丘的佛法教導】

菩提比丘 著

雷叔雲 譯

Dhamma Reflections

Collected Essays of Bhikkhu Bodhi

# 目錄

衷心的慶賀 7
前言 8
【譯序】佛法的時代之聲 10
菩提比丘傳記 17
1 解脫味 47
2 栽培善根 55
3 由心所造 67
4 修福和修行 74
5 「知」之道 83

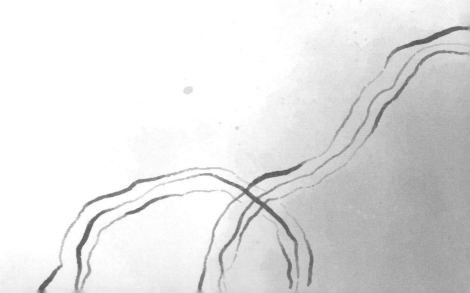

6 雙面佛法 90
7 高瞻遠矚和腳踏實地 93
8 自淨其意 96
9 為研讀教義說幾句話 99
10 佛法若不談輪迴 102
11 自我評估 105
12 平衡之道 108
13 《卡拉瑪經》一瞥 111
14 良心宣言 117
15 承先啟後 120
16 醫治絕望的妙藥 123
17 衝突，問題在哪？ 126

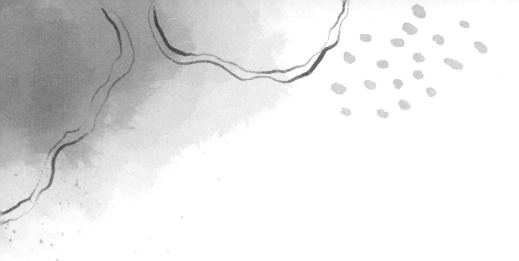

18 意義的追尋 130
19 尋找安全感 133
20 自我轉化 137
21 放下刑杖 141
22 「聖」諦 144
23 皈依佛 148
24 五根 152
25 世間的守護者 155
26 寬容性和多元性 159
27 從見到正見 164
28《法句經》活生生的訊息 168
29 親近智者 182

30 佛法與不二論 186
31 邁向理解的門檻 194
32 平穩行走於不平之處 202
33 遇見天神信使 206
34 佛法和全球化 210
35 佛教教育的旨趣 214
36 善梵的問題 218
37 活得有尊嚴 223
38 生活方式和修行 228
39 比活一百年好 232
40 通向「知」的兩條道路 237
41 諸行無常 241

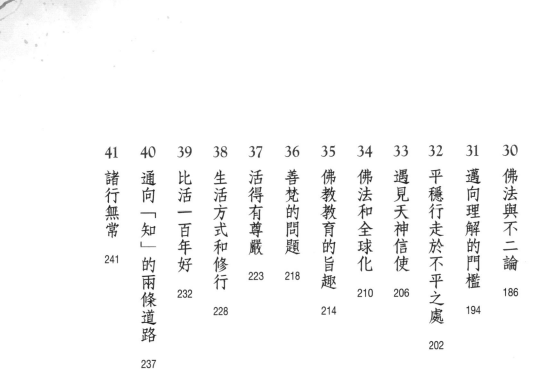

42 領航千禧年 246
43 兩種觀禪 252
44 輪迴可有道理？ 257
45 什麼是正覺？ 267
46 善友之誼 274
47 起步之處 280
48 佛教的新世紀社會倫理觀 287
49 佛教對經濟與社會發展的看法 306
50 佛教的面目正在改變 322
51 十字路口的僧團 332
52 在歐洲弘法 343
53 善、美、真 369

# 衷心的慶賀

佛教出版學社感謝菩提比丘多年來無私的奉獻。雖然菩提比丘已不再積極參與本社事務，本社仍承蒙我們的編輯、工作人員、管理董事會，以及許多志工的努力、使命和遠見，持續欣欣向榮，這一切都建立在過去的基礎上。我們的創社編輯向智尊者（Venerable Nyanaponika）一開始的遠見、智慧和決心，加上理查德．阿貝雅賽凱拉（Richard Abeyasekera）的熱情和奉獻，創立並維持了佛教出版學社的前二十六年。菩提比丘用溫厚的學養和奉獻，持續滋養接下來的十八年，這些精神仍不斷啟發著每一位佛教出版學社的成員。

菩提比丘，我們在此由衷致上深深的感謝，並獻上最美好的祝願：

祝七十歲生日快樂！願您長年與我們分享您那溫柔的慈心！

佛教出版學社　於斯里蘭卡．康提

二〇一四年十二月

# 前言

佛教出版學社為慶賀菩提比丘七十歲誕辰，特出版本書，幾乎囊括了菩提比丘所有①經由佛教出版學社出版的論文，此次將跨越三十年間的五十三篇論文一舉結集成冊，相信終能受到應有的重視。

我們都非常清楚菩提比丘在佛法翻譯和研究上學識淵博，而他引領我們日常應用佛法的能力，也許鮮為人知，這五十三篇論文正好說明了這一點，顯示了菩提比丘如何能夠傳達佛陀超越時代的教法。他既能簡要地闡揚如何將佛法融入日常生活，又能繁複地解說教義，卻絲毫不失佛法與今日世界的相關性。

菩提比丘第一篇由佛教出版學社出版的論文，發表於菩提葉系列，即一九七六年的〈解脫味〉。這篇論文首次將他引薦給佛教出版學社的讀者，因此也編在本書的首篇，本論文集係按編年排序。菩提比丘接著出版的是四篇論文合集，發表於法輪出版系列，即一九七八年的〈栽培善根：論佛教的道德〉（法輪出版系列259／260號），編在本書的第二篇。

再下來就是佛教出版學社社訊的論文。菩提比丘於一九八四年就任佛教出版學社的編輯，接下來的十八年，他都堅守崗位。未久，他在出版品郵訊中介紹這份社訊給社員，這份社訊包含論文形式的「社論」、一兩冊其他出版社的佛教新書介紹、社員會感興趣的其他新聞，以及對佛陀教法的研究。二〇〇二年，菩提比丘從這個編輯職位退休，累積了四十二篇社論，本論文集絕大部分屬此。

〈佛法與不二論〉原分上下兩部，〈邁向理解的門檻〉和〈輪迴可有道理？〉亦同。〈《法句經》活生生的訊息〉在一九九三年發表於菩提葉系列，也一併放在社訊的論文中，以保持本書的編年體。

接下來是〈面對未來：四篇佛教的社會相關性論文〉，在二〇〇〇年發表於法輪出版系列438／440號。下面一篇論文〈在歐洲弘法〉是他自行在可倫坡發表的，但這篇補足了〈面對未來〉的系列論文，而且寫於同一時期，無論如何也要包括進來。菩提比丘在編輯任內的最後一篇文章是〈善、美、眞〉，二〇〇一年在菩提葉系列發表。正如我們用菩提比丘首篇發表於菩提葉系列的論文，置於本書之首，本書的最後一篇原也發表於同一系列，該是一個很適合的「閉幕式」。

菩提比丘同時寫了許多深具洞察力的深度研究，如皈依三寶和緣起等主題，也經由佛教出版學社在法輪出版系列發表，但因這些研究論文篇幅太大，無法容納在本書之內。佛教出版學社將連同他在學術期刊中發表的其他研究，一併出版另一專書②。

編按：○為原註；●為譯註。

①其中有四篇特別獻給佛教出版學社成員的論文，如向智尊者的悼詞，並未收錄。

②這篇前言和接下來的傳記，係由茱迪．柯利（Judy Caughley）和兜率智比丘（Bhikkhu Nyanatusita）執筆。

【譯序】

# 佛法的時代之聲

雷叔雲

七〇年代，斯里蘭卡，一位西方比丘初來乍到一年半，政府便開始實驗糧食自給自足的政策，不再進口米糧，於是食物異常稀缺，寺院原就位於貧困地區，這時早齋僅能供應稀薄的紅米粥、一根香蕉或一塊餅乾，午齋也是紅米粥、扁豆、水煮青菜，過午即不再進食。長期的飢餓和營養不良，使人難以潛心修學。下午才三點鐘即已飢火中燒，迷離的雙眼偶而瞥見房角的拖鞋，恍惚中竟有取來充飢之想，日復一日，直到第三年才見改善。❶

這是菩提長老自敘在斯里蘭卡修學時，第一手體會的長期重度飢餓感。然而這段經驗並沒有凝固成一段遙遠的個人回憶，反而激勵他看向更遠，關注同樣沉淪在飢餓深淵的人，尤其是發育中的孩子，原本可以健健康康長大，說不定能在數學或藝術領域大顯身手，卻因營養嚴重不良，潛力還來不及發揮就已萎縮。長老是一介出家人，手中並無資源，卻在二〇〇八年毅然創立「佛教環球賑濟」（Buddhist Global Relief），喚起各界的善心，來救助人類的飢饉，促進人類的身心健康，並重拾尊嚴。這是一位上座部比丘和翻譯家，扎扎實實投入這個時代的經歷。

## 時代舞台

佛法的出世間性，唯有透過世間來彰顯。因此，佛法的超越性，也必須落實在世間，回應每個時代的呼喚。

菩提長老深信：「佛陀的教法之所以具有犀利的針對性，不是因為教法有廣泛的一般性，而是因為適應深植於特定時代的普遍心識。」❷「在每一個歷史時期，佛法都有新方法來展現潛力，正好連上這個時代特殊的歷史情境。我相信，我們的時代提供了一個適當的歷史舞台，使佛法超越的眞理再回到這個世間，紓解人們不同層次的痛苦。」❸

而我們這個時代又搭建了怎樣的舞台，來襯托佛法可以著力之處？從本書看，長老觀察到舞台上搭建了好幾處重大場景，如貪瞋癡的系統性呈現、體制性和結構性的不公不義、國家和社會暴力、意義感的集體失落、年輕人與佛教漸行漸遠、僧伽教育與時代脫節等等。

以貪瞋癡的系統性呈現為例，貪瞋癡原是佛法中的三不善根，一切煩惱的三大根本類別，供我們逐一檢視自心的成分，並經由修行加以滅除。佛法的究極目標是涅槃，而涅槃的其中一個描述，即是「貪瞋癡永盡」。本來，貪瞋癡因人心之不同，而顯現出無數紛雜的世間面目，為什麼說這個時代貪瞋癡有集體的趨向呢？

## 不忍眾生苦

《帝釋所問經》中，帝釋迫不及待請問佛陀的第一個問題，就是為什麼眾生都希望居住在沒有怨恨和敵對的國度，卻又身不由己必須受困在這樣的環境當中難以脫身？❹長老觀察到這個時代的問題，與帝釋當時如出一轍，甚至更加緊迫：「人類偏頗的發展——在外，是控制大自然，加上，在內，是自我理解幾乎趨近於零——時值今日，人類已賦予三不善根一種前所未有的強大力量，簡直近乎災難。因爲貪心處處，世界已經轉化爲一個全球市場，人類在其中淪爲消費者、甚至商品的地位，各種物質欲望經常被強力挑起。競爭利益受著貪心的支配，經常點燃了瞋心，火花處處，因此民族和種族差異成爲孳生懷疑和敵意的溫床，於是爆發了暴力和破壞、殘酷和野蠻、無休止的復仇。癡則產生非正信、教條觀點和思想意識型態，給貪、瞋後援，升高貪、瞋驅動的行爲模式，使其師出有名。」❺於是，高科技和工業化的發展，威脅到眾生的維生系統。物質和消費至上主義的風行，取代原有的價值觀，成爲新興的世俗宗教。

舉例來說，工業革命之前，大氣中的二氧化碳濃度是278 ppm，二〇二〇年時已上升至417 ppm❻，正可管窺貪瞋癡的肆虐和橫行。幾乎可以說，近年出現的疫情，其實是人心的疫情；戰爭與暴力，其實是人心的暴力；氣候變遷，其實是人心的變遷；環境汙染，其實是人心的汙染；生態浩劫，則是人心的浩劫。

可是人類的解決方案卻一頭栽入了死胡同，長老洞察到：「在政治界和經濟界，把許多人類困境的深層根源，都當作技術難題來處理，以爲只要用對了技術就可以解決。因此，如要解決地球溫室效應的危機，只需簽署條約，來減低溫室氣體的排放。如犯罪和暴力事件上升，只需更強大的警力。……但無論這些策略用在短期治標多麼奏效，卻始終不是長遠的治本之計。」❼「在科技界，視科技創造力是進步的標竿，忽視了道德的深度和品格的高度才一直是人類偉大的經典標誌。……將生命存在的縱深尺寸打平，將自己縮小到純粹的水平面。」❽「從佛教的視角來觀察現今世界所蒙受的傷害，會發覺這些創傷其實只是病徵：警示我們生活方式的基本面出了問題。」❾長老在他的《八正道——趣向苦滅的道路》一書中提到：無盡的競爭、衝突、不公義和壓迫，並非來自心外，全都只是思惟被貪瞋癡驅使的結果。

長老提出的解方，是個人和社會雙管齊下，因爲「這兩方面本來就互相牽纏、相互爲緣，於是我們的價值觀反映社經現實，社經現實也受到我們價值觀的影響。因此，雖說我們最能直接影響的，是自己的生活，但個人生活方式的任何改變都會外延，影響人際關係、社會秩序、政治議題，甚至我們與生態環境的關係。爲免讓個人價值觀成爲一張美麗的面紗，掩飾社會的失序和腐化，我們必須嚴苛、甚至椎心地自我檢視。」❿從長老的身教、言教可以看出，他從南傳佛教出發，以犀利的洞察和宏廣的胸襟，關注一切眾生和眾生賴以生存的自然環境和社會體制。

如果佛陀出世的因緣，是根除一切眾生的貪瞋癡三不善根，今日這些不善根不但在個人內心，也發生在集體層面，那麼，我們便沒有獨善其身的權利，除自身修行之外，自然有義務以慷慨（無貪）、慈悲（無瞋）和智慧（無癡）在體制層面撫平貪瞋癡帶來的系統性創傷。

## 不忍聖教衰

菩提長老更為人所知的是譯經上的貢獻。他在斯里蘭卡僧團度過二十九年的時光，從善知識求法、譯經（間亦有擴充、潤飾前人譯作）、說法、編輯、寫作，於二〇〇一年返回美國。回國之後，繼續譯經工作，不但翻譯、整編《相應部》、《中部》、《增支部》、《阿毗達摩概要精解》（*Abhidhammatthasangaha*）等，並持續進行巴利聖典的翻譯，同時長老也編寫多種專題式的佛陀法教，以符合現代的需要。例如《佛陀的話語》（暫譯，*In the Buddha's Words: An Anthology of Discourses from the Pali Canon*）將四部《尼柯耶》中佛陀的語錄式開示樹立起一個架構、《佛法的社會和諧之道》（暫譯，*The Buddha's Teachings on Social and Communal Harmony: An Anthology of Discourses from the Pali Canon*）把佛陀有關社會族群和諧共處的開示組織成修行結構，又有《探詢正法》（暫譯，*Investigating the Dhamma: A Collection of Papers*）深入探討現代佛教界對教義的不同觀點。

長老譯經的貢獻，很難不令人遙想一千三百多年前，玄奘法師於西元六二七至六四五年⓫經由西域前往天竺取經，用十七年青壯歲月求法，然後回到中土，開始譯經，他組建譯經團隊，且有皇室的支援，漸次圓滿初心，成果是「合七十四部，總一千三百三十八卷」⓬。二十世紀的菩提比丘則是離開母國後，隻手獨力完成譯經。初期在斯里蘭卡隱居林，陪伴他的只是一盞昏黃的煤氣燈和一枝筆，後來加上一臺老舊的打字機，然而，他首次將巴利經典完整地介紹到英語世界，便足以輝映東西。

譯者多年前踏上絲路之旅，追尋玄奘法師的足跡，每次風簷展讀《大唐大慈恩寺三藏法師傳》、《大唐西域記》，只見史詩般的壯闊。而披閱本書中短短的〈菩提比丘傳記〉仍可窺見史詩的格局，試想六〇年代的美國，仍是佛法沙漠，而一位只讀過幾本佛法書的大三學生，竟因一位亞洲比丘的身影，驚鴻一瞥，開啟了求法的靈感。佛陀當年在道旁看到老、病、死和清淨的沙門，清淨修行人的風範是活生生的具象佛法，從此改變了佛陀的生命軌跡，也給長老帶來了生命的轉折。

本書集結長老在斯里蘭卡期間所寫作或發表的會議論文，以及擔任出版學社主編期間所撰寫的文章。其中有回應時代的論文，如〈佛教的新世紀社會倫理觀〉、〈佛教對經濟與社會發展的看法〉、〈佛教的面目正在改變〉、〈十字路口的僧團〉、〈在歐洲弘法〉；有闡析道德法則的〈栽培善根〉、〈由心所造〉、〈修福和修行〉；有凸顯教義重心的〈解脫味〉、〈什麼是正覺？〉、〈諸行無常〉；有詮釋經文的〈《卡拉瑪經》一瞥〉、〈《法句經》活生生的訊息〉、〈善梵的問題〉；也有釐清西方人誤區的〈佛法若不談輪迴〉、〈輪迴可有道理？〉等，無一不在橋接古老智慧和現代心靈。

長老曾說：佛法的衰落並不是佛陀的教法不再與這世界相關，而是弘法者沒有把這相關性彰顯出來。在此，譯者祝願長老身體安康，老而彌堅，持續翻譯和寫作的宏大願行。值此網路會議和網路教室時代，也持續帶領全球弟子，向我們耳提面命佛法應有時代的相關性。同時，譯者更期與讀者互勉，願我們都能把握時代的契機，謹守道德，培育心智，把佛法與時代的相關性，透過身業和語業彰顯在世間。

若有人因本書而受益，一切功德屬於佛陀和菩提長老；若有譯不到位，粗窳疏漏之處，一切過失歸於譯者；若有任何功德，願迴向眾生普皆正覺！

---

❶長老在佛教環球賑濟二〇二一年年會上敘述關注飢餓的因緣。
❷見本書〈四十二、領航千禧年〉一文。
❸Bhikkhu Bodhi, A Challenge to Buddhists, *Buddhadharma*, 2007.
❹長部二十一經《帝釋所問經》：「親愛的先生！以什麼結，而天、人、阿修羅、龍、音樂神，以及所有其他存在的種種群聚，像這樣，他們都想：『願我們住於無怨恨的、無杖罰的、無互相敵對的、無惡意的、無敵意的。』但他們卻住於怨恨的、杖罰的、互相敵對的、惡意的、有敵意的呢？」
❺見本書〈三十四、佛法和全球化〉一文。
❻美國夏威夷冒納羅亞天文台（Mauna Loa Observatory）測得之數據。
❼見本書〈四十八、佛教的新世紀社會倫理觀〉一文。
❽見本書〈三十九、比活一百年好〉一文。
❾同本篇註❼。
❿同本篇註❼。
⓫見章巽校點本《大唐西域記》酈隶彬〈前言〉。
⓬見《大唐大慈恩寺三藏法師傳》卷十。

# 菩提比丘傳記

我們爲深入認識菩提比丘，並了解他寫作論文的發心，特從不同的訪問和論文中擷取材料①，寫成這篇傳記。

## 接觸佛教

菩提比丘在一九四四年十二月十日，生於紐約市布魯克林一個中產階級的世俗猶太家庭。他的俗名爲傑佛瑞．布拉克（Jeffrey Block），在城區公園（Borough Park）長大，這是布魯克林的一個區，那時主要是猶太後裔和義大利移民的聚居之處。他就讀於附近的公立小學和高中。高中畢業後，進入布魯克林學院，一九六六年取得藝術和哲學學士學位。他在一篇訪問中②，回憶在大學裡如何接觸到佛教：

「我在大三那年，開始對佛教感興趣。有一天逛書店，看到當時可以找到的幾本書，已經很有興趣了，我想自己對佛教的興趣，應該是不滿現代美國文明的物質至上哲學，促使我想更深入理解人類的生命。我並不滿意祖傳的猶太宗教，也不曾在基督教中發現深遠的價值，但是我很早——在大學三年級——就傾心於東方宗教。

「我開始閱讀《奧義書》、《薄伽梵歌》，又在書店找到鈴木大拙和亞倫．華茲（Alan Watts）的佛教著作，主要是禪和大乘佛教。我就讀克萊蒙研究院時，對佛教持續懷著興趣，並覺得自己需要更深刻的精神生活，同時我對各種心靈哲學總是持著基本的疑惑和懷疑。

「但我終於遇到了越南佛教比丘釋覺德（Thich Giac Duc），他也就讀於同一所研究院，住在我同棟宿舍，我和他交上了朋友，以他爲師，請他指導佛教教義和禪修。」

在他處③，他也訴說了與佛教比丘第一次「接觸」的有趣故事，居然也是越南人，雖然只是遠觀。

「一九六五年八月第一週，暑期班結束之後，我準備開車從紐約到舊金山，那時二十歲，九月開學就大四了。我想去看一位朋友，他在舊金山度暑假，我努力找到幾個學生同行。我們在路上開了一整天車，在威斯康辛州麥迪遜停下來。次日早晨，我決定去散散步，走到了威斯康辛大學校區的一條安靜的路上。

「當我走到校區中央的商場，一棟巨大石砌建築的門打開了，踏出來的是一位東亞的中年人，身著黃橘色袍子，他後面跟著一位高大的美國男子，兩人並排講著話，我突然意識到自己正在注視一位佛教比丘，我從來沒有見過佛教比丘，美國那時的佛教比丘屈指可數。我幾個月之前才開始讀佛教書籍，從赫曼．赫塞的《流浪者之歌》（*Siddhartha*）知道，佛教比丘穿番紅花色的袈裟，因此我可以確定我正在望著一位比丘。

「我對眼前這位寧靜自若的人，感到既奇妙又驚訝，我從來沒有在西方人身上見過這種光明煥發、知足和莊嚴。我只眼見他走路穿過商場，就已充滿愉悅和快樂。很快地，這兩人就從我的視線消失，進入了另外一幢建築。」

故事還沒結束：

「一年多之後，我從布魯克林學院畢業，移居加州，進入東洛杉磯的克萊蒙研究院，開始攻讀哲學博士學位。春季班時，一位從越南來的佛教比丘也進了同一所大學，而且住進了我同一棟研究生宿舍的下一層樓，他並不像那位威斯康辛遇見的比丘那樣『寧靜自若』，卻是十足的『逍遙樂天』派。我一認識就喜歡上他，他最終成爲我第一位佛教老師。

「有一天（我想是一九六七年十一月），他說一位從越南來的大德釋明珠法師（Thich Minh Chau）到了美國，很快就會到洛杉磯，落腳在一個越南家庭，他邀我一起往謁。釋明珠從客房出來時，我非常驚訝，他看起來眞像兩年前我在威斯康辛大學遇見的比丘，一有機會，我就問他：『這是師父第一次來美國嗎？』他回答：『不是，我幾年前來過。』我就問：『一九六五年八月上旬，您可不可能在威斯康辛大學的校區？』他說：『我還眞在那裡呢！我去探訪朋友理查・羅賓森（Richard Robinson）教授，他創立了佛教研究課程。』於是我就告訴他那一天我看到他走過校區，他輕輕一笑：『所以這不是我們第一次見面了。』」

在越南之外，釋明珠以學術著作《巴利聖典中部和漢譯中阿含經之比較研究》（*A Comparative Study of the Pāli Majjhima Nikāya and the Chinese Madhyama Āgama*）知名，但在越南國內，他以翻譯四部《尼柯耶》和其他巴利經文聞名，也是越南佛教大學和研究機構長期主持人。

## 受比丘戒

在另外一篇訪問④中，菩提比丘提到他的比丘朋友兼老師釋覺德教他禪修，並且在一九六七年五月受沙彌戒：

「他先教我出入息念，也就是安那般那念。有趣的是，越南佛教雖然是大乘，但因靠近柬埔寨，還是傳來了印度大乘佛教，而不只是從南中國來的漢傳大乘。越南的大乘佛教比較有印度佛教的血緣，因此他教我的禪修方法，基本上是出入息念、慈心禪，還有根據四念處而來的禪法，每一個念處都有關一個特定的顚倒見：觀身不淨、觀受是苦、觀心無常、觀法無我。

「我和他成爲朋友之後，便開始禪修，我對佛教或修道生活的疑惑和懷疑都煙消雲散。我既已決定這是一條我要走的正確道路，便問這位朋友和老師，我可否受戒成爲沙彌。同時，我必須坦承，這背後還有一個實際的動機，當然這並不是我受戒的主要原因。那時美國決定擴充軍備，然後擴大徵兵員額，所以我想若正式受戒，就有文件可以免除服役的義務，是一個特別安全的方法。……

「受沙彌戒之後，我計畫去亞洲，並不特別確定去哪裡受比丘戒，雖然我的越南老師與斯里蘭卡特別知名的那爛陀長老（Venerable Nārada）有聯繫，他一直勸我去斯里蘭卡受比丘戒。」

釋明珠也勸他去斯里蘭卡：

「幾年以後，釋明珠又一次來美國，有一段時間，他在我克萊蒙的住處落腳。後來我計畫去亞洲受比丘戒並研讀佛法，他也給我非常實用的建議，並提供我一封優美的引薦信，以便投遞給亞洲的佛教權威，我隨身攜帶這封信到了康提。他建議我去斯里蘭卡，隨向智尊者學習，雖然我到了這個島國很多年，當初想跟尊者修學的目標都還沒能完全實現。」

於是菩提比丘展開了跟斯里蘭卡和向智尊者的因緣。但菩提比丘在一九七二年去斯里蘭卡之前，遇見了另一位比丘，在他生命中有重大的意義，也就是喜見長老（Piyadassi Thera），這是一位斯里蘭卡全球巡迴的弘法師，以寫作和開示知名。他有幾本書是佛教出版學社出版的，如《佛陀的古道》（*The Buddha's Ancient Path*）。他是佛教出版學社多年來僧伽羅語（Sinhala）的編輯，事實上，他在一九五七年後期發表的一次開示，催生了一九五八年初期佛教出版學社的誕生。菩提比丘在佛教出版學社社訊（一九九八年四十號）提及他們第一次相遇的故事：

「我們這份關係始於一九七一年，我住在洛杉磯的越南佛教中心，在南加州都市圈一所學院開世界宗教的課。有一天中心收到通知，說一位斯里蘭卡比丘將來洛杉磯，我們邀請他同住，並做一系列南傳佛教開示，這位佛教比丘就是喜見長老，這是他第二次環球弘法之旅，他的開示非常精闢，他嫻熟佛陀教法的核心，講得清晰分明，還帶著溫和的幽默。我們在洛杉磯機場道別之際，喜見長老建議我有一天該去斯里蘭卡的寺院住一住。

「這個建議和我心中原已成形的想法起了共鳴，因此第二年我決定去亞洲加入僧團時，寫信給喜見長老，提醒他曾邀請我。他回信告訴我『長老』阿難陀．慈氏（Ānanda Maitreya）尊者的名字和地址，起先我有點遲疑是否該聯繫這位長者，因為他已經七十六歲，我擔心他在這個年紀可能不太適合教導我，但我萬萬沒想到，我被引介給這樣一位有力量、有活力的比丘，直到接近一百歲，還可以環球弘法。既然如此，我便把握機會寫信給他，他回信表示歡迎，讓我在『東遊記』中完成了比丘戒，在戈德（Balangoda）附近的小村寺院接受了他三年的指導。」

他的第一位老師釋覺德完成博士學位回到越南之後，菩提比丘去洛杉磯的國際佛教禪修中心與另一位越南比丘釋天恩（Thich Thien An）同住。菩提比丘已於一九七二年二月自克萊蒙研究院獲頒博士學位，論文是有關英國實用哲學家約翰．洛克的哲學中主要和次要的特質理論。在寫作博士論文期間，以及完成之後的幾個月，他在加州州立大學富勒頓校區兼任教職，以償還學生貸款，他在這所大學的哲學系開設世界宗教的課程。待貸款償還完畢，便離開美國，去了亞洲，打算先研讀佛法，然後禪修。他在訪問⑤中說：

「我從來沒有打算成爲巴利聖典的學者或譯者，事實上，即便到現在，我也不覺得自己是嚴肅的佛教學者，我起初是因爲禪修而先接觸佛教。我的第一位老師釋覺德讓我了解，要爲禪修和在西方弘法打好基礎，就必須系統性研讀佛法。我去斯里蘭卡受比丘戒時，原來計畫花幾年學習巴利聖典，然後就致力於禪修。」

一九七二年八月，他飛往泰國，在曼谷的普連毗婆舍那寺（Wat Pleng Vipassana）禪修一週，然後去越南探訪朋友兼老師釋覺德，由於越南正值內戰，處於混亂狀態，比丘都不確定佛教和這個國家未來的走向。他在越南停留兩個月，大部分時間待在西貢，然後就前往斯里蘭卡⑥：

「我還是大乘的沙彌，到了斯里蘭卡仍穿著越南式的袈裟。我的老師希望我在斯里蘭卡穿黃色的袈裟，因爲人們可能不會認爲穿棕色袈裟的是佛教比丘。所以我穿上了飄然的黃色袈裟。我在可倫坡待了一週左右，前往戈德，進住受戒師父阿難陀．慈氏的寺院。幾週之後，在一九七二年十一月，我重新受上座部沙彌戒，一九七三年五月受具足戒。」

阿難陀．慈氏長老除了是首席僧伽羅學者比丘，英語流利，同時非常溫和，性格可人，他對巴利文、三藏及其義注、復注都有非常廣泛的知識。新受具足戒的菩提比丘覺得，戒師的知識深度和廣度都令人耳目一新：「因爲跟著他，我才開始研讀巴利文，……等到我學的巴利文夠多了，……我們便一起看經文，從《相應部》的第一部分開始，又一起看《中部》的經文，然後他又領我讀《阿毗達摩概要精解》。」

菩提比丘就像許多在斯里蘭卡的西方比丘，很想不靠翻譯者爲中介，來了解佛陀的教法。這個傳統是從三界智尊者（Venerable Nyanatiloka）開始，他是最早期上座部佛教的西方比丘，一九一二年三界智尊者創立了一所寺院，名爲「隱居島」（Island Hermitage），剃度了許多西方比丘。早期的巴利經典譯文並不可靠，尊者就強調應該學習巴利文，才能正確理解佛陀教法。於是他個人對學生教導巴利文，包括向智尊者和髻智尊者（Venerable Ñāṇamoli），佛教出版學社最近出版了一本書，敘述三界智尊者的生平和成就，故事非常奇妙⑦。

## 翻譯巴利聖典的發心

在一個美國佛教雜誌的電郵訪問⑧中，菩提比丘解說了他學習和翻譯巴利聖典的發心，以及爲什麼這成爲他的終身職志。

「一九七二年，我要去亞洲受比丘戒之前那段時期，美國青年對佛教的興趣比較反智。雖然大部分去亞洲追尋上座部教法的西方人，都前往泰國的森林寺院或緬甸的禪修中心，我的業緣卻引領我到了斯里蘭卡，跟隨深入經藏、又能引導一心向學的西方學生的老師。

「我開始研讀巴利經文，那寧靜的外表下，閃爍著清晰、理性的活力、細膩的優美、微妙的熱情，令我振奮。我開始翻譯一些經文和義注的段落，只是讓自己更清楚，並沒有想到出版。我看到西方佛教有一個落差：對佛陀本身的教法缺乏清楚的知識，我因而想到經文應該翻譯成清晰而現代的語言，伴隨著註釋，凸顯經文更深刻的意義和實用的關聯性，迄今，這已成爲我終身的工作了。

「許多初學的西方佛教徒用『修行』一詞作爲『禪修』的同義詞，於是在研讀和修行之間做了截然的分立，他們假設一位比丘若奉獻於學術，就不可能認眞修行，好似學術和眞正的修行是對立的，我必須承認自己的禪修去理想有一段距離，這是由於長期的健康問題（這是我個人的業障，必須自行處理），而不是因爲奉獻於學術和翻譯佛教經典所致。

「我們應當記得，亞洲佛教在這麼多世紀以來，一切傳統的主要任務就是經由密集地研讀、探討和弘揚佛教經典和思想，來保存並傳遞佛陀的教法。這形成了一切佛教更高修行成就的基石，這也是一個骨架，支持著佛教的肌肉和器官。……可以明確地說，學術知識若沒有實際應用，是貧瘠的；奮發禪修卻沒有清楚的概念理解，是無效的。我害怕，沒有聖典的知識，這個修行傳統在幾代人之後，會很快被周圍的文化——尤其是有神論或物質至上論——稀釋、啃光或消化。

「我在研究所期間，開始研讀佛教經典，很自然地就被佛法中的緣起、五蘊和無我打動，這些帶領我們走到佛法的核心。但有一篇經文特別打動我，卻不是很深的禪修和證悟的經文。當我讀到緣起和無我的經文，我想：佛陀必定是正覺，但也許不是完全正覺。然而，當我讀到《教授尸迦羅越經》（*Sigālaka Sutta*，長部三十一經），我的疑惑頓時消失了。讀這篇經時，尤其是關於『禮拜六方』，看到他雖探到最深的生命眞理，仍可以鉅細靡遺地教導：父母如何教養子女、夫婦如何彼此相愛互敬、雇主如何照顧員工。我於是知道：這位導師確實是正等正覺。在我心裡，這篇經文顯示了佛陀擁有不只是『上求之智』，可直達最高的眞理，而且還有『下化之智』，慈悲遍滿，重新下到世間的層次，依據正覺，以最適合的方法，教導並引導他人。

「我也希望強調，經文是最早期的佛教文字歷史，因此形成了整個佛教的共同傳統，所以研讀經典，並不只是上座部或以上座部爲根據的觀禪行者，而是所有各宗各派想了解佛教根源的人一致的任務，更是責任。」

菩提比丘受具足戒之後不久，首先遇到向智尊者，那是兩位比丘都到隱居島參加年度供僧衣節（Kathina ceremony）的時候。向智尊者是知名而博學的上座德國比丘，也是三界智長老親近的弟子，寫了第一本甚受歡迎的上座部佛教正念禪修的英語著作《正念之道》（*The Heart of Buddhist Meditation*），他還有其他的著作，由佛教出版學社出版，長老當時是出版學社的編輯和社長。這兩位比丘都是猶太人，都非常醉心於佛陀的教法，以及用英語精確地傳法。菩提比丘和向智尊者作了一些討論，回到戈德以後，偶爾還會寫信請教佛法的觀點。在一九七〇年代，向智尊者每年春季都會去歐洲一兩個月，一九七四年他請求菩提比丘在他遠行的時候，過來照顧隱居島，兩位比丘就此成爲好友，向智尊者在菩提比丘的修道上扮演了非常重要的角色：

「我比丘生命中最大的啟發，就是在斯里蘭卡的歲月裡，德國上座部向智長老擔任我的導師，他正確了解古老巴利聖典和這個時代迫切需求之間的交會點，給我正確的觀點和方向感，在我成爲佛教比丘和老師的道路上引導我。」

一九七五年，菩提比丘在印度班加羅爾的菩提學會停留了十個月。他在戈德曾遇見菩提學會寺院來的印度比丘正要回印度，也邀請他一起回去，菩提比丘發現住在菩提學會非常有啟發，因爲老師和住持阿闍黎佛護尊者（Venerable Ācariya Buddharakkhita）的英語十分流利，而且非常了解佛法。每週都有很好的開示，當時那裡有五、六個比丘，包括一位美國和一位瑞典的相比丘（Bhikkhu Lakkhana）。

「那時相比丘正在鑽研阿毗達摩，我則是鑽研經文，於是佛護阿闍黎就讓相比丘教授所有比丘阿毗達摩，我則教授經文。雖然當時我並沒有太多的知識，但這確實迫使我準備經文，更仔細研讀，學著如何解說。有時候佛護阿闍黎請我們代替他在週日向公眾開示佛法，這也強迫我們學習如何對公眾弘法⑨。」

一九七五年年尾，菩提比丘因爲申請印度的延簽有問題，回到隱居林和向智尊者同住兩年。漢堤帕羅比丘（Bhikkhu Khantipālo）是一位英國上座比丘，在泰國受比丘戒，而且寫了好幾本甚受歡迎的佛教書籍。自一九七六年四月就住在隱居林，一直到一九七七年前期。向智尊者希望漢堤帕羅比丘能夠接任佛教出版學社的編輯，但他才開始編輯髻智尊者對《中部》的翻譯，然後就去澳大利亞弘法了。

接著，菩提比丘迎來了出家生涯中的困難時期：

「我受比丘戒之後，父母非常生氣，他們常常寫信給我，時而充滿憤怒，時而充滿悲傷，時而批評佛教和我，時而央求我回家，所以我其實決定不再繼續出家生涯而還俗，回到美國。我把這個決定告訴向智尊者，他非常惋惜，雖然他覺得我應繼續做比丘，而不是對父母的期望讓步，但覺得我必須自己做這個決定，而且他也不想強迫我。然而我感到勢必得還俗了。

「我其實已經決定了還俗的日期，也和父母做了一些安排，買了機票回到美國。大概是距離預訂還俗日的兩、三週以前，有一天，我坐在房間裡，想著我生命的整個目的就是出家做比丘，如果我只爲滿足父母的期望而還俗，豈不是爲滿足他人的期望，而把生命中一切的價值和意義作廢？於是我把這個想法告訴向智尊者，他說：『這樣的話，你就回美國，但以比丘的身分回美國。』我就想：『是啊，何不？』

「我在一九七七年八月回到美國，還是比丘，父母以爲我會穿著在家的衣服，看到我穿著番紅色的袈裟回來，背上揹著缽，手裡拿著比丘的雨傘，我母親對父親說：

『這不是我們的兒子，走吧！』她真的就要轉身離開機場，但父親把她拉住，然後他們一起帶我回家。這是父親後來告訴我的，原來我還沒看到他們時，他們已經看到我了。」

他跟父母在家待了不久，就前往紐澤西的喇嘛寺（Lamaist Buddhist Monastery），研讀藏文和梵文，以便深入印度大乘佛教，從一九七九年到一九八二年，他住在華盛頓特區的華盛頓佛寺（Washington Buddhist Vihara）。

「後來我覺得應該回到亞洲，繼續密集的訓練和禪修。我原本的計畫是去緬甸跟著馬哈希師父（Mahashi Sayadaw）禪修，……幾年前，緬甸的簽證政策開始鬆動，他們會發給外國人長期居留簽證，好前往緬甸的佛寺和禪修中心禪修或學習佛法，所以我希望能夠趕上這一波熱潮。我剛開始申請時，緬甸突然展開偏執的政策，把所有外國人都趕出國外，拒絕給予任何長期簽證。於是我必須改道，決定回到斯里蘭卡⑩。」

## 與佛教出版學社的因緣

一九八二年五月，菩提比丘回到斯里蘭卡。在向智尊者的隱居林待了幾個月之後，就前往一所知名的森林禪修寺院：梅提利嘎拉的出離禪林（Meetirigala Nissaraṇa Vanaya）兩年，跟隨優秀的禪修老師那難拉瑪法師（Venerable Ñāṇarāma）指導。他仍不時返回康提探望八十多歲的向智尊者，尊者已經非常孱弱。菩提比丘在一九八四年決定留在隱居林，幫助這位老比丘：「我覺得我必須跟他同住，照顧他，一個月以後，他告訴我，他想把出版學社編輯的位子交給我，我雖然沒有心理準備，還是同意了。」

在另外一篇訪問⑪中，菩提比丘談到自己最初的反應：「我回答：『師父，我同意你往生之後接下編輯的位子，但現在我還沒有準備好。』尊者說：『我現在八十二，該退休了，我要推薦你。』那天晚上，我躺在床上，想過逃出森林，可是我不能置這位老比丘於不顧。」

佛教出版學社於一九五八年在康提的隱居林成立，這是三界智尊者和他的學生向智尊者在幾年前為走避低地的熱氣而從隱居島遷居於此。創立佛教出版學社只是早期一個不確定的想法，但向智尊者（已於一九五六年向第六次結集大會提出佛教出版機構詳盡建議的備忘錄）⑫和兩位在家人：A．S．卡倫納拉特納（A. S. Karunaratna）和理查德．阿貝雅賽凱拉促其實現。菩提比丘在慶祝該社五十週年慶的社訊（二〇〇八年五十號）中提到在一九五八年新年的創立情形：

「要創立這樣出版社的想法，先在康提知名的律師A．S．卡倫納拉特納的心中成形，他是該城的前市長，時為一九五七年下半年。有一天，他為紀念過世的親戚而印刷免費結緣的佛教小冊子，他突然想到可以發行一系列這樣的出版品——有關佛法各方面的平裝英文小冊子，免費分送到世界各地。

「卡倫納拉特納把這個想法和他的退休校長朋友理查德．阿貝雅賽凱拉討論，激起了他的熱情，他們一起請德國出生的學者比丘向智尊者出任編輯，於是這三人就形成一個非正式的出版社，向智尊者擔任榮譽祕書（後來成為社長），卡倫納拉特納擔任榮譽財務，阿貝雅賽凱拉擔任助理祕書（後來是總祕書）。

「這幾位創立者本來只打算發行有限的基本佛教系列英文小冊子，最後居然正式進入出版世界，然而，佛教出版學社形成的時期，剛好出乎意料地跟全世界對佛法產生興趣的時間重合，這個興趣升高的同時，對純正佛教文獻的需求也升高了，因此佛教出版學社第一份出版品在亞洲和西方都非常受歡迎，創立者受到這樣的鼓勵，於是放棄了原先比較有限的目的，而開展了長期的出版計畫，至今還不斷成長。」

前面提過，佛教出版學社此時已經出版了幾冊菩提比丘的經文翻譯和論文，向智尊者自然覺得這份要求很高的工作，他是最適合的候選人。一九八八年，向智尊者辭去佛教出版學社社長一職，菩提比丘也就接下了他的衣缽：

「我和向智尊者住在隱居林，很少離開過，盡力照顧他。他在生命最後幾週健康才惡化，之前一直良好，只是越來越衰弱，而且視力惡化，到一九八九年後期，他無法再閱讀了，因此每天晚上，我們一起喝晚茶，我會選不同的書，爲他唸上一小時，也會在唸書時錄音，以便他日後可聽，我也想辦法取得不同老師的錄音帶給他聽⑬。」

隱居林的日子——位於熱帶森林保留區中央的老房子——並不好過，缺水無電，一直到一九八四年才在屋頂上裝了第一片太陽能板。向智尊者和菩提比丘晚上舉著煤氣燈工作，他們寫作不是用手，就是用一部老打字機。直到一九九〇年中期，菩提比丘才有第一臺筆電，他每天都就著電池還有電，趕緊工作幾個小時，手稿、信息、信件都必須在康堤城區的佛教出版學社來回遞送。直到一九九〇年後期，斯里蘭卡手機普遍之後，隱居林才有電話。情況儘管艱難，菩提比丘的健康也有問題，然而佛教出版學社在他的領導下，還是蒸蒸日上，在他擔任編輯的十八年之內，穩定出版了一系列英文和僧伽羅語的新書，重印了廣受歡迎的書，又出版了菩提葉系列和法輪出版系列六十本小冊子——加上佛教出版學社社訊，他所寫的論文占去這份小小刊物的一大部分。同時向智尊者鼓勵他開始翻譯經文，先是單篇的經文及其義注、復注，然後完整的經文合集（尼柯耶），第一部分是《中部》。

要說這個故事，我們必須回到幾年前，也就是一九四〇年代後期，戰後有位英國人到了斯里蘭卡，在隱居島跟三界智尊者受戒，這就是髻智尊者。他很快精通了巴利文，並在巴利聖典和義注、復注得到廣泛的知識。一九五六年，他英譯了整部《清淨道論》（*Visuddhimagga*）❶，由佛教出版學社出版，名爲 **The Path of Purification**。他一九六〇年過世時，人們發現三冊厚厚的手裝訂筆記，其中有手寫的《中部》翻譯。一九七〇年代，另一位在泰國受戒的英國比丘漢堤帕羅比丘，駐錫隱居林期間，拿了髻智比丘的筆記，修訂並整編了一百五十二篇經文中的九十篇，於一九七六／七七年在泰國出版了三大冊，書名爲《佛陀的寶藏》（*A Treasury of Buddha's words*）。菩提比丘在一次訪問中，說明他如何開始譯經，中部的英譯又是怎麼來的。

「其實翻譯《相應部》的計畫更早於《中部》。計畫由漢堤帕羅比丘啟動，他感到迫切需要新的《相應部》譯本。而我已經開始從聖典翻譯經文，以及相當多的義注和復注。……這是因爲向智尊者希望這樣做，多年以前，他翻譯了《梵網經》（*Brahmajāla Sutta*）相當多的義注和復注，保存在筆記簿裡，我閱讀並理解了向智尊者的義注和復注，從中獲益甚多，義注和復注的風格非常難懂，尤其是復注（ṭīkās），因爲復注師用古梵文義注師的風格，非常精煉，使用許多複雜的句子，其中有許多抽象的名詞，用各種變格連接起來，因此翻譯復注是個龐大計畫。……起先我整編《梵網經》及其義注、復注，名爲《包含一切見網經》（*The Discourse on the All Embracing Net of Views*），然後譯了《根源經》（*Mulapariyāya Sutta, The Root of Existence*），再譯《大因緣經》（*Mahānidāna Sutta, The Great Discourse on Causation*），又譯了《沙門果經》（*Sāmannaphala Sutta, The Discourse on the Fruits of Recluseship*）[16]。」

漢堤帕羅比丘很喜歡菩提比丘的譯作，一九八五年，他提議應爲巴利聖典協會（Pali Text Society）重新翻譯《相應部》。然而智慧出版社就在此時寫信問向智尊者，可不可以完整翻譯《中部》，並編輯髻智尊者翻譯的六十篇經文，加在漢堤帕羅比丘整理的九十篇經文之後。向智尊者既已八十多歲，不能再承擔這個計畫，就問菩提比丘是否可接手，於是他在一九八五年開始翻譯。他經向智尊者的同意，改動了一些髻智尊者翻譯的名相，因爲他覺得太實驗性，而且一般英語的讀者恐不易了解。雖然本書在一九八九年便大功告成，但由於打字的手稿必須轉換成數位形式，遲至一九九五年才由智慧出版社出版，書名爲《中部》（*The Middle Length Discourses of the Buddha*）。

當向智尊者在一九九四年圓寂，菩提比丘在下一期的佛教出版學社社訊寫道：「向智尊者圓寂，我失去了生命中最親近的朋友、老師和修行導師。過去十年，我有幸在隱居林與他共住，並照顧他，的確是莫大的福報[17]。」

菩提比丘繼續在隱居林住到二〇〇一年。一九八九年，他開始翻譯《相應部》，這個任務持續了十年，最後由智慧出版社在二〇〇〇年出版了《相應部》（*Connected Discourses of the Buddha*）。他獻給老師阿難陀．慈氏長老，並「紀念我比丘生涯的善知識：向智大長老（一九〇一至一九九四年）和喜見長老（一九一四至一九九八年）」[18]。阿難陀．慈氏長老和喜見長老均於一九九八年圓寂，菩提比丘向兩位長老致敬，寫了一篇悼詞〈分離的時刻〉（A Time for Parting），刊登於佛教出版學社一九九八年四十號。

菩提比丘從一九九〇年到二〇〇一年經常在佛教出版學社開示，他在每週的開示中解說《中部》經文，開示精闢，一時聲名遠播。一九九五年，他在可倫坡舉辦的威廉．蓋革❷以及斯里蘭卡研究（Wilhelm Geiger and the Study of Sri Lanka）大會發表〈向智大長老：斯里蘭卡的德國佛法使者〉（Venerable Nyanaponika Mahāthera: German Emissary of the Dhamma in Sri Lanka）。二〇〇〇年，他在可倫坡舉行的會議上發表歐洲弘法的歷史，編在本書中的第五十二篇論文。二〇〇〇年五月，紐約聯合國總部首次官方衛塞節中，他演講〈佛陀及其訊息：過去，現在和未來〉，說明衛塞節的意義，以及佛陀教法何以與今日世界息息相關[19]。

## 對美國佛教的影響

自一九七七年前期開始，有很長一段時間，菩提比丘苦於慢性頭痛，也無法在斯里蘭卡找到治療的方法，既然因緣條件惡化，妨礙到工作和其他活動，他便在二〇〇一年六月離開斯里蘭卡，去尋求治療，他在新加坡待到二〇〇二年三月，經歷了各種醫學治療，後來他去了德國幾週，拜訪佛教朋友推薦的神經學家，然後轉往美國探望父親，他在紐約前往父親推薦的頭痛診所尋求治療，同時決定留在美國。「有兩個想法在我心裡越來越強烈。首先，我應該在父親晚年多陪陪他；第二，我在美國對佛法的貢獻，應多於斯里蘭卡。」[20]同時他也了解到治療是非常緩慢而長期的過程，而他在美國比斯里蘭卡更容易得到治療。這一年前期，他已正式從佛教出版學社的編輯職位退休，因此不再有義務住在斯里蘭卡。他在美國的第一週，住在擁擠而吵雜的紐約佛教精舍（New York Buddhist Vihara），但他恰好碰到一位漢傳法師仁俊長老，長老的翻譯者邀請他來參觀紐澤西的同淨蘭若（Bodhi Monastery）：

「我起先以爲這是一所位於城區、信徒虔誠的忙碌寺院，卻發現這是一處認眞學習佛法的寺院，位於紐澤西鄉郊一處非常安靜而廣闊的地點，四周有叢林山坡圍繞，鹿群頻來吃草，我喜出望外。仁俊長老和我一見如故，他邀請我去，待多久都可以。」

二〇〇二年七月，他進住同淨蘭若，就算他是上座部比丘，也不成問題。

「在古代印度，不同佛教宗派的比丘和諧共住在同一所寺院，甚爲常見。我發現仁俊長老是我認識的最令人尊敬的比丘，非常博學，深刻理解佛教，卻非常簡單、謙虛、無私，律己甚嚴，常有笑聲傳來，而且充滿慈心。再者，他是《阿含經》的權威，漢譯《阿含經》是漢傳三藏中巴利《尼柯耶》的對應。因此我發現他的方法和我是對等的，他請我在同淨蘭若開示巴利聖典經文和巴利文，住寺比丘和許多在家人都非常熱情參與兩種課程。……剛巧這所寺院的英文名稱也叫菩提。不過，寺院的英文名稱用我的名字，純屬巧合。」

仁俊長老（一九一九至二〇一一年）的老師印順導師（一九〇六至二〇〇五年），一般咸認爲是上一世紀漢傳佛教最知名的學問僧，又是二十世紀早期知名的教制改革者太虛大師的學生。二〇一一年，菩提比丘在一篇訪問中，提到他如何和美國的漢傳佛教建立起連繫，他受到三位大師的啟發甚大，他們「強調印順導師所稱的『人間佛教』，這是將佛法『超越世間』的面向與『轉化世間、昇華人類生命』的能力，融爲一爐的方法[21]。」

爲了要避去行政工作，希望經常獨一靜處，他於二〇〇七年進住莊嚴寺，這是漢傳佛教的寺院，位於紐約上州的卡梅爾，在美麗而安靜的哈德遜河畔。他住太虛齋，繼續翻譯佛陀教法。二〇〇五年，智慧出版社出版了他的經文合集《佛陀的話語》，二〇一二年出版完整的英譯《增支部》（*The Numerical Discourses of the Buddha*）。除了偶爾在莊嚴寺和同淨蘭若開示，他還擔任美國佛教會會長。

二〇〇七年，菩提比丘參加在漢堡舉行的一個會議，名爲「僧團的佛教婦女角色」（Buddhist Women's Role in the Sangha），發表「復興上座部比丘尼戒」。在論文中，他從聖典和戒出發，力主應該恢復比丘尼戒，最好根據毗奈耶。這篇論文已出版[22]，受到廣泛的注意，他在結論中說：

> 「重建上座部比丘尼僧團，可視爲『本質善』，符合佛法內在的精神，協助佛陀實現『對一切眾生開放不死之門』的使命，不分男眾還是女眾。同時，比丘尼僧團的存在，可以視爲『方便善』，爲達成這樣的目的：讓女眾如比丘一般，以種種方式對佛教做出重大的貢獻。……也許在某些方面的獨特貢獻，只有出家女眾才能完成，例如輔導或引導在家女性居士。比丘尼僧團會爲佛教贏得世間所有高潔心靈的尊敬，因爲他們認爲，沒有性別歧視，才符合今日文明的崇高取向，成爲眞正可敬可佩的宗教。」

二〇〇七年，菩提比丘也同時寫了另一篇很有影響力的論文〈佛教徒的挑戰〉（A Challenge to Buddhists）發表於《佛法》（*Buddhadharma*），這是北美洲一份甚受歡迎的佛教雜誌，這篇論文的啟示是：菩提比丘認爲美國佛教過分聚焦於內心，缺乏向外的慈悲。以下是論文的幾則摘要：

「如果西方的佛教演變成僅是一種追求個人心靈成長的方法，我將憂心這樣的發展可能偏頗，只能實現佛教一半的潛力。佛教吸引了富人和知識分子，成爲理性和文化精英意氣相投的家，但這有風險：把證悟的追尋變成私人的旅程，對著無數人生命中每日巨大的痛苦，佛教卻成了自甘退隱。……

「佛陀的使命，即他出世的因緣，就是根除一切眾生的貪、瞋、癡三不善根，從苦解脫，這些不善根不僅存於我們的心中，也發生在集體的層面，散布在各國和各大洲。因此今天要幫助眾生從苦解脫，我們需要反制貪瞋癡的系統性體現。

「在每一個歷史時期，佛法都有新方法來展現潛力，正好連上這個時代特殊的歷史情境。我相信，我們的時代提供了一個適當的歷史舞台，使佛法超越的眞理再回到這個世間，紓解人們不同層次的痛苦——甚至最低下的、最困難的、最墮落的層次——不只在思惟上，而是在出世間目標的照映下，以行動切實保證可解除痛苦。

「我們這個時代，佛教所面對的特殊挑戰，是挺身而出，呼籲世間公義。在社會、經濟、政治不公義之下，爲無法爲自己說話的受害者，以良心發聲。以我的觀點來看，這是一個很深刻的道德挑戰，標誌了現代佛教表現的分水線，我相信，這指出了佛教該走的方向：如果佛教要承續佛陀對人類永續的使命。」

菩提比丘爲迎向挑戰，二〇〇八年，和他幾位美國學生成立了「佛教環球賑濟」，這是一個非營利組織，爲長期貧困和營養不良的國家，紓解飢饉、支持永續農業和教育。他說這是今日佛教徒努力重新審視社會、經濟的不公義——也就是廣泛、持續的長期飢饉和營養不良㉓，而展現佛教的自覺和慈悲感。「佛教環球賑濟」像基督教和猶太教的賑濟組織一樣，並不傳教，而是向發展中國家提供賑濟和發展援助，不分種族、宗教、國籍，同時也處理貧窮和不公義的成因。菩提比丘說道㉔：

「我住在斯里蘭卡二十三年左右，觀察到那裡的佛教寺院是社區中社會和文化的中心，住寺比丘主動照顧人們的身心安康，不分宗教和種族。但當佛教在美國生根之際，我看到了一個危險，它也許會變成精英追求內心平靜、此時此地樂活的方法，犧牲了轉化更廣泛的、系統性苦因的能力。在我看來，佛陀教法中究竟解脫的目標，以及積極運用慈悲來紓緩社會的苦，兩者都有被邊緣化的風險，而成爲『自我感覺良好』的佛教版本，或者僅成爲存在治療（existential psychotherapy）。這成爲美國的主流文化時，風險特別高，『佛教環球賑濟』的目的在於挑戰我所謂『自覺的慈悲』，也就是經由具體的方法，來紓解人類眞正的苦，甚至是最卑微的那一種。」

此外，跟「佛教環球賑濟」的工作有關，他也致力使人們認知氣候變遷的危險，認知這是因爲全球暖化及其基本原因——物質至上的經濟模式——所造成的。他在最近的一篇論文〈從死的文化轉向活的文化〉（Moving from a Culture of Death to a Culture of Life）㉕，這樣寫道：

「主流模式的特有標誌是：把一切價值歸諸財富。……這個模式荒唐的前提是：在有限平台上可以無限成長，這樣一來，經濟的目標無他，就是持續成長。……這個系統因煽惑人們不滿足的欲望，想要消費更多物質商品而興盛異常。它的藍圖是簡單的『流量』順序，資源和勞力可以轉化成商品，然後再轉化成財富和物質廢棄物。所有這些因素促成我們四周可見的悲慘苦況，這是地球毀滅的徵兆。我們的生活被『死的文化』牽累，字面上如此，實際上也是如此。有人活在不可想像的奢侈之中，卻有九億人必須忍受長期的飢餓和營養不良，使得容易治癒的疾病卻會致命，超富精英和其他人之間的鴻溝越來越寬，氣候混亂奪去成千百萬的生命，除非我們很快轉向，否則，等我們會意過來，最後的結果很可能是人類文明的崩壞。……」

二〇〇九年菩提比丘與其他人合著〈社會變遷的佛教徒宣言〉（Buddhist Declaration on Climate Change）——這是一個泛佛教的氣候變遷宣言，由達賴喇嘛和其他佛教領袖背書。他在一次訪問㉖中進一步說到他深信我們必須採取的步驟：

「……我是一個矢志於修道生活和社會公義的佛教徒，我相信，要保存人類的文明，我們必須以基本而徹底的方法，觸及更深的層次，不只是以實用科技來修復失控的溫室氣體排放，這些方法尤其應該包括普遍的社會責任感，確保每一處的人們都有基本生存所需：潔淨的水、營養的食物、教育、和平解決衝突的法，還有令人滿意的醫療照顧。這樣，會導出『為了促進全球社區的身心安康，而採取慷慨布施』為國家優先的政策。有人可能因為龐大支出而裹足不前，但事實上，這只需要從戰爭和製造武器經費撥出一小部分，少於百分之五。……」

菩提比丘展示了倡議社會公義的佛教典範，多少也實現了他當初一開始修行的越南大乘傳承，加上他深刻理解佛陀教法而培育出來的智慧——這些理解是來自斯里蘭卡上座部傳承所保存的佛法，以及他全面的西方哲學知識。菩提比丘遵照自己的修行道路，鼓勵我們要從理解和修行佛陀教法中的訊息，來培育內心的智慧，同時，從自覺的社會行動，開始培育對他人的慈悲心。

菩提比丘體現了佛教智慧和慈悲的普世理想，真可謂當代嶄亮的身教。

---

①所有訪問和論文都在網路可見，菩提比丘與本書編輯往返的電郵補足了少數的細節。

②"An Interview with Bhikkhu Bodhi" by Ven. Kantasilo, held at Wat Palelai, Singapore, June 20, 2001.

③*Parabola Magazine*, Winter 2009。見 bodhimonastery.org

④同本篇註②。

⑤"Climbing to the Top of the Mountain: An Interview with Bhikkhu Bodhi" *Insight Journal*, Vol. 19, Winter 2002.

⑥同本篇註②。

⑦Bhikkhu Nyanatusita and Hellmuth Hecker, *The Life of Nyanatiloka Thera: the Biography of a Western Buddhist, Pioneer*Kandy, BPS, 2009.

⑧"Translator for the Buddha: an Interview with Bhikkhu Bodhi", *Inquiring Mind*, 2006.

⑨"Interview with Bhikkhu Bodhi" by Maia, jizochronicles.com，Sept. 2011.

⑩同本篇註②。

⑪"Profile: Buddhist Publication Society", *Buddhadharma*, 2010.

⑫同本篇註⑦，pp.248-250。

⑬同本篇註②。

❶按書名並無「論」意，此處依葉均居士翻譯之書名。

⑭ Bhikkhi Nānamoli and Bhikkhu Bodhi, *The Middle Length Discourse of the Buddha, Boston*, Wisdom Publications, 1995.

⑮ 同本篇註 ⑧。

⑯ 這些經文首由佛教出版學社出版，分別是一九七八，一九八〇，一九八四，一九八九。

⑰ 佛教出版學社社訊，28期，3號郵件，一九九四年。見 www.bps.lk

⑱ 見 Bhikkhu Bodhi, *The Connected Discourses of the Buddha*. Boston, Wisdom Publication, 2000

❷ 巴利文《大史》以佛教發展史為線索的王朝史，是斯里蘭卡的國寶。德國人威廉．蓋革是最先校勘《大史》，他於一九〇八年交由英國巴利聖典協會出版羅馬字體的《大史》，當年又譯成德文，又於一九一二年將德文譯成英文，廣泛傳播，影響巨大。

⑲ 佛教出版學社有紙本和數位版本。見 www.bps.lk

⑳ 同本篇註 ⑤。

㉑ 同本篇註 ⑦。

㉒ 二〇〇九年以書籍形式在檳城出版。又在 *Dignity and Discipline: Reviving Full Ordination for Buddhist Nuns*, Boston 2010

㉓ "Conscientious Compassion", *Helping Hands*, Vol. 1, No. 2, Summer 2009

㉔ "Bhikkhu Bodhi: The Elephant Journal Interview", by Rev. Danny Fisher, 2010

㉕ 見 www.ecobuddhism.org/bcp/all_content/buddhist_declaration

㉖ 同本篇註 ㉔，pp.248-251。

# 1 解脫味

## 自由解放的呼喚

自由解放，無疑是我們這個時代最響亮的號角了。人類有史以來，這樣的呼喚從未像今日這般，傳播得無遠弗屆，又聲聲迫促，也從未如此深深穿透了人類生命的各個層面。

人類的活動——無論政治、社會、文化和宗教各個方面，都由於人類追求自由解放而發生了深遠的改變：一度如神話中海怪般盤踞地球、稱霸各洲大陸的雄大帝國已土崩瓦解，因爲受統治的民族紛紛挺身而出，以獨立、自由和自治之名，收復了故土。

君主和寡頭統治這類舊式政體也讓賢給民主政治——民選政府——了，因爲每個人都要求對集體生活的方向有發聲的權利。許多自歷史之初便存在的奴役制度——如奴隸、農奴、種姓階級等——已不復存在或正急遽消失，同時，各種解放運動也不斷搶佔報章的頭條和大眾雜誌的版面。

藝術的領域也見證了人類追尋更大的自由解放：自由體新詩、抽象繪畫、無調性樂曲，以及其他諸多創新，打破了傳統結構的束縛，讓藝術家更開放地表現自我。甚至宗教也不能自外於這種自由解放的領域拓展。種種信仰系統和行為規範再也不能像從前一樣，奉上帝的意旨、《聖經》的神聖或神職人員的指示之名，要求人們信守。如今，這些都必須站在公眾面前，揭去神聖的面紗，供當代思想家批判，因為思想家自認有權自由探詢，以一己的理性和經驗為最終判斷。當今公共生活領域的口號是：言論自由、新聞自由、行動自由；私領域的口號則是：思想自由、良心自由。人們維護各種形式的自由，猶如守護最珍貴的資產，比生命還可貴。兩百年前，美國就有位愛國志士❶說過：「不自由，毋寧死。」這句話一直迴盪在接下來的幾個世紀中。

## 正法只有一味

佛陀似乎是回應今日人類大聲疾呼拓展自由領域，早就向世界貢獻了他的教法——正法——做為自由解脫之道。自兩千五百年前首度宣說之後，直到今日都一樣受用。

「猶如大海只有一味——鹹味；這正法、律（dhammavinaya）亦只有一味——解脫味（vimuttirasa）❷。」佛陀用這番話保證他教法中含有解脫的本質。

無論你從海面、海中間或海底取水品嘗，味道都一樣鹹——鹽味。無論你喝一滴水、一杯水或一整桶水，那水也仍是一味的鹹。同樣地，佛陀的教法從頭到尾，由淺至深，貫穿一切正法、律的，就只有一味——解脫味。無論你嚐到的是基礎佛法，如布施、持戒、信心、崇敬、尊重、禮節和慈愛等，或中階的無漏出世間智，到聖者所證的解脫，每一階也都只有一味——解脫味。

如果我們做有限度的修行：在家修習，持守正道，那我們所體驗到的，就是相應程度的有限解脫。若進一步修習：剃度出家，獨一靜處，觀照諸行生滅，那我們體驗到的，就是進一步的解脫。如修行正法達到究竟，現生證得解脫，那麼，我們所體證的，就是無量無邊的解脫了。

佛陀各種階次教法之味都只有單一本質，就是解脫味，不同的只是這解脫味我們能受用多少。而受用程度的差別，恰好與修行程度成正比：修習一點點正法，能獲得一點點解脫；修習多一點正法，就獲得多一點解脫。正法自會帶來解脫的回報，永遠如科學法則一般精準。

## 要獲得自由，必先褫奪自由？

由於佛法提出一種現代世界所擬想的、完整而完美的自由解放，那麼，人類「擴展自由的意欲」就與「修習而體證正法的可能性」基本上一致了。然而，縱使兩者目標相符，但現代人開始接觸佛法時，都會發現一個特點：由於向來熟悉的思維模式受到衝擊，於是引發理性上的衝突和情緒上的障礙。這是因爲：佛法雖是解脫之道——即充滿「解脫味」的教法，佛弟子仍須從事與自由反其道而行的修行——一種建立在紀律、節制和自制的鍛鍊。「我們一面尋找自由解放，」我們這些現代人開始抗議：「一面卻有人告知：若要自由解放，我們的身業、語業和意業都得受約束和控制。」我們怎樣來理解佛陀教法所要推廣的這套驚人理論：要獲得自由，必先褫奪自由。自由可以用否定自由來獲取嗎？

## 兩種自由

這似乎十分弔詭，要解決這個問題，先得分清楚兩種自由——放縱的自由和精神自主的自由。現代人一般都把放縱當作自由，以爲自由就是不受拘束地隨著衝動、激情和任性來行事，自由就是愛做什麼，就做什麼；愛說什麼，就說什麼；愛想什麼，就想什麼；只要這份放縱受到限制，都是侵犯了自由。因此，一旦需要約束身業、語業、意業，需要紀律，需要自制，就成了束縛。然而，佛陀教法所說的自由，不是放縱的自由，而是內心的自由——一種內心的自主，這是我們破除煩惱之後，從衝動和強迫的行爲模式中解放出來，最終從生死輪迴中究竟解脫。

內心的自由有別於放縱，不可能從外界得來，唯有內心通過一套訓練過程才能達成：需要我們爲達更高的目標而棄絕熱惱和衝動。經歷過這番奮鬥的洗禮而生起的內心自由，是超越一切拘束和自我局限的終極勝利。如果沒有依照這些要求去做——包括節制、鎮伏、自律和降服自我的私欲，勝利就不會到來。

## 眞正的自由

要釐清自由的觀念，不妨從反面來看，也就是束縛的狀態。先想像一個身體受到極端限制的例子：假設有人被禁錮於牢獄中，四周有厚重的石牆和堅牢的鐵條，雙手反綁、雙腳銬著腳鐐，蒙著眼，塞著嘴。若有一天繩子鬆綁了，腳鐐也鬆開了，眼罩、堵嘴物全都移除，能夠在囚室中走動，伸展手足，能說話，也能視物。一開始，他或許以爲自己終於重獲自由，然而用不了多久就會想通，眞正的自由仍跟石牆、鐵窗之外的藍天一樣遙不可及。

再試想，那個人從監獄中釋放，成爲中產階級的戶長，恢復了公民權利，能夠享受獄中所沒有的社會和政治自由——能投票、就業、四處旅遊，甚至出任公職。但他個人所渴望的全然放縱之自由，與實際情況給予他的煩惱相比，還是有個不愉快的落差——如責任義務的負擔，以及有限的權力、享樂、聲望。我們再進一步，把他自中產階級的柴米油鹽裡升格到帝王的寶座，令他喜出望外。他坐擁地球上的最高王位，全球都歸他統治，置身於華麗的王宮，妻妾成群，貌美如花，金銀財寶，無窮無盡，土地連城，享受最高級的五欲，擁有一切權力、享樂、榮耀和財富。要什麼有什麼，只要一聲令下，願望轉眼成眞，他盡可大肆放縱，無拘無束。但問題還在：他眞的自由了嗎？讓我們更深入地看下去。

## 三種感受，三種心所

佛陀曾開示三類感受：樂受、苦受、中性受（即不苦不樂受）。這三種類別涵蓋了所有感受，每一個經驗都必然產生其中一種感受。接下來，佛陀又指出，在主觀上有三種心所❸對應著這三種感受，佛陀形容它們爲隨眠煩惱（anusaya），即無始以來深藏在心續流的意向，只要遇到相應的外界刺激，隨時會現行，等到衝擊消散，又回復到潛伏狀態。

這三種心所就是：貪、瞋、無明。就心理活動而言，即等同於貪、瞋、癡三不善根。凡夫如未曾受過佛陀所教導的內心高層訓練，那麼，感到樂受時，隨眠的貪便會相應生起——意欲擁有並享受那個激起樂受的目標。感到苦受時，隨眠的瞋便會現前，對苦受的原因感到厭惡。凡夫感到中性受時，隨眠的無明——無明其實一直存在，若貪、瞋現前，則隱而不現——便顯著浮現，心識籠罩在一片呆鈍淡漠中。

當貪、瞋或無明的隨眠煩惱，受到相應感受的刺激而現行，而此人又不刻意驅除，不努力節制、移除、捨棄並遣除，煩惱便會持續存留在心識裡。如果這時再順從它、肯定它、繼續貪戀它，它便加速增長，一如火球被拋到稻草堆上，從星星之火的衝動，演成烈火般的執著，而無法自我控制。這時，即便此人是前述比喻中統治全球的帝王，內心都不再是自己的主人，只不過是內心煩惱的奴僕。

只要心受控於貪欲，就會尋求享樂；只要受控於瞋恚，就會被痛苦擊退；只要受控於愚癡，就會在不樂不苦之中繼續愚癡。情緒會被快樂推高，又會被苦惱擰低；會爲名利和讚譽洋洋自得，也會爲失落、毀謗和遭責而灰心喪志。雖知某類行爲會導致傷害，卻無力避免；明知另外一類行爲對本身有益，也無法奉行。此人被尚未遣除的煩惱推動，推向生生世世輪迴的汪洋，捲入生死巨浪，陷入憂悲苦惱的暗湧。他外在的身分大可是世界的統治者，而在心識的宮廷裡，仍不過是一名囚犯。若論放縱，他可以說是完全自由的，但說到內心的自主，他仍是頂著枷鎖、最絕望的受害者：頂著煩惱運作的枷鎖。

## 做自己的主人

內心的自由，與枷鎖剛好相反，指從貪、瞋、癡中解脫出來的自由。當貪、瞋、癡被連根拔起，甚至連隨眠都根除了，他便爲自己找到自主的寶座，再也不會被廢黜，也成爲自己眞正的主人，永不動搖。就算做一名行腳僧，挨家挨戶托缽才得受食，他仍是帝王；就算被困在鐵牢之內，內心依然自由。此時他是自心的主宰，也是整個宇宙的主宰，因爲宇宙間再沒有任何事物可以奪走他那解脫的心，這是他擁有的至寶。他安住在世間萬法之中，卻超越世間的變幻消長。要是快樂的目標觸手可及，他不會追逐；若是痛苦的靶標近在咫尺，他也不會退縮，兩者他都平等對待，觀照它們生起滅去。他不再關注世間輪迴的二元對立，因爲他基本上已斷裂了一迎一拒的循環。在他看來，金磚與石頭並無二致；讚賞與嘲諷，也都不過是了無意義的聲音，他長期精進修行得來的自由，安住其中，再也不會苦惱，因爲他根除了煩惱，憂悲惱苦不會落在心頭。他的內心只有喜悅，不受貪欲汙染，圓滿清淨。

他再也不像帝王一般，即使身處守衛森嚴的深宮，仍感恐懼焦慮。他再也沒有病苦，也沒有熱惱和狂熱來捆縛內心，同時再不會墮入惑、業、苦的生死輪迴。他活得平和安穩，向世界散發無量的慈悲，享受著解脫的喜悅，或向同參道友教授他親身走向的苦滅之道。因爲他從平靜而確定的智慧中，知曉自己業已終結無始以來的生死輪迴，證得聖道，不受後有。

佛陀教法以圓滿解脫爲目的，只有在生活體驗中證悟眞理的人才能受用。正如鹹味會滲入食物，解脫味也遍及佛陀的初、中、後的正法、律。無論我們的修行進展在哪一階次，我們所受用解脫味的多寡，正是那一階次該有的。我們必須謹記：眞正的解脫——即內心的自主——並不是寵賜的恩典，唯有從修行解脫之道——八聖道——而來。

原刊於菩提葉系列第71期，一九七六年初版

---

❶這是帕特里克・亨利（Patrick Henry, 1736-1799）於一七七五年三月二十三日在維吉尼亞州議會演講結尾的一句話：Give me liberty or give me death.

❷見《自說經》、《增支部8：19經／玻哈蠟大經》、《中阿含經35經／未曾有法品・阿修羅經》、《增一阿含經42・4經／八難品》。

❸心所有法，即心理狀態。

# 2 栽培善根

佛陀所教導的修行，是自我轉化和自我超越的雙重過程，爲的是究竟從苦中解脫。自我轉化，是剷除不善心所，以利己利人的善心所取而代之。自我超越，則重在直觀原本誤認爲有「我」和「我所」的身心過程，其實並非實有，因而棄捨自我中心的觀念。只要這雙重過程臻於圓滿，苦惱便會止息，因爲智慧一旦覺醒，苦惱的根源——貪欲，後面有盲目的無明撐腰——將永不再起。

## 修行有次第

由於不善的傾向和自私的執著，都是從心層深淵潛藏的種子而萌芽。佛陀次第開顯教化，以拔除眾生苦惱的根源，並培育解脫知見。佛法修行在於漸進的修行和次第的成就，並非一蹴可幾，反而像一棵樹或其他生物，有機地循序成長，每一階段都必然以前一階段爲不可或缺的基石，繼而自然引生下一個階段。次第式的修行主要分爲三個階段：戒學（sīla，或稱德行）、定學（samādhi，或稱禪定）、慧學（paññā，或稱智慧）。如果用樹木的生長來比喻佛法的修行，那麼信（saddha）就是種子，因爲信心不單能引發修行的動機，同時也滋養每一培育的階段。戒是樹根，正如根是樹的地基，德行也是鞏固內心修行的基礎；定力是樹幹，象徵堅穩不移；智慧則是樹枝，綻放正覺的花朵，結出解脫的果實。

修行的動力，猶如一棵樹的活力來自壯實的善根。如果樹根既淺又弱，樹木就瘦小、乾枯而且光禿，無法開枝散葉。同樣地，內心若缺乏強健的根基，便會發育不良，結不出果實。因此，修行若要更上層樓，從一開始便得培養善根，否則結局便是挫敗感、失落，甚至是危險。修行道上的根基由「戒」組成，即德行這一因素，不但是禪定的基礎，也是一切智慧和更高證悟的地基。

## 戒是修行的基礎

然而，雖說戒是修行成就的前提，但並不如一般教界保守人士所持的看法：非要具備圓滿的戒德才可以開始禪修。果眞如此，那就根本無法開始禪修了，因爲戒德要逐步淨化，正要靠禪修過程中所培養的正念、正定和智慧。然而，說到持戒是修行的基礎，係指成就禪修的能力取決於戒德清淨與否。如果戒德的根基薄弱，禪修也會同樣薄弱。如果所作所爲一再違背道德正行的基本原則，那麼，在修習定學時一切掌控內心的努力，都會徒勞無功，因爲在雜染行爲背後策動的心也是雜染的，這恰是禪修所要清除的目標。

禪修只有穩穩地奠基於無瑕的正行，內心的努力才會有所進展和成就。基礎打在無雜染的行爲準則之上，善根才會滋生出正定的樹幹；然後定心又會萌生智慧之枝，智慧之枝才會結出正覺的花果，從枷鎖纏縛之中達到究竟解脫。因此，就像善巧的園丁會先照顧好幼苗的根，懇切尋求正覺的人也應該一開始就先照顧好修行的根基——戒德。

## 尸羅是德行，也是德性

尸羅（sīla）的巴利文，原本的意義只是「行爲」。但在佛法修行的脈絡中，尸羅僅指某一種行爲，也就是善行。由此延伸，這種善行也代表著某一類性格，也就是善良的品格。因此，尸羅既指德行（即受道德規範的慣性行爲），同時也指德性（即遵行道德原則所要引生的內在素質）。

若要理解尸羅在整個佛法修行中的地位，以上兩重意義都非常重要。尸羅的第一重意義，指身業和語業不違犯規範道德生活的戒律。這是行爲和言語的自律，首先約束不道德的衝動以行爲和言語爲出口，而且使隨順正行的原則成爲習慣。但尸羅的整體內涵並不止於外在行爲的約束，這個字詞其實還有其心理上的深層意義，第二重意義即指道德清淨——從持守道德規範的生活，而淨化內在的性格，這一層面的尸羅著重於行爲中主觀、自發的部分，它並不僅看外在的行爲，還要看正行背後正確的發心。

這樣審視之後，尸羅顯現了雙維度的特質：包含外在行為的淨化和內在性格的淨化。然而在佛陀的教法裡，這內外兩方面的體驗，並不是一分為二、兩不相關、各有領域的。兩者其實是一體兩面，如同磁場互補的兩極，各自產生的影響互為映照、互相牽涉、彼此滲入。佛法的觀點是，身業和語業並非跟內心主體截然分離的附庸，其實正顯示內心如何在背後推動行為，而這些內心狀態並不只幽閉在心理密室中，同一時候，意識之泉湧出的各種情況，也通過身、語、意三個渠道，展現在外界的人際事件上。從行動可推斷內心，從內心也可預測即將產生的行為。兩者關係密切，就像音樂會的舞台上，樂譜和演奏渾然一體。

## 德行和德性相互緊扣

正因為道德行為和品格淨化這兩者，以一種微妙又複雜的相互關係彼此鎖合。要達到德行的全面淨化，就必須實現尸羅的雙層意義：一方面，身業和語業符合道德理想；另一方面，則要滌除內心雜染，使其清淨無瑕。德行若缺了德性，是不足的；德性若少了德行，也不可能。從修行的觀點來說，兩者之間，內在較為重要，因為身業和語業的道德意義，主要是發自相應的內心。但從修行的次第而言，道德規範則是第一優先，因為在修行之始，品格淨化便是我們必須達到的理想目標，而不是開始修行的現有條件。

根據佛法的因緣法則，每一情況的生起，只有在適當條件都生起時才能成就。這個原則既適用於不同修行階次的成就，也適用於純粹的身心現象。無始以來，心識之流已被貪、瞋、癡三不善根所染汙，這些煩惱不僅成爲我們心念的源頭和習氣的溫床，更成了我們對待他人乃至整個世間的行爲和一般傾向。想要單靠意志，一舉根除這些煩惱，直達圓滿的修行境界，幾乎是異想天開。務實的修行系統，必須以「人性」爲原料。我們不能單靠假設人類終可以成爲完人，或者只要求修行有成，卻不教如何才能有成。

佛陀的教法是基於這樣的假設：只要透過正確的方法，我們便能改變並轉化自己。我們並沒有註定永遠都要被積習壓迫，大可運用自己的努力來剷除這些傾向，達到完全的清淨和自由。只要我們從正見中獲得適當的方法，便會在心識的運作上產生徹底的改革，重塑那些看似無法變更的心識內容。

踏上這條道路的第一步，就是品格的淨化，而佛陀提供我們重整品格最有效的方法，就是遵循尸羅，以節制身業和語業。換句話說，尸羅這個「道德規範」，成爲引生尸羅這種「德性」的手段了。這種方法的功效來自上述內外體驗是相互緊扣的。由於內外彼此牽連，任何一端都可深遠而持久地改變另一端。

正如內心的境地會表現於外在的行動——即身業或語業，而我們所避免或表現的某些行爲，同樣也會回到心，改變心的基本傾向。充滿貪欲和瞋恚的內心狀態會衍生出殺、盜、妄語等業行；而戒殺、戒盜、戒妄語等原則，也可以讓我們的心傾向於慈愛、知足、誠實和眞誠。因此，就算尸羅這個道德上的清淨未必是修道的起點，但在品德上依循正確行爲準則，確可讓我們達到修行的目標。

## 思心所溝通內外

連接尸羅的兩個層面，也就是幫助「外在行爲」轉譯爲「內在清淨」的媒介是行或思（cetanā）。思是一個心所，泛存於每一個體驗，也就是伴隨每一意業。這種心所令我們的體驗有其目的，即是朝向某個目標前進，因爲它特有的功能就是帶領其他相關心所，達到特定的目標。佛陀教導我們，所有的業行在本質上就是思心所，從究竟立場來說，行爲本身就是經由身、語、意業三個管道顯現思心所。正如佛所說：「比丘們！我說思是業，思後作業：以身業、以語業、以意業❶。」

思心所決定哪種行爲屬於哪一類別，行爲也因此賦予了道德意義。但由於思心所普遍存在於每一刻的心識當中，因此，它在本質上倒沒有道德與否的分別。思的道德素質，是來自另一些稱爲「根」（mūla）的心所，「根」總在現行體驗時生起相關的心所。從道德的意義上，這些根可分爲兩類：不善的（akusala）和善的（kusala）。所謂不善根是指貪、瞋、癡；善根就是無貪（alobha）、無瞋（adosa）、無癡（amoha）。善根雖然用否定表述，但善根不僅指沒有雜染的存在，同時也指慷慨布施、慈愛和智慧❷等正面道德的素質。

若思心所被貪、瞋、癡等不善根驅使，不善業就從身業和語業破門而出，如殺、盜、淫、妄語、毀謗、惡口、兩舌等。這樣一來，充滿煩惱的內在世界，就會汙染時空構成的外在世界。雖然這種思心所汙染的動力很強，卻不見得不可逆轉。善的思心所可以取代惡的思心所，將內心從根本上翻轉過來。

若想轉移思心所，首先就要自願依循正軌的行爲——眞正願意「諸惡莫作，眾善奉行」。這樣一來，只要惡行即將破繭而出，我們就在身業、語業兩方面加以克制，並以善行取代，便可啟動逆轉的過程。如能持續，我們品格上的道德傾向必會產生深遠的改變。因爲思心所剛發動行爲時，還沒能全力發揮，每每會回到最初產生思心所的心流，使原先的傾向——惡行走向道德的墮落，善行走向道德的淨化——轉向。因而每當善行取代不善行時，向善的意志力將隨之增強。

## 善和不善無法並存

一個心所取代另一個的過程，是基於以下的法則：在任何一刻心識刹那，心所之間的素質若相互牴觸，就不可能同時現行，然後藉著相應的善或不善根生起的力道，而完成轉化。正如不善思心所隨著相應的不善根——貪、瞋、癡——而生起；善思心所也會引出與其相伴的善根——無貪、無瞋、無癡。既然相悖的素質不可能並存，那麼，善行取代惡行的同時，不善根也就轉爲善根了。如果這類善的思心所不斷湧現，善根便會讓它所代表的素質，如無貪、無瞋和無癡，逐漸薰染心續流。久而久之，這些素質所積聚的力量，便會成為性格上的習性，逐漸減少傾向不善的習性。如此一來，要是經常在不同的情況下反覆修習善根，自然能轉化性格，從最初的易受誘惑，變得清淨無染，這樣，與惡的誘惑便可保持安全距離。

思心所雖然是造成改變的首要工具，但意志本身不能決定道德的向度，需要具體引導它實踐善行。從佛教的觀點來說，一般所謂的「好心好意」是完全不夠的——無論意向有多神聖，只要此人的思考受到無明蒙蔽，永遠可能在高尚的發心之後，做出愚蠢或毀滅性的行動。過去，這類情況屢見不鮮，對道德只有一知半解的人身上，更可能是一場災難。依據佛法，善意還需要化為實踐的行動，必須以正行的特定原則為規範。這些原則雖可彈性運用，卻不受歷史文化或現存的價值觀所限，因為這些原則本身是根據普遍的業報法則，以及從苦和輪迴中解脫的超越時間之道。

## 以正語、正業、正命為導引

為了引導發心向善，佛陀明確而清晰地開示了道德修行的元素，確保我們在正覺之道上邁進。這些元素蘊藏在八聖道的三個戒學的道支中：正語、正業、正命。正語就是不說傷人的話語——即不妄語、不毀謗、不惡口和不綺語。發願持守正語的人要時刻真誠，促成和諧、說溫和而有意義的話語。正業就是通過不殺、不盜、不淫來禁止身體上的惡行，這裡所謂的不淫，對出家眾是指禁欲獨身，對在家眾則指不發生婚外性行爲或其他不合法的性關係。若發願修持正業，行爲必須常懷悲心、誠實和清淨。正命則要求不從事傷害眾生或導致眾生苦惱的交易，例如進行肉食、奴隸、軍火、毒物和酒精毒品等買賣。高尚的行者會避免這些有害的交易活動，以和平正直的職業來謀生。

嵌在八聖道之中的戒學，同時抑制人心中鄙陋、低劣並具破壞性的衝動，促進崇高清淨的行爲。用的雖是否定表述，但以三者要摒除的行爲類型來看，其實是正面的，因爲以這三者指導行爲，內則增長健康的心態，外則表現出利益大眾的行爲。深入來說，這些修行準則可潛入心識深處，消除不善的思心所，轉移意向，趨向善法。廣泛來說，這三者可深入人類社會的動亂，遏止競爭、剝削、執著、暴力、戰爭的奔流。在心理的層面，可帶來精神的健康；在社會的角度，可促進和諧；在修行的層次，則是在解脫道上繼續邁進的必要基礎。如果持續實踐，便能阻礙一切從貪根、瞋根、癡根所生起的心所，增進無貪、無瞋、無癡的行爲，通向慷慨布施、慈愛和智慧的生活。

## 戒反映內心的清淨

由此可見，從佛教的觀點來看行爲規範，並不是善意可有可無的附屬品，而是正行的必備指針。它們是修行重要的一環，一旦被思心所的力量驅動，就成爲淨化內心的基本方法。尤其在禪修上，一旦持戒，就不會生起破壞禪修的煩惱。只要謹守戒律，我們至少避免了較粗顯的貪、瞋、癡，而不必面對道德出軌的愧疚、焦慮和不安。

若回到早先用樹來比喻佛教的修行，戒是樹根，那麼，正確行爲的原則就可比作樹根生長的泥土。正如泥土中的養分能讓一棵樹發芽結果，戒含有修行成長所需的清淨和德行養分。阿羅漢所表現的外在行爲是內心清淨的自然流露，他的本性令他所作所爲完美無瑕。他不會再受貪、瞋、癡和恐怖驅動而造業——他不用遵從一個強制的規範，這些規範根本就是他存在的法則。

相形之下，凡夫不免做出違反道德的行爲，因爲不善根牢植於心，經常有道德越軌的引誘，隨時可能做出殺、盜、淫、妄、飲酒的行爲，如缺乏一套健全的準則，便非常容易屈從惡念。因此必須有一套道德基準，以智慧和慈悲爲支柱來規範行爲，遵循佛陀自然、自發的行止。

因此，從佛教的觀點，戒條的意義遠遠超出行爲上的禁止。每一戒都是不同心態的具體表現，而實際行動中所流露的原則，也是內心清淨的映照。這些戒條能化無形的清淨境界於有形，能透過身體和語言的媒介，使內心的清淨折射在實際行動中，以便在戒德所設計的各種特定的情況中有所遵循。只要行爲和戒德相應，人們便能滋養修行的根：道德。當道德穩固之後，下一個階段便按著修行的法則自然出現：直登上知見圓滿的頂峰，以及解脫的藍色蒼穹。如同我們的本師所言：

「比丘們！持戒者、戒具足者無須刻意作意：『令不後悔在心中生起。』
比丘們！持戒者、戒具足者生起不後悔，這是法性。
比丘們！不後悔者無須刻意作意：『令欣悅生起。』
比丘們！不後悔者生起欣悅，這是法性。
比丘們！欣悅者無須刻意作意：『令喜生起。』
比丘們！欣悅者生起喜，這是法性。
比丘們！喜者無須刻意作意：『令身變得寧靜。』
比丘們！喜者的身變得寧靜，這是法性。
比丘們！身寧靜者無須刻意作意：『令感受樂。』
比丘們！身寧靜者感受樂，這是法性。
比丘們！有樂者無須刻意作意：『令心入定。』
比丘們！有樂者入定，這是法性。
比丘們！得定者無須刻意作意：『令如實知見。』
比丘們！得定者如實知見，這是法性。
比丘們！如實知見者無須刻意作意：『令厭、離染。』
比丘們！如實知見者厭、離染，這是法性。

比丘們！厭者、離染者無須刻意作意：『令作證解脫智見。』

比丘們！厭者、離染者作證解脫智見，這是法性。……

比丘們！一法流入下一法，下一法現起則此法完滿潤澤，就這樣從此岸走向彼岸。」

——《增支部10．2經：應該意圖經》

摘自〈栽培善根：論佛教的道德〉，法輪出版系列第259～260號，一九七八年初版

❶見《增支部6．63經／洞察經》。對應的《增一阿含經》是：「諸比丘！心之意欲，即我所說業，志之所向，乃作身、語、意業。」

❷對應無貪、無瞋、無癡。

# 3 由心所造

我們環顧四周的生態景觀，立即會發現生物樣貌極爲多元。大自然懷抱中的眾生類別之多，數目之大，又參差有別，令人震撼。在我們眼前，無數種類的動物——昆蟲類和爬蟲類、魚類和鳥類、豢養和野生的哺乳類——把地球上的海洋和天空變成一個繁複的都會，有情眾生的生命脈搏在其間跳動。不過，一些肉眼看不見的生命界——那些宇宙論、民俗學和先知預言所描繪的界，其實擁擠無序，屬性多元。根據見證，神、婆羅門、天使和魔鬼，都是居住在肉眼看不見的生靈城區，其他如神仙、鬼魂和小妖等眾生，也充斥在我們不熟悉的城域角落。

人類世界也同樣地不單一。在人類的大家庭中就有多種類別——黑、白、褐、黃、赤的膚色，再進一步根據他們的命運和能力，又有長壽和短命、健康和多病、成功和失敗、天賦聰穎和身心缺陷之別。有人聰明，有人愚鈍；有人清高，有人卑劣；有人心靈崇高，有人心靈貧乏。人類天差地別，心智障礙人士連照顧自己起居都覺勉強，聖者卻可洞悉最深邃的宇宙奧祕，能提升不如他們的同胞手足的道德，到凡常心識難以想像的境地。

## 看待多元世間的兩種立場

有思想家深掘到表層之下，發現了多元表象的原因，自然會生起一個疑問：爲什麼生命要顯現種種駁雜的樣貌？由於對這個問題的反思，各門各派的宗教和哲學思想於焉誕生，每一種學說都認爲自己的推論握有解開自然萬象謎團的鑰匙。在人類思想史上，這些學說總是圍繞著兩個立場：有神論和唯物論。這兩套對立的原理相互對壘，自古至今出現了各種面目的學說。

有神論認爲眾生的多元性，包括人世間命運的懸殊，都是神的意旨。有神論認定：神是全知全能的造物主。神依祂的喜好，創造出不同的樣貌，又給眾生分配不同的快樂和痛苦，更將所有的人分爲高低貴賤、幸與不幸。

唯物論則剛好相反，認爲眾生的能力和稟賦有差異，並非由地球外的造物力量所操縱，它的論述系統把差異現象歸因爲物質世界的自然定律。唯物論者說：一切生命體，以及它們不同的呈現形式，最終都可歸納爲物質本身在物理、化學和生理法則影響之下的歷程。他們認爲，甚至心識也只是一種建立於物質基礎上的次要上層結構，本身並不具重大意義。

## 眾生有成長的潛力嗎？

本文的目的並不是要詳論這兩種對立的論點。我們只需要知道：這兩種理論以不同的方式，不約而同否定了眾生「內心增上」的假設，或明示或暗示，否定這個提升道路的必要條件——意指多元眾生內心的自主意志，依循自由選擇行動的法則，有成長和轉化的潛力。

有神論攔截了這個條件，因爲他們相信有一個全能的上帝，從上指揮整個自然界。如果自然界的運作聽從神的旨意，那麼，個人的意志既也屬於自然界，必像其他生靈一樣受神意主宰，這否定了個人意志的自主性，及其對眾生界的直接影響。既然如此，內心長遠的成長，就算十分重要，也一併否定了。

唯物論也同樣封殺「內心增上」，只不過它更直截了當，明明白白否定這種理念的基本假說。它抹煞了意志會要求自由，不可抗拒的基本決定論篡奪了意志自主，心識成了物質過程的副產品，個人的生命之流絕不影響死後源源不絕的經驗之流。生物圈的有意識行爲和演化，都在同樣的宇宙力量下進行——基本運作模式是盲目、動物性，而且無情。

## 佛教如何看待多元世間？

佛教也對眾生的多元化提供了解釋，這個解釋正好能把「行」和眾生的多元架接起來，因而開創出內心長遠發展的局面。佛教說，眾生的多元性——種類、能力和命運各方面的差異——都是「業」的使然，「業」就是意志驅動的行爲。佛陀曾說：眾生是「個人業行的繼承者」。因爲眾生從過往積累的「業」出生，從錯綜複雜的「業」中鑄成，繼承相應行爲造成的果報，即使相隔多生多世也一樣。在一期接續一期的生命裡，「業」主導著眾生的發展之流。意志一旦驅動行爲完成，就退回到原先令其生起、繼續往前流動的心識流，形成一種潛在的心理力量，引導名爲「個體」的特定生命經驗之流向前發展。一如業從心識之流發動，心識之流又再因萌芽的業而向前邁進，這樣就形成一系列各各不同的生命。業力推動現世的心識之流，隨順其本質成爲新的生命存在模式，它更決定了：某個生命體所重現的形態、所具有的能力，甚至在一生中絕大部分的快樂和痛苦。

因此，佛教裡沒有上帝或機遇，只有意向驅動的「行」有所不同，而影響生生世世，造成眾生的種種分別，而由於「業行」的不同，眾生又可分成高尚和低賤、幸福和不幸、有才和無才。如佛所說：「眾生是業的擁有者，是業的繼承者，以業爲母胎，以業爲親族，以業爲庇護，依業而分別優劣❶。」

既然業決定命運，而業在實質上又是思心所，那麼創造未來「業有」的運作因素，就在於個別的意志了。從佛教的觀點來看，意志並不是自然機制偶然的衍生物，被宇宙力量密謀迫使在軌道上運行。從最深層的意義而言，它其實是整個生物界演進過程背後的工匠，因此，意志是主要因素，物質因素居次，物質是意向塑造的本質及其累積而來的有形體現。佛教認爲有情眾生的一切差別，是內心意志的外顯；而生命型態的層次結構——那「生命存在的巨鏈」——不過是時空延伸的世間裡，意向運作的凝結罷了。

生物界的差別，其實是由一組精神界的轉化在前面帶動，而且還同時並行，因此生物界透過一生又一生接續的業有——包含個體的心續流——而有實現潛能的管道。因此，通過意志的運作，我們便爲自己建立起一個世界，不受外界力量進逼，能夠鑄造自己未來的命運，無論是幸福還是不幸、受縛還是解脫。

不過，對發心修行的人來說，單單明白眾生多元現象背後的理論並不足夠。最重要的是，知道修行進展如何繼續增上——在我們俗世生命中達到更高的證悟層次，以確保未來世更有利於繼續修行，最終超越生死輪迴，證悟涅槃，達到至高無上、永不退轉的解脫。

## 善業和不善業

問題的答案在於，首先，業根據道德素質可分爲二：不善和善。不善業是一切基於貪根、瞋根、癡根所造作的身業、語業或意業。一切本自貪根、瞋根、癡根的造作，都是有害修行、有損道德的。這類行爲破壞高層次的能力，使人受苦，投生惡趣；總之，就是在修行上倒退，陷入俗世中更深的泥淖。相對地，善業則是一切從相反的無貪、無瞋、無癡三善根所引發的行爲，分別表現爲慷慨布施、慈悲和智慧這些正面素質。善行的作用和它的黑暗對手截然不同，善行有利內心發展，道德高尚，促進高層次能力，帶來現生及未來世的樂果。如持續從事善行，修行階次將有所進展，使未來世持續往生善趣，最終證得解脫。

在徹底的分析之下，生命其實是一連串自我更新的經驗，包括主動的造作和被動的接收。

「行」就是思心所，思心所不免涉及決定或抉擇——意志從一大堆毫無頭緒的可能性中，做出最適合個人目標的選擇，在更高的層面，甚至要對目標本身做出抉擇。因此，每時每刻行爲的道德意義，都必須面臨決定，做出抉擇。選擇，必然在意向可自由選擇的選項範圍內運作，這些選項，雖然性質林林總總，但就其道德本質而言，只有善和不善兩類，一類導致上升，另一類導致下墮。

因此，上升還是下墮，全在於我們自己的選擇，而不是由想像中的外在的神或物質決定。每一瞬間的抉擇，若歷經長期的累積，就形塑成各自的際遇，將未定形的前程，打造出今後會降臨在我們身上的命運。每次做出決定時，就好比一個梯子，一端通往無法想像的高峰，另一端則延伸到無底的深淵，同時我們接下來的每個決定，就好比在梯子更上一級或更下一級。每一刻的行動也好比站在十字路口，岔路一邊通往寂靜喜悅的城鎮，另一邊則通向愁雲慘霧的沼域。這兩條路明擺著默默等待我們的選擇，而且只有我們的選擇，才能決定我們會到達這個目的地，還是另外一個目的地。

總之，我們的業造成了命運，因爲示現了有情眾生存在的「趣」（gati）或「界」，業最終根據相應善根和不善根的道德基調，形成眾生的多元景觀。世尊以下的解說並不是臆想，而是對「趣」的直接親證：

「沒有天人、人，及其他善趣眾生是從貪、瞋、癡的業所引生的；只有地獄、畜牲、餓鬼，以及其他惡趣眾生是從貪的業行而生。……

「沒有地獄、畜牲、餓鬼，及其他惡趣眾生是從無貪、無瞋、無癡的業所引生的；只有天人、人，及其他善趣眾生是從無貪、無瞋、無癡的業行而生。」❷

——《增支部6．39經：因緣經》

摘自〈栽培善根：論佛教的道德〉，法輪出版系列第259～260號，一九七八年初版

❶《中部135經：業分別小經》：「學生婆羅門！眾生有自己的業，是業的繼承者、業的根源者、業的眷屬者、業的所依者，業分配眾生，即：卑劣與勝妙情況。」（莊春江老師中譯，以下引用四部《尼柯耶》者亦同）

❷此根據作者的原文翻譯。莊春江老師譯為「比丘們！非以貪欲業、瞋業、癡業天被了知、人被了知，或任何善趣被了知，比丘們！而是以貪欲業、瞋業、癡業地獄被了知、畜生被了知、惡鬼或任何惡趣被了知。比丘們！這是三個業集的因緣。」

# 4 修福和修行

福德（puñña）是佛教修行最重要的元素之一，各種福德的模式形成了應用佛法的綱要，這顯示佛法並不是一套理論系統，而是一套完整的生活方式。佛教的通俗信仰往往強調功德是世間福報的來源——可獲得健康、財富、長壽、美貌和人緣。因此，福德逐漸被當作一種財務投資，就像一種宗教的風險性投資，會產生酬報來滿足行善者的世俗欲望。雖然這種想法無疑有其事實的成分，但風行之後，會侵蝕福德在佛法修行脈絡中更爲重要的作用。從正確的觀點來看，福德是修行生活達到和諧圓滿的重要因素、自我培育方法，也是修行增上不可或缺的踏腳石。

累積「福德存底」是佛教宗教生命獲致一切成果——從現法樂住到來世生於善趣，從初階的禪修到進入聖道、證得聖果——的先決條件。福德的最高成就等同佛教清淨生活的最高成就——解脫輪迴的枷鎖，證悟涅槃——那超越世間如幻之法的無爲之境。當然，單是累積福德並不足以保證達到這個目標，福德不過是要件之一，還需要配合其他相當條件來突破繫縛，達到究竟解脫，這個條件即是智慧（ñāṇa），也就是透過直觀智慧，直接契入生命的眞理。

## 福德資糧和正智資糧相互淨化

福德資糧（puññasambhāra）和正智資糧（ñāṇasambhāra）是發心修行者成就道業的兩種必備資糧。兩種資糧對成就修行各有其用，福德讓我們浪跡生死輪迴的過程中有所增上：往生善趣，得遇善士引領我們在正道上繼續前進，更容易遇到修行成長的機緣，品格漸趨高尚，善根向於成熟，以成就更高的境界。正智則直接提供斷除生死輪迴束縛的因素——徹見眞理、正覺、正確理解實相。

單憑其中一種資糧，不足以達到目標。如果只努力於其中一種，修行只是偏差而片面的，遠離了佛陀教導的解脫正道。福報若沒有智慧配合，只能產生樂果或往生善趣，絕不能超凡入聖。智慧若缺乏福德，就敗壞成爲乾澀的知識，僅是廣聞博學或繁瑣哲學，除了蒼白的理解之外，很難直接契入眞理。然而只要兩者同聲唱和，這兩種資糧便產生一種效能，將我們推向證悟的高度。福慧互補、互礪、相互完成的同時，便會產生一個相互淨化的過程，最後達到最高境界，成就偉大佛陀的雙座頂峰——了了分明的明（vijjā）和清淨無瑕的善行（caraṇa）❶。如同佛陀所說：這兩種能力，令他成爲「無上士」。

雖說福德和正智相互配合，但在修行動力上，福德仍居首位，原因在於內心成長的過程中，福德有啟動作用。若說「智慧」是花，可以誕生解脫之果，「正信」（saddhā）是長出花朵的種子，那麼，「福德」就是泥土、水分和肥料的合體——亦即成長過程中每個階段都不可缺少的養分。福德先爲智慧鋪路，然後再從智慧中，認識到福德在佛法修行中的一席地位。

這種特定順序的架構，與佛法中「自心內證」的概念關係至爲密切。從佛教的觀點而言，要了解眞理，並不僅靠理性思考，而必須親身體證。也就是將身心整體投入我們嚮往的眞理，而且內心相應於眞理，直至每一個直覺反射和熱情都全然契入我們挺身支持的眞理。換言之，就修行領域而言，體解眞理絕非累積一堆七零八碎、唾手可得的公開訊息，主觀上卻漠不關心，它其實是發掘有關自身和世界的最深眞理的過程，繼而運用這個眞理進入整個錯綜的內心世界。因此，使用「實證」、「體證」等詞語，都是爲了在釋義上帶入這「內證」過程的背景。

若要在修行的任一階段，透徹認識眞理，內心都必先提升到適於接收新發現眞理的高度。雖然智慧與品格並不等同，卻始終並行，而且往往一直保持微妙的平衡。每個人都只能認識自己能認識的部分，而我們的認識能力主要又來自品格的影響。因此，要親身體證眞理，還得看此人是否有足夠的內心德行，配得上這種體證。修福就是達到這種內心德行的方法，但這絕不只是表面工夫，而得依靠正確心態的支持。認識眞理能力的高下和福德累積的多寡成正比。福德越廣大、越精微，認識能力便越宏廣、越深入。這個原則在邁向圓滿證悟過程中的每一階段都適用，也特別有助於體解究竟眞理。

佛所教導的究竟眞理是涅槃——也就是無爲界（asaṅkhata dhātu），而證悟究竟眞理也就是證悟涅槃。涅槃是圓滿的清淨——摧毀貪欲，根除執取，不再有我。證悟涅槃的最後一擊是智慧的職責，只有智慧才能在本質上眞正理解一切有爲法的無常、苦和無我，也只有智慧才能帶我們出離有爲法，洞見無爲法——唯一能解脫苦的境地。不過，這種洞見要生起，內心必先與它所追尋的清淨相當，而且需要清除一切阻擋更高洞照和智慧的障礙。涅槃是不再有貪欲的圓滿清淨，要證得涅槃，只有建立了相應的內心清淨才有可能，也唯有眞正清淨的心才能穿透無明和煩惱的暗霧，認識完美無瑕的清淨涅槃，超越有爲的擾動，安住於絕對寂靜。

這樣成就內心的淨化，就是福德的作用。福德可沖刷掉內心的粗煩惱，減弱不善根的力量，並加強善的、有益心所的效能。福德累積的力量，爲智慧提供基礎，以便最終能突破有爲、進入無爲，可以說是智慧增上、進而轉凡成聖的燃料。正如登月火箭升空初期需要加速，才能在最後階段衝破地心引力，登陸月球，福德也同樣能帶給修行衝出重圍的力量，推動慧根衝破世俗的引力，洞見超越的眞理。

## 福德是心的活動

古典佛教論師從字源來定義福德爲「洗滌並淨化心續流」（santānaṃ punāti visodheti），這是強調福德在智慧之前的洗滌效用。福德所發揮的淨化功能，在一個複雜的過程當中涉及淨化的動力和目標，以及產生淨化的運作模式。淨化的動力就是心，這是能創造、能形成的角色，是行爲的來源和母體。如前所述，修福就是善業，而業行又歸於思心所。因此，分析到基本面，善行即含藏在思心所中，思心所是意志決定造作福行（puññābhisaṅkhāra）。由於思心所是內心活動的一種方式，那麼經仔細推敲，福德也同樣是內心活動的一種方式，透過行爲模式作爲傳介，運用心的組成元素，完成原先設定的企圖。

這個發現警告我們，不要把佛教重視修福解釋爲盲從規則和儀式。就佛教的觀點，每一善行背後的主其事者是心。發乎身或語的行爲，不過都是心識的相應表現而已。如果毫不知悉善行的本質和意義，僅有外在的行動，根本起不了淨化的功用。甚至如果只求積福而遵從行爲規範或從事儀軌和禮拜，這些活動生起的精神效應，並不是來自它本身具備的尊勝素質，而是它能引導現存的心識活動朝著有益的方向。它的效用其實不過是用來引生善心的善巧或權宜之法。

機械式地遵守道德規條，或盲從固有制度而從事宗教儀軌，都無法得到解脫，從佛教看來，這反而會障礙修行。這是「戒禁取」（sīlabbataparāmāsa）——把眾生繫縛於輪迴業有的第三個結（saṃyojana）❷，必須去除才能眞正踏上解脫之道。即使如持戒和儀軌這些比較外在的福行，正念正知都是很重要的，至於禪修或研讀法義這些主要爲內心的福行，就更需要正念正知了。

福德淨化過程的淨化目標還是在心，不過此處的心，不是從立即直接的效果——發動行動的來源——來說，而是從持續性的觀點——心續流（cittasantana）——來說。從時間的角度來看，心並不是穩定的實體，藉變化的活動來長期保持自我認同的一致性，相反地，心是一個連續的系列，由個別分離又由因果精確定律相互連結的思想行爲組成。每一心識都會很快生起，持續極短的剎那，隨即滅去，儲存所記錄下來的印記，傳遞給後一心識。系列裡的每個心識單元就這樣承接、保留並傳遞這個系列的整體內容，還加上本身的新改變。因此，這個系列雖是不連續的組合，卻仍保持一貫性，使每一不同的心識剎那具有相續的特徵。

佛教說，心續流從無始以來已然存在。在無明和貪欲的驅使下，生生世世向前流動，一世示現這種形式，另一世又以另一種形式出現。無始以來的心續流深藏著一些特別惱苦又具破壞性的心理力量，稱為煩惱（kilesas），以貪、瞋、癡這三不善根居首。從這三位一體又衍生出其他同類，如驕慢、成見、自私、嫉妒、昏沉和掉舉。這些煩惱不活躍時，便潛藏在心續流中，即隨眠煩惱。但只要受到外來感官刺激，或煩惱本身在潛意識過程中增長，產生足夠的力量，衝上心識表層，成為纏煩惱（pariyutthana），這毒性會汙染心識，之後又重返心識底層，在心流深處鞏固根基。如果這力量再度增強，煩惱就會加重而瀕臨違犯（vitikkama）的危險地步，而爆發出種種違反基本道德的身業或語業，導致憂悲惱苦的惡果。

把福德描述為「洗滌並淨化心續流」，就是指「能夠及時阻斷奔騰的煩惱把心識沖向違犯道德的行為」。只有智慧——聖道的出世間智慧——才能根除潛伏層的煩惱，不如此不足以斷裂「生命存有」❸的枷鎖而獲得解脫。不過，修福的確能夠幫助減輕頑強的纏煩惱，好讓智慧能立足，達到解脫。智慧只能在清淨的心中運作，而積集福德能淨化我們的心，因此，福德是智慧的助緣。

只要放任心以自己的動力前進、不加節制，就會像洶湧的河流，把河床藏汙納垢的貪、瞋、癡及衍生出來的煩惱，一起翻滾到心識的活躍層面。如果再縱容那些煩惱滋長，將使善的潛能枯萎，使覺知的光芒黯淡，並扼殺慧根，直至蕩然無存。修福可以防止染汙煩惱的飆升，以善法取代對應的煩惱，淨化心流，以供應足夠力量給智慧去除煩惱。

## 福德的心理法則

福德淨化心續流的效用是從幾個一致的心理法則而來，在此簡述這些法則，它們一起爲佛教整體修行的效能默默地打下基礎。

第一法則：一個心識剎那只有一個心生起，這法則看似不頂重要，但若與其他的法則結合，就有非常重要的效果。第二法則：心識中兩種互相違悖的道德素質不可能同時並存。第三法則：一切心所——如受、想、思和「行蘊」所包括的——都必與心識本身有著同樣的道德素質。

會導致業力產生的心識活動，不是全善就是全惡，（依第二法則）絕對不可能既善又惡。因此，生起善心時，不善心就不可能同時生起。善和有益的心法必然會阻擋不善和有害的心法，這當中包括（依第三法則）所有與心有關的不善心所在內。因此，當我們造作福德時，在背後推動的心和思心所，自然會排除不善的心、思心所及相應的煩惱。心至少在這一刻是清淨無染的。所以，多造作福德會使每一次造作都成爲排除煩惱生起的機會。

就像這樣，每一個創造福德的當下都會產生即刻的淨化，而多作福德，自然會帶來許多當下淨化的機會。然而要達到更為持久的效果，就必須多加一個原則，那就是第四法則。

## 意志朝向修福

第四法則認為：「重複」會提供力量。如同持續鍛鍊某一塊鬆弛無力的肌肉，能變得結實有力，內心素質也會在反覆的鍛鍊之下，把一群酣睡的士兵喚醒，轉化為修行道路上無堅不摧、無敵不克的戰士。

自我轉化構成修行生活的本質，而整個過程的關鍵，就是「重複」。這是實現自我轉化的基礎。靠著重複修習的力量，那些善法的幼弱嫩苗——如信、進、念、定、慧——才會在正覺的道路上綻放為有控制力的「根」（indriya），或在煩惱的戰場上成為不屈不撓的「力」（bala）。重複不斷抗拒惡法並修習善法，妖魔也會變成天神，罪犯也會成為聖者。

若說「重複」是自我轉化的關鍵，思心所就是「重複」的工具。思心所從心續流生起，對心續流具有一種向量的力道，根據思心所本身的道德基調，產生、改變心續流，重新導正心續流。每一個思心所在心續流滅去，都留下影響力，然後驅使心流往它要去的方向推進。善的思心所指揮心流向善——如清淨、智慧和究竟解脫；不善的思心所則會驅使心流往惡——如煩惱、無明和不可避免的束縛。

每一次思心所生起的時刻，無論多麼微小，多少都以某種方式改變了心，因此一個人整體性格的任一時刻，都反映並流露出思心所在心續流的累積作用。

意志推動整個心續流朝著它的方向走，因此必須以「重複」的力量來增強。若要重整內心，只有引領意志朝向善法，而重新引領意向最有效的途徑，就是修福。

只要意志是朝著修福的方向，自然會阻礙煩惱流入，同時增強心續流中潛藏的善法。在這些善素質的監護之下，無染的清淨便會從沉睡中甦醒過來，成為經年的性格傾向。布施，令慈悲生起；持戒，引生不害、忠實、節制、真誠和清醒；修心，產生平靜和智慧洞見。信心、敬仰、謙卑、同情、勇氣和平等心，都會增長。心會更為安止、輕快、靈活、敏捷、練達。當心因這些心所而淨化，就可以無礙地達到更高層次的定和慧，邁向涅槃的體證、修行的頂峰。

摘自〈栽培善根：論佛教的道德〉，法輪出版系列第259～260號，一九七八年初版

❶佛有十個名號，明行足亦為其中之一。佛陀內心具足光明的智慧和善行的福德，所以稱為明行足。
❷證果所斷的五下分結和五上分結分別為：身見、疑、戒禁取、欲貪、瞋恚，以及色貪、無色貪、慢、掉舉、無明。戒禁取排在第三。
❸即指經論中的「有」，諸如業有、生有，以及欲有、色有、無色有。

# 5 「知」之道

悉達多太子棄捨了王室生活，遁入森林，尋求苦的解脫之道，六年後成佛，向眾生開顯他所發現的道路，令人同向解脫。他探尋解脫的動力是由於眾生被無常和苦繫縛，同時他確定已找到不失壞和圓滿的境界，因而開始度眾的使命。佛陀用一句話歸納他的教法：「我只教導苦和苦的止息。」佛陀這樣陳述佛法，看似簡單，但言語背後的意義既深刻又精確。

佛陀不僅僅看到苦的外顯形式，而是完整看到了苦的本質。他所謂的苦，並不僅僅是生理和心理的苦，而是一再輪轉的業有，輪軸上則是生、老、死。他看到我們所處的情況，本質上並不適於開始修習他的教法，於是奉獻餘生來開導我們如何脫離這樣的狀況。佛陀對苦的解決之道，是從因果律的嚴謹邏輯而來，苦既非偶然，也非必然的宿命，而是由於因緣條件力量產生的現象，它需要一整套的助緣，因此易於通過生存的根本結構來著手解決。苦生起的因緣條件一旦去除，一切苦的現象都可能止息。

解脫之道，首要在因果鏈上的正確關鍵上抓到苦的起源。任何解決方案，如果不能從源頭解決苦，最終只是一種緩和治療，而不是終極治癒。要在正確的位置斷開鎖鏈，需要精準確定鎖鏈上各環節的相互連接之處。這鎖鏈必須追溯到最基本的因素，切斷那一點，苦就不再生起。

## 無明是關鍵

根據佛陀的教法，產生苦的因果鎖鏈上，無明是最主要的環節。無明是對實相本然的盲目，不能如實了知萬法。它是心理障礙，覆蓋我們正常的認知過程，以顛倒錯亂滲透我們的念頭模式。

無明所產生的各種妄見中，最基本的就是：認爲現象是實有。其實，現象並非一個個孤立封鎖的單位，而是參與著相互關連事件的場域，它們從相互關連的整個系統轉化出來，而非自有自成，沒有永久不變的本質，其存在的模式是沒有實性、相互關連、相互依存的。然而，在無明的影響下，我們不明瞭現象不實的本性，我們基本的無覺無知抹去了實相，因此，各種現象呈現的模式與眞實存在的模式不符，它們看似實在、自存、獨存。

妄見最立即可感知的場域，是最接近我們的——也就是我們自身的體驗，體驗的領域可分爲兩部分——一是能認知的、主觀的，由心識及其附屬心所組成；一是被認知的、客觀的，由認知的資料組成。雖然這兩部分關係緊密，相互依存，不過經由無明的運作，它們在概念上將其二分、簡化成偶發的主客對立。在主觀認知的一邊，從體驗的複雜性分離出來，被認爲有一主體，與認知行動有別；在客觀的一邊，又凝成外在事物的世界，指向主體，成爲主體的行動和關注的場域。於是心識赫然發現自身才是永存的自我，與世界對立，世界是一個「他者」，永遠與自己是分隔。因此它開始了征服、控制和支配的長期生涯，來鞏固自存模式的主張。

## 我見是煩惱根源

這種認知上的錯誤，以及因此而凝聚起來的我見，正好就是令我們受苦的煩惱的根源。其實，對於這種自以爲正確的生存模式，我們總會暗中懷疑，甚至感到不安穩，而這種斷斷續續的焦慮感，往往又驅使我們增強自我感，更加堅認自我是站得住腳的。由於我們需要肯定自己的存在，內心確定自己的實有感的概念，因此心理活動便需要以自我爲中心。

這種肯定自我存在的心態，在情感或理性上都有其影響。在情感方面，最明顯地，就是自我中心所產生的不善根——貪、瞋、癡——成爲行爲的決定因素。但所謂的「我」，其實是虛無不實的；因此「認爲有我」的妄見，會經常纏繞著不足之感。我們因爲欠缺而感到苦悶，總覺得需要點什麼來填補內心的虛無，結果就是貪，一股力量不斷驅使我們盡可能去尋找並吞噬一切——如享樂、財富、權力、名譽——從未成功，一直帶著不安。當欲望得不到滿足，產生挫敗感，我們的反應就是瞋——急著要消除從欲望到滿足之間的障礙。而我們只要敵不過那股強大的障礙，自然就運用第三種策略：愚鈍或癡，這是刻意對眼前的一切事物都不覺不知，好讓自己不受苦。

在理性方面，自我中心的妄想使我們對實存的自我形成邏輯的立論。「我是什麼」的想法，是由於無明自然生起，不知一切法本來無我。一旦接納了這個想法的面值，也就是朝向有個眞的「我」，同時努力以此爲參照點，就此開展出「我見」，這是用來確定自我存在的信念，同時認爲在身心架構上有一個「我」。

接下來產生的理論，不免就墮入形而上學的兩種極端：如果認爲「我」是永生，就是「永恆論」；如果認爲「我」在死亡之時永滅，就是「斷滅論」。這兩種理論說都沒有絕對堅實的立論，因爲兩者都擁有同樣的錯誤：一致假定有個常恆和實有的我。

認知上的執著，以及這些執著引起的情感反應，全都是來自「我見」。於是，我們在詮釋事物的時候，自然就會注入一股非常強烈的心理力量。可惜「我見」本來就是沒根據的概念，是基本的妄想衍生的產物，因此，我們所投注的力量，最終也只能以失望收場。我們執著事物，希望一切都會恆久、如意、實在，結果事物卻是無常、不圓滿、無有實性。我們想把意願加諸於各種事物，卻發覺它們只依循本身的法則，並不臣服於我們的控制。

## 解脫之道就是「遍知」之道

執著的結果就是苦。不過，「自我中心」想要支配並操縱，卻無法如願的苦，並非全是負面價值。它含有一種非常正面的價值和廣大的潛力，因爲它瓦解我們自以爲是的假想，喚醒自身本然之智力，使我們決意尋求解脫。這種力量驅使我們醒覺：想以自我中心的立場去重構這個世界是如何徒勞無功，同時明白自己需要「不繫縛於苦惱」的新視角。

被「我見」繫縛的最根本原因是「無明」。因此，要展開這種新視野，就必須先去除無明。但要去除無明，單靠持戒、信心、虔誠、德行，甚至修行到寧靜而具有定力，都還不夠。在大道上修行，以上這些雖然都是基本而強大的要件；但是，就算它們全都具備了，也還是不足。我們還需要多一項元素，就靠那元素便可以確保切斷生死輪迴的有爲法，那項元素就是「知」。

解脫之道實質上就是「知」之道。其核心是如實知見：「有知有見者能去除煩惱，不知不見者不能。」自身的體驗，就是「知」生起的客觀領域。既然我們顛倒扭曲的詮釋一直滋養著自我，因此自身體驗正是除去自我的利器。在一切事物當中，沒有比自身體驗與我們「更親密了」，因爲一切法都是通過體驗才得到印記並且認識。然而，我們的自身體驗雖然與我們如此接近，同時卻也籠罩在黑暗之中，無明覆蓋著它的眞實性相，令人無法覺知。佛法是最能糾正我們妄見的關鍵，因爲它能讓我們看清一切現象的眞貌。佛法改正我們知見，使我們見到實相，因爲它是光明，能驅散無明的黑暗，我們才能理解自己對一切法的見解「正如有眼之人，在燈照之下，會見到不同的形相。」

## 透過禪修體證身心實相

要正確了解自己的體驗，得靠禪修，需要培育「觀」，這是以「止」爲基礎，沒有任何知識能夠取代親身體證。我們由於盲於實相，習於錯解一切法，因此只有通過直觀才能改正這種錯誤的認知模式。佛教的禪修，並不會將我們的自我感融成無所分別的絕對境地，也不是退隱到自給自足的內心喜悅，而是透過最接近我們的管道，去了解實相，這管道就是我們自己的身心過程。禪修對於我們如何看待自己，有很深入的影響，然而它所產生的改變，卻不是把理性從屬於照單全收的概化觀念，而是因爲身心體驗是自我感的場域，我們離執、清醒而且透徹地加以觀照。

## 三遍知

禪修的主要方法就是反觀，即覺知之光返照過來，觀照一切來認知所蘊含的眞相。「遍知」之道以三個階段展開，總稱爲「三遍知」。第一個是「所知遍知」（ñātapariññā）的階段，我們的經驗世界在觀禪中被分解爲組成元素，繼而細心審察其特性和作用。這番運作中所產生的類別，就是佛教一向用來分析人的關鍵名詞——蘊（khandha）、處（āyatana）、界（dhātu）。這樣解剖是爲了驅散「實有」的幻覺，因爲我們對事物見解非常粗忽。一般常識上認爲一切都是堅實的整體，其實是各各離散因素的凝聚。觀照可遣除自我感的主要支柱，也就是認爲自我是一獨立個體。從這樣觀照和擇法，組成元素便一一浮現，接著我們會發現一切都關乎因緣條件，這就揭露了一切法變化無端，又沒有獨存性。

第二個階段是「審察遍知」（tīraṇapariññā）。這一階段檢驗自身體驗的場域，不再落於之前的自相，而是一切法的共相，共相有三：無常、苦、無我。一般有局限的認知是：世間法是常、樂、我。在禪修中，必須以無常、苦、無我來矯正並取代這些認知。此一階段的禪修目標是發現色法和名法的活動是無常、苦、無我的，同時如實觀一切法。

第二階段的「知」完全成熟時，第三種「知」自然出現，就是「捨斷遍知」(pahānapariññā)。此時，前一階段所成就的剎那洞見，便開展爲全面的徹見。我們會了解到無常、苦、無我不只是有爲法的特質，而能清楚看見它們就是法的本質。有了這種體悟，我們將會捨棄妄見，並摧毀妄見周遭的我執所染汙的情感。

踏上「知」之道，便開始看穿：自無始以來，是什麼禁錮著我們的心識？這大道能讓我們超越激情和偏見，擺脫習以爲常的自我感假面具——也就是那些使我們漂泊於輪迴的無數身分。走在這道路上固然不易，需要很大的精進和堅定不屈的精神，不過總有回報，那就是隨著每一勇往直前的步伐，我們會感到更多解脫的喜悅，最終達到究竟解脫的目標。

摘自〈栽培善根：論佛教的道德〉，法輪出版系列第259～260號，一九七八年初版

# 6 雙面佛法

初遇佛法，我們就會面臨一個弔詭：在理性思維上，佛法是自由思想者的最愛——冷靜、現實、非教條，在觀點和方法上幾乎就是科學。然而，若內心走入活生生的佛法之內，馬上就會發現它還有另一面，似乎站在一切理性假設的對立面。雖然我們還是不會看到刻板的教條和隨機的空談，卻仍遇見了出離、思惟和虔信等宗教理想，也就是一套處理如何超越感官知覺和思考的教義，其中最令人困惑的或許是：在這套訓練方案中，「信」是主要的美德，而「疑」則是一種妨害、障礙和束縛。

我們想要決定自己和佛法的關係時，最終發現對這兩副看似不相容的面目，實在難以做出合理的解釋：經驗論的那一面朝向世間，要我們事事親身觀察並且驗證，而宗教性的那一面則朝向超越，勸我們遣除疑惑，信任本師佛陀和他的教導。

想解決這個困境，有一個辦法就是：全盤接受佛法的其中一面為眞實正確，把另一面當作贗品或蛇足而加以排斥。可是這樣一來，傳統的崇敬式佛教便單單擁抱信仰和虔誠的宗教面，卻迴避清醒堅定的世界觀和批判性審察的任務。另一方面，現代佛法的辯護者就只頌揚佛法的經驗論並且近似科學，在宗教面卻尷尬地磕磕絆絆。然而我們只要省思眞正佛教精神的必備因素之後，便很清楚佛法的兩個面目都是眞實的，而且必須同時兼顧。如果顧此失彼，不僅有接受片面教導的危險，我們個人的佛法修持，也會受到偏頗和矛盾心態所障礙。

然而，怎樣融會佛法的這兩方面，同時避免自我矛盾，依然是個問題。在這裡建議，若要調和兩者，在個人的觀念和修持中保持內在的一致性，關鍵在於考慮兩個根本問題：第一，佛法教導的目的，第二，爲達目的所需的策略。目的是從苦中證得解脫。佛法並不在於提供有關世界的實際訊息，因此雖與科學兼容，其目標和關注焦點必然迥異於科學。從最主要、最基本的意義來說，佛法是一條通往釋放心智、解脫生死輪迴之苦的道路。佛法爲我們提供了無可替代的解脫之道，不僅爲尋求理性思維上的認同，還必然要具備宗教情懷。它直指生命深處，在攸關「生命存有」最終意義的重要關頭，喚醒相應的信念、崇敬與堅定。但對佛教來說，信念和崇敬只能驅使我們走上這條路、並堅持走下去，卻不能確保解脫。

佛陀教導我們，繫縛和苦的根源，是對於「生命存有」的實相有著無明，因此佛教解脫策略的基本工具必是智慧，即對實相的如實知見。冷靜而不預設立場的考察和批判性探詢，構成了通往智慧的第一步，我們便能排疑解惑，對解脫所依的眞理有一個概念上的領會。但是不能任困惑和質疑永久存在，我們一旦確定佛法是通向內心解脫的車乘，就得登車：擱下猶疑，投身於修行過程，這會把我們從信仰導向解脫見。

爲了尋求理智上或情感上的滿足而接觸佛法的人，看佛法不免呈現雙重面目，始終存在著疑惑不解。但如我們準備就佛法本身來接觸佛法，當作滅苦之道，那就根本不會有雙面問題，而看得出佛法從來就只有單一面目：就像其他的面孔一樣，只是有兩個互補的側面罷了。

原刊於佛教出版學社社訊第2期，一九八五年秋季

# 7 高瞻遠矚和腳踏實地

所有人類的活動都可說是兩個剛好相反卻同等重要的因素在交相作用——「遠見」和例行「操練」。遠見是創造性元素，它超越「過去」套在我們身上的固定條件，也讓我們對「未來」享有開放的可能，這也是一種自由，既能洞見更具意義的目標，又能發現更有效的實現方法。相形之下，一再重複地操練是保守性元素，它保證「現在」擁有「過去」的成功，同時保存「現在」的成就忠實地傳遞給「未來」。

雖然兩者朝著不同的方向——遠見朝向改變，操練朝向穩定——兩者在許多方面都相互咬合，而且每一個行動也都有兩者滲入。如果想要一個行動既有意義，又有效率，那麼兩者必要保持健康的平衡。如果其中一個因素占了上風，壓倒了另一個，結果必定不佳。如果一個反覆循環的例行工作，讓我們無可避免剝奪了探詢和理解的自由，很快就會被例行工作的鎖鏈縛手縛腳而停滯不前，如果我們被崇高的理想激勵，卻缺乏紀律去實踐理想，最終會變成沉迷於夢想，或浪費精力於無謂的追求。只有在慣常的例行操練受到內心遠見的激發，才會成爲新發現的跳板，而不是麻木的固定模式；只有令人振奮的遠見催生出重複的行動，我們才能把理想從想像的超凡國度，落實到事實的冷靜領域。米開朗基羅需要天才的靈光一現，才能從石塊中看出大衛的形象，但是需要過去多年的訓練，以及無數次錘子和鑿子的擊打，才能創造出曠世的藝術傑作。

反思遠見和操練之間的關係，也適用於佛法修行。滅苦之道就像人類其他的活動，一方面需要以智慧來理解眞理的示現，同時也需要融合耐心而穩定的重複性紀律。遠見的元素以「正見」身分進入這條道路——也就是理解「生命存有」的正確眞理，並經由更深入地思惟，一再穿透同樣的眞理。在這條道路上，重複操練的元素是修行的艱鉅任務，也就是必須直下承擔的特定訓練方法，並且按既定的次第勤奮修行，直到成果出現。修行成長的過程中，其實是各階段的交替和連續：一個階段以遠見元素爲主，下一個階段又以例行操練元素爲主。遠見的剎那打開我們內在的眼睛，看見「法」的重要意義，次第的訓練又鞏固我們的智慧洞見，而且激發出更多遠見，來推動修行，直至究竟觀智的高峰。

雖然每一階段有不同的側重，修行道上的究竟成就還是有賴於遠見和操練的平衡，使兩者都能做出最大的貢獻。然而，我們的心傾向偏好嶄新和獨特，因此我們的修行中會偏重於遠見，而犧牲了操練。我們會期待遠在天邊的修道次第而意氣風發，同時卻忽略了低階操練——單調無味，卻更緊迫而直接——其實觸手可及。然而，這種心態是忘卻了遠見往往建立在從前操練的基礎上，然後又爲達到既定目標而產生新的操練方式，因此，如果我們要彌合理想與現實——既設想奮鬥目標，又踏實過著日常生活——就必須更加注意重複性的努力。每一個善念、每一個純淨的作意，每一份修心的精進，都代表在八聖道上的成長潛力，但如要將潛力轉化爲主動積極的滅苦力量，稍縱即逝的善「心行」必須一再重複、養育、培植，成爲我們生命持久的素質。它們單打獨鬥時軟弱無力，一旦用反覆操練使兩者力量聚合，必將勢不可擋。

修行進展的關鍵在於：激勵人心的遠見來引領重複操練。能提升我們、策勵我們克服自己的局限，正是洞見究竟解脫的智慧——解脫心的寂靜和清淨，然而，也正是經由重複——也就是一步一步培育善行——我們才能拉近自己和目標之間的距離，離解脫又近了一步。

原刊於佛教出版學社社訊第3期，一九八五年冬季

# 8 自淨其意

《法句經》（*Dhammapada*）裡有一則古老的箴言，總結了佛陀教法中三個簡單的修行綱領，也就是：諸惡莫作、眾善奉行、自淨其意。這三個綱領是一個漸進的次第，從外在的、前行的，進展到內在的、核心的教法，每一個次第自然引出下一個次第，這三個綱領的高峰，也就是自淨其意，清楚點出了佛陀教法的核心。

在佛陀的教法裡，自淨其意是持續努力清理煩惱充斥的心，那些在心流表面之下、黑暗、不善的內心力量，會汙染我們的思考、價值、心態和行爲。各種煩惱中最重大的，也就是佛陀所說的不善根——貪、瞋、癡。從這三不善根生出許多衍生物和變體，譬如憤怒和殘酷、貪婪和嫉妒、自大和傲慢、僞善和虛榮、大量的妄見。

現代一般的心態並不怎麼欣賞這種「煩惱和清淨」的觀念。乍看之下，它們好像老掉牙的道德主義，也許在道貌岸然、諸多禁忌的時代才用得著，跟高舉追求解脫火炬的現代選手搭不上邊。當然，我們並不都陷於粗糙的物質至上主義泥淖而不可自拔，許多人確實在尋求正覺和修行的高度，然而，我們卻想要照自己的意思來，我們這些新興的自由承繼者，相信自由的探索來自恣意的經驗，無須從事特別的反省、親身改變或自我控制。

然而在佛陀的教法裡，正覺的準繩正是自淨其意，一切洞察力和正覺智慧的目的，就是令心從煩惱中解脫，而涅槃本身——佛陀教導的目的——很清楚是從貪、瞋、癡解脫。從佛法的觀點，雜染和清淨，並非主張一種僵化的權威道德觀，而是眞實而具體的事實，非此不足以正確理解世間人類的狀況。

雜染和清淨這生命經驗的兩種事實，對於尋求從苦中解脫的人有一個重要的分野。它們代表解脫之道的兩端。雜染是問題所在和起點，清淨是解決之道和終點。佛陀曾說：煩惱是人類一切痛苦的來源，內心燃燒著欲望和貪愛、憤怒和怨恨，它們浪費心、生命、希望、文明，使我們在生死輪迴中盲目而且飢渴。佛陀形容煩惱如枷，如鐐，如障，如結，因此，通往無繫縛、解放、解脫的道路，把煩惱結解開，同時也是一種內心淨化的訓練。

淨化的工作必須自煩惱生起之處著手，就是自心。佛法提供的自淨其意的主要方法，就是禪修。在佛法修行中，禪修不是追求狂熱忘情，也不是家居實用的心理治療，而是一套精細設計的心智培育方法——理論上精確，實用上有效——以獲得內心清淨和解脫。禪修主要的工具是精進、正念、正定、正見等重要的善心所，系統的禪修訓練會強化這些心所，而且貫穿在一起，成爲一個自我淨化的計畫，目標在於根除煩惱的根和枝，連最微小的不善煩惱都一絲不留。

因爲心識的煩惱狀態，都是從無明而生——無明是最深嵌的煩惱，那麼，究竟的自淨其意便有賴智慧的善巧來成就——見到實相的知見。然而，智慧並不會從偶然或隨機良善的作意而生，只能從清淨的心生起，因此要令智慧生起，並根除煩惱，成就究竟的清淨，我們首先必須創造一個空間，培育暫時清淨的心——雖然是暫時而脆弱的清淨，仍是生起解脫智慧不可或缺的基礎。

要完成自淨其意的前行，首先要理解自己。要去除煩惱，首先要學著認識煩惱，偵測煩惱怎樣滲透並支配我們日常的思考和生活。我們累生累劫都被貪、瞋、癡推動，因此，自我淨化的工作不能屈從於自己的要求，想要成果立現而匆促執行，這個任務需要耐心、謹慎、持之以恆，以及佛陀清楚的指示。佛陀慈悲，每一個煩惱都教導了對治方法，也就是如何出離和如何降伏的方法。我們學習這些原則，並正確運用，就可逐漸克服最頑強的內心染汙，達到了苦的止息，也就是「無漏心解脫」。

原刊於佛教出版學社社訊第4期，一九八六年夏季

# 9 爲研讀教義說幾句話

近來東方和西方對佛教興趣高漲，都強烈傾向於實用，並發掘修行所帶來的寂靜和解脫。然而，修行的熱情時常伴隨著另一個沒什麼好處的特點，也就是傾向忽視、甚至藐視系統性研讀佛陀教法。這個心態背後的立論，我們已很熟悉了，譬如說，研讀不過是文字和概念，並非實相；這只通向學識，而非智慧；或者說，這只能改變我們的想法，卻無法觸及深層生命。有一段著名的經文❶引述了佛陀親身的證詞：學而不修，猶如爲他人數牛，又如把船筏扛在頭上，卻不用來渡河。

這個論點，固然有其眞實之處，卻也有所偏，這偏向阻礙了修行的進展，無所助益。學而不修當然一無所獲，但是，這個論點的另一面也應該考慮：如果一個人一點也不懂如何養牛，該不該去趕牛？如果他不懂如何操縱船筏，該不該橫渡一條湍急而危險的河流？佛陀本身便堅持信眾學習並傳播佛法時，必須兼顧文字和精神。但我們且不訴諸傳統的說法，先來探尋研讀佛法的價值和作用。

此處必須強調，爭議的重點並不在於把研讀佛法當作學術研究，或是累積淵博的學識，而是獲得健全而扎實的基本佛法教義。現在來看看這爲什麼重要？我們必須謹記，整體的正確修行，是從進入聖道的行動——皈依三寶——開始培育的。如果我們以正確的發心，懇切地採行了此一步驟，就表示我們已經認識到自己需要修行的指導，我們把自己託付給佛陀的引導，把佛陀的教法當作指導方法。皈依法，就表示我們所接受的，不是只隨己意自訂目標的禪修技巧，而是一個深刻而廣泛的教法，以了解人類生老病死現象的眞實本質，這設計的用心也使我們認識到：眞理的觀念是達到徹底而究竟苦滅的工具。佛法所提供的解脫，並不僅根據我們本身的成見和欲望來修禪，而是從佛陀教導的正見和正志的基礎上修行。

這個聖道的認知性質，把學習教義和理性探詢提升到非常重要的地位，解放內心枷鎖的知見雖然是從直觀的智慧，而非由大量的教義而來，但眞正的智慧必從理解基本正見的概念發展出來，若缺了這一點，修行便不免遇到障礙。我們爲建立前行階段的正見，而從事研讀和系統性的思惟，必然有概念和想法涉入，不過，在我們急於把研讀佛法打成毫無價值的糾纏之前，可以想一想概念和想法是理解和交流不可或缺的工具，然而，概念可以是有效、也可以是無效的理解工具；想法可以有用、也可以無用；可帶來巨大的利益，也可造成巨大的傷害。修行時必須研讀佛法的目的，是學著正確理解我們的體驗：能夠區分有效還是無效、正確還是不正確、善法還是不善法。

我們唯有徹底而謹愼地審察，才能排除有害成長的，並有信心來培養眞正有益的。若沒有釐清這個前提的概念，沒有好好地「直其見」，當然還是可以誠懇地禪修，但絕不會是八聖道中必不可少的正定。這樣不植根於正見的禪修，雖然也會讓人得到世俗的利益，變得更平靜、更有覺知和捨心，但是缺乏正見的引導和正志的驅動，能否導向穿透性的證悟或到達究竟目標，也就是完全的苦的止息，是有疑問的。

我們幾乎找不到一套對所有行者都適用的研讀忠告，人人都有不同的需要和興趣，因此每一個人都必須依據自己的根性，在研讀和修行之間保持平衡。但毫無疑問，我們可以說，誠懇努力依照佛陀的教導來生活，有系統地研讀佛法，絕對會強化修行。這樣的承擔固然不易，然而，一定要面對並跨越我們所遇見的挑戰，獲得更高的智慧，正見才會逐漸成熟。

原刊於佛教出版學社社訊第5期，一九八六年冬季

❶《法句經》第19偈：「雖多讀誦聖典，不實踐，是放逸人，譬如牧者數他人的牛隻，不入修行人的行列。」（印海法師中譯，以下引用《法句經》者亦同）

# 10 佛法若不談輪迴

當今強調弘法必須與個人息息相關，而且可以直接驗證，因此在某些佛教圈子裡，久已奉爲圭臬的輪迴教說正重新經歷嚴苛的評估，儘管只有少數幾位當代佛教思想家極端地執意視它爲「非科學」而廢棄不論，可是另有一種觀點開始抬頭，說無論輪迴是否眞有其事，這種教說對佛法修行無足輕重，因此在佛法教學中沒有一席之地。有人說，佛法只關心當下，從我們自覺的提升和內心的誠實來解決個人的心理障礙，佛教其他的部分，不過是一個古老文化裡的宗教飾物，在今日科技時代，全然不合時宜。

假使我們暫時放下個人偏見，直接去查看源頭，會發現一個不容否認的事實：佛陀本人開示過輪迴，而且把它當做一項基本教義。縱觀佛陀的一切說法，輪迴的說法不僅僅是遷就他那個時代流行的觀念，或僅是亞洲文化的巧思，其實它對整體佛法修行過程的意義巨大，既影響修行的目的，也影響貫徹始終的發心。

佛道的目的是從苦中解脫，佛陀闡述得十分清楚：需要解脫的「苦」，就是繫縛於生死輪迴的苦。佛法確實有一個面向是直接可見、親身可證。我們若直接審視個人的經歷，便可看出憂愁、壓力、恐懼和悲痛，總是來自貪、瞋、癡，因此，除貪、除瞋、除癡可以除苦。這直接可見的面向，其重要性絕不可低估，因爲可堅定我們對聖道解脫效力的信心。然而貶低輪迴的教說，把佛法的重要性解釋爲「藉提升自覺來改善心理痛苦」，便失去了從佛法既廣又深的源頭所衍生的寬廣視界。這樣一來，我們其實冒著大險，把佛法限縮到不過是一門精密的古代人本心理治療系統。

佛陀本人已清楚指出，人類生命的根本問題，不僅是我們對憂愁、悲哀和恐懼缺乏招架之力，也是因爲自我執取，把自我綑綁在周而復始的、自造自作的生老病死之中，在其間歷經種種比較特定形式的煩惱。佛陀也告訴我們，煩惱最主要的過患在於它令我們不斷輪迴，只要在心識深處沒有棄捨煩惱，它便會拽著我們輪迴於業有，令我們淚水「多於大海之水」。一旦仔細審思這些關鍵，便可看出修習佛法的目的並不是爲我們現世的個性和世間的處境提供舒心的和解，而在於啟動一個影響深遠的內心轉化過程，使我們從世俗的生命輪迴導向究竟解脫。

我們大多數人走上聖道的主要發心，其實是不滿在世俗人生中受到苦的啃噬，而非敏銳感知到輪迴的過患。然而，我們若想徹底奉行佛法，得益於佛法所賦予我們的寂靜和崇高智慧的潛力，修行的動機必須日漸成熟，直到超越引導我們走上佛道的初發心。我們的初發心必須朝向佛陀揭示的重要眞理而一路成長，且依循眞理不斷增上，終至實現目標。

我們的發心，需要藉著正見的培養而獲得必要的成熟。佛說八聖道，正見居首，其中包括理解業力法則和輪迴是「生命存有」的基本結構。雖然觀照當下是觀禪的關鍵，然而若認定整個佛法修持只是對當下保持正念，便是極度的謬誤。佛法強調智慧是解脫的工具，而智慧不僅必須包括洞見當下的縱向深度，還必須包括認識過去和未來——我們當前的生命從此處展開——的橫向水平。我們若充分認識輪迴的法則，便能以全景視野，在更寬廣的脈絡和人際關係網絡下審視人生，這會激勵我們的修道，也會揭示修行所朝向的目標——內心從苦究竟解脫，輪迴因而止息——意義是多麼深遠！

原刊於佛教出版學社社訊第6期，一九八七年春季

# 11 自我評估

雖然，在理論上，佛法修行的道路是筆直、準確地從束縛到解脫，可是我們一旦應用在自己身上，這條路卻像我們扭曲的心理地勢一樣崎嶇不平。除非我們善根非常成熟，否則不可能期望自己一飛沖天，順暢無阻，從快速而喜悅的禪定和高度智慧的航線飛抵目標。我們反而必須準備好從地面開始踏上這條路，緩緩地、穩穩地、小心翼翼地從自己內心曲折的山路行走。我們帶著種種獨特的人格特質、習性和潛力一起出發，這是修行必然的起點。我們根深柢固的煩惱和頑固的妄見，還有我們隱而不顯的良善、內心力量和智慧——這些就是我們鍛煉的材料，也是即將穿過的地形，更是帶我們抵達目的地的車乘。

信心，是堅持修道的前提。我們雖全然相信佛法的解脫效力，卻還是磕磕絆絆、茫然無措、不知如何把佛法切實運用到自己身上。這裡要談一個重要步驟，可以讓我們獲得佛法的利益，就是誠實評估自己的性格。如果我們想有效運用佛陀所教的方法，來克服內心的煩惱，首須評估自己性格結構中頻繁出現的特定煩惱。我們可不能好整以暇、安慰自己這條聖道能夠終結貪、瞋、癡，萬無一失。我們若要切實修行，得先熟悉自己日常生活中俯拾即是的貪、瞋、癡。要是不能誠實面對自己，其他的佛法探究都會徒勞無功，甚至還會迷失方向。我們固然可以獲得廣泛的佛典知識、澄清見解並磨銳思考的力量、在坐墊和步道上投注許多禪修時間，但只要沒能照顧到我們性格中的缺點，這些其他的成就不但無法使我們脫離煩惱，反而還會增強煩惱。

然而，在佛法修行中，誠實的自我評估雖是最重要的，也是最困難的。困難的原因在於：我們必須建構全新的視角，才能承當自我觀察；必須穿過重重障礙，才能誠實地了解自己。我們要評估自己，就必須不再把自己當作外在的存在體來觀察，亦即不再根據觀察者主觀的訴求，把它當作外在的對象來評估，而是反照觀察者的自心，這是我們凝望世界最不可捉摸的中心地帶，我們要把所有的動機和計畫都放在批判性的探照光之下，讓它清楚顯現出來。進入這個探詢的領域，就要猛地碰撞我們自我的每一面，得以穿透厚厚妄見和盲目情緒的屏蔽，這兩者向來把「自我」保護得完好無損。

我們爲了屈意奉承自己的獨一無二、誰也替代不了的重要性，往往建構起自我形象的內心圖像——眞是一個畫廊！這些圖像同時也成爲我們執著的支柱，保持著自尊和做人處事的立場。我們在不覺不知之下，心爲防護它微不足道的地位，從「背後」使出很多策略，它丟出眼罩，讓我們看不見令人不安的訊息，用幻想的投射來諂媚我們，驅動我們去操控人和情況，好讓我們證實自己暗自假設的美德和自我的認同。

所有想充實自我感的行動，只會增加痛苦，我們越把自己鎖在自我形象裡面，就越跟他人疏離，而且把自己關在覺醒眞理的門外。因此，我們若要從痛苦中解脫，便需嚴謹檢視內心，逐漸棄捨虛妄的自我形象。

舍利弗在《無穢經》（中部5經）中強調，誠實的自我評估是修行的前提，他指出，就像一個骯髒的銅鉢，放在灰塵滿布的地方，沒人看上一眼，只有變得更骯髒，積塵更多。同理，假使我們不去認識內心的汙穢，就不會努力去除，只會繼續蓄積貪、瞋、癡，最後帶著敗壞的心死去。我們若把骯髒的銅鉢清理乾淨並且磨亮，就顯得光潔煥發。同理，我們如認識到內心的汙穢，就會喚起精進來清除汙穢，只要淨化了汙穢，不會讓自己身壞命終時帶著汙穢的心。自我認識永遠是極端困難的任務，但唯有認識了內心，才能形塑內心，也唯有形塑了內心，心才能夠解脫。

原刊於佛教出版學社社訊第7期，一九八七年秋季

# 12 平衡之道

飛鳥藉雙翼翱翔，修行也要靠平衡發展兩種對立的特質，才能獲得直接而穩定的進步。這兩個特質就是出離和悲心。出離的教法指出，解脫之道是個人的訓練過程，重在逐漸嫻熟掌控貪愛——痛苦的根源；悲心的教法，則要我們不傷害他人，為他人爭取福祉，幫助實現佛陀的大願，提供世間一條不死之道。若分開考慮，出離和悲心邏輯相反，有時似乎指向相反的方向：一個是為個人的淨化，多獨一靜處；另一個則是增加與他人的連繫，做出對他人有利的行動。

然而，先不論出離和悲心的差別，兩者在修行之道上，從最初級的道德訓練，到究竟的解脫智慧，都以動態、互動的方式互相增上。這兩者的平衡，在佛陀身上完美呈現，他就是完全出離和無量悲心的體現。面臨痛苦的時候，出離和悲心有一個共同的根源，一個代表我們對自身痛苦經驗的反應，另一個則是目睹他人痛苦時的反應。然而，我們的自然反應，只是這兩種崇高特質的種子，還不是其本質。我們必須有系統地培育出離和悲心，修行才能持久，這需要從最初發心到究竟解脫的一個持續思惟過程。

能落實這個思惟架構的，便是四聖諦的教法，四聖諦為出離和悲心提供了共同的教義架構。

出離，從我們天生想避苦的衝動發展出來。但是，若沒有思惟，這種衝動會導致急於從某些個人受威脅的特定情況撤離，思惟則揭示了「生命存有」本身就面臨基本的險境——由於被無明和貪愛綑綁在世間，世間在本質上是令人生畏、難以捉摸，而且靠不住的，因此，出離背後的主要動機是對精神自由的渴望，加上認識到自我淨化是內心的努力。如果外在環境會滋養不善的傾向，只有遠離，才容易成就。

悲心是從我們對別人自發的同情感而培育出來的，然而，悲心這個善法，並不等同於多愁善感的抒發，也不是在利他的活動中失去自己，雖然悲心包括情緒的同理心，也常見諸行動，但要完全成熟，唯有受「智慧」引導，被「離執」所鍛鍊。我們有了智慧，就會看到因為「生命存有」依因仗緣而起，眾生不免一時被深藏的痛苦所困惱，我們卻可超越這苦惱的表相。「智慧」既深且廣地全面地瞭解四聖諦，顯示眾生所遭受的廣泛、多樣、微妙的痛苦的根源，同時也展示走向解脫痛苦不退轉的方法。因此，自發的同情和成熟的悲心教導往往是相互矛盾的，只有靠悲心才能引向最有益的行動。雖然悲心的實踐需要我們展開行動或發言，但有時需要退回靜默和獨一靜處，對人對己才有最長遠的利益。

在學佛道上，視我們的根性和當時情況，這兩個重要美德的其中之一會比較顯著。然而，無論是出家人還是在家人，若要在修行道路上有所進展，兩者都必須得到適當的重視，不足的必須逐漸補足。久而久之，我們就會發現，兩者雖然朝著不同的方向，終究還是相互增上，悲心驅動我們更加出離，因爲我們看到自己的貪愛和執著對別人有多麼危險。出離也使我們更具悲心，因爲棄捨了貪愛，我們就會把自我的狹窄觀點，轉變爲無量慈心的寬廣視野。出離和悲心結合並相互增上，將有助於修行道路上美好的平衡，並成就究竟的聖果。

原刊於佛教出版學社社訊第9期，一九八七年冬季

# 13 《卡拉瑪經》一瞥

這一期社訊中，我們來重新審視經常爲人引用的經文：《卡拉瑪經》❶，譯文見於《法輪出版系列》第八期。本經被視爲「佛陀的自由探詢憲章」。雖然這篇經文強力呼籲自由探詢，反對教條主義和盲信，但本經是否就是人們加諸於它的立場，仍是個問題。從經常引用的一段經文來看，佛陀被刻畫成實用經驗主義者，排除一切教義和信仰，佛所說的法僅僅是一個自由思想者的套裝眞理，請大家想接受就接受，想拒絕就拒絕。

但《卡拉瑪經》果眞秉持這樣的見解嗎？或只是另一套極端的舊主張，用合自己口味——或合傳教者口味——的概念來詮釋佛法？我們要記得，必須用佛陀開示的初衷來了解經文，才能正確理解他的論點，在此謹利用有限的篇幅來仔細檢視《卡拉瑪經》。

經常引用的段落是這樣的：

「卡拉瑪人，不可因爲口口相傳就信以爲眞。

不可因爲奉行傳統就信以爲眞。

不可因爲流傳廣遠就信以爲眞。

不可因爲引經據典就信以爲眞。

不可因爲合乎自己觀點就信以爲眞。

不可因爲引證常識就信以爲眞。

不可因爲符合先入爲主的觀念就信以爲眞。

不可因爲說者的威信就信以爲眞。

不可因爲他是導師就信以爲眞。

當你親身了解：『這些素質缺乏善巧、該受責備、會受智者的批評，若是采納施行起來，會趨向傷害與苦惱。』你就應當棄捨。

當你親身了解：『這些素質是善巧的、無可責備、會受智者的讚揚，若是采納奉行起來，將趨向利益與幸福。』你就應當進入並安住其中。」

這個段落，一如佛陀其他所有的開示，是在一個特定的情境脈絡之下宣說的——基於特定的聽眾和特定情況——因此我們必須了解這個開示和情境脈絡之間的關係。卡拉瑪人是羇舍子（Kesaputta）城的市民，此城時常有宗教老師來訪，見解南轅北轍，每位老師都提出自己的教義，並抨擊前一位老師的教義，這使得卡拉瑪人十分困惑，因此，當「沙門喬達摩」來到城裡，他既被譽為覺者，卡拉瑪人便前來謁見，希望他能解惑。在後續的經文中，明顯困擾卡拉瑪人的是：輪迴和善惡的業果，眞相到底如何。

佛陀一開始先向卡拉瑪人肯定，在那種情況之下理當有疑，這不啻鼓勵了自由探詢的精神，然後他宣說了以上的經文，勸告卡拉瑪人，一旦親身了解何者為惡行，便應當棄捨；何者為善行，便應該承當。這一番勸告，對尚未發展出道德意識的人非常危險，我們可以假設佛陀認為卡拉瑪人有高度的道德敏銳度。總之，他並沒有讓卡拉瑪人全靠自身的判斷，而是藉著詰問來引導他們看出：貪、瞋、癡會傷害自己和他人，引起痛苦，應當棄捨；而相反地、對自己和他人都有益的特質，則應該培育。

佛陀接著解釋：「聖弟子貪、瞋、癡永盡」，充滿無量的慈、悲、喜、捨，淨化了仇恨和惡念，此時此地就能受用四種「安樂」：若有來生和善惡果報，身壞命終之際，便投生善趣；若沒有來生和善惡果報，他也能在此時此地生活快樂；若作惡有苦報，苦報不會臨頭；若作惡沒有苦報，也與他無關，他反正已經清淨。於是卡拉瑪人對佛陀的開示表達了感恩，並皈依了三寶。

那麼《卡拉瑪經》是不是如一般認為的：佛法修行人應拋開一切信仰和教義，把一己的經驗當作準繩，來判斷佛陀的言論，並拒絕不符個人經驗的說法？的確，佛陀並未要求卡拉瑪人憑著信心就接受他的一切教說，但我們來看一個重點：卡拉瑪人在經文一開始還不是佛陀的信徒，純粹把佛陀當作可能解惑的輔導師，並未視他為如來（Tathāgata），也就是一位發現眞理、可教導他們修行和究竟解脫之道的人。

由於卡拉瑪人還沒有把佛陀當成揭示解脫眞理的人而接受他，佛陀並不適合對他們闡揚正法——如四聖諦、三共相，以及基於這些眞理的禪修方法。這些教法只教給認定佛陀能指導解脫的人。在經典中，他只向「對如來生起信心」和具備理解並實踐教法的眼界之人宣說解脫的眞理。

然而經文一開始，卡拉瑪人還不是沃土，不適合撒下覺醒的種子。他們仍對於不同的宣說感到非常困惑，甚至對道德的基礎都不太清楚。

然而，教導卡拉瑪人不要依靠傳統、抽象哲理、魅力導師之後，佛陀提出一個教法，馬上可以驗證，而且可以爲道德和清淨的生命打下堅實的基礎。他告訴卡拉瑪人：無論死後有沒有另外一期生命，只要具有道德自制、又對一切眾生懷有愛和慈悲，此時此地就有回報：不但快樂，內心又有安全感，遠比違反道德原則、又沉溺於內心欲望而獲得脆弱的享樂來得殊勝。對於不關心長遠未來、不準備對未來世和超出眼前的世界採取什麼定見的人，這樣的教示保證了他們這一生的幸福，以及安全通向未來的善趣——假設他們後來不會墮入邪見，否認未來世和因果業報。

然而一些人的眼界已經開闊到可以包容更廣闊的「生命存有」，這份給卡拉瑪人的教法其實超越了直接可見的意涵，直指佛法的核心。佛陀提出的三個檢驗的狀態——貪、瞋、癡，不只是不善行爲或內心染汙的基礎，在佛陀的教法架構裡，三者是煩惱的根——一切繫縛和痛苦的主因，佛法整個修行可以視爲一項使對治之道——無貪、無瞋、無癡——臻於完美，以除去不善根的任務。

《卡拉瑪經》可以眞正測試相信佛法是否可以導向解脫。從馬上可以驗證的教法起頭，任何道德高尙的人貫徹遵行之後，都可測試其有效性而得到結論，也就是說，煩惱會造成個人和社會的傷害和痛苦，去除煩惱會帶來平靜和快樂，佛陀教導的修行，就是根除煩惱的有效途徑。只要把佛陀的教法放到個人身上來測試，雖然只是暫且先信任佛陀，最後必會對佛法解脫和清淨的力量得到更堅定、親驗性的信心。對佛法的信心加強之後，必會對佛陀這位導師也生起更深刻的信心。因此即使我們還不能親身驗證，也會對佛陀傳授的證悟法門接受無疑。其實，這就是得到了正見，正見是整體八聖道的前導。

一般人會欣賞《卡拉瑪經》，部分是由於反對教條式宗教，部分是出於尊崇客觀科學知識的模式，咸認爲佛教反對信仰和教條，要求我們只接受可以親驗的教法。然而，這樣的詮釋，忘卻了佛陀給卡拉瑪人的建議，是因爲他們尙未信仰佛陀和他的教義，也忘卻了正因如此，本經不曾提到正見以及獲得正見之後的整個視界。本經其實是暫不考慮究竟信仰的議題之下，而對可行的清淨生活提供的合理建議。

持平而論，在普通經驗範圍內的各層面佛法，確實可以在個人體驗中證實，這樣就爲超越凡常經驗的「信」奠立了堅實的基礎。佛陀教法中，「信」本身從來不是目的，也不保證必可解脫，只不過是內心轉化到智慧圓滿的演進過程從這裡出發。但是，智慧若眞要具備解脫的功用，必須能洞悉我們在世間生命的現狀，並且精確掌握如何達到解脫的境界。佛陀已經從自身對人類生老病死實況的深刻理解，把這些眞理傳達給我們。我們經認眞考慮，然後信受奉行，便踏上了這條將信心轉化爲智慧、信任轉化爲確定、究竟從苦中解脫的旅程。

原刊於佛教出版學社社訊第9期，一九八八年春季

❶《增支部3．65經》。其對應的漢譯經為《大正新修大藏經．中阿含經．業相應品》中《伽藍經》第六卷。

# 14 良心宣言

佛陀說：「一切眾生都恐怖刑害❶。」但今天，恐怖主義的兇殘刑杖已成爲我們面前最嚴重的問題。恐怖分子不再僅僅威脅脆弱的公眾人物或大聲疾呼的對手，由於他們有閃電般的速度和全球的影響力，現代傳播媒體又爲他們提供了威懾全球人民的巨大新力量，他們重拳之下的受害者，反而往往是無助又無辜的一群人，被耀武揚威的仇恨擊倒在地。

恐怖主義的暴力加劇，駭人聽聞，在道德意識上一箭穿心，遺下痛苦和永續的傷口。我們居住在斯里蘭卡的人，感受到的問題就更尖銳了，因爲目睹恐怖主義浪潮席捲這個傳統上的佛法之鄉，我們再也無法悠遊於這熟悉世界的日常舒適之中，反而必須在痛苦和希望之間掙扎，來處理這可怕的威脅——以符合佛教傳統價值的方式理解它，並面對它。

全球恐怖主義的崛起，無疑源自複雜的政治、經濟和社會的因素，這個問題必須通過適當的方法來解決。但同時，我們必須堅信，恐怖主義還有一個更深層次的人性因素，一旦忽視，風險可就大了。如果我們探討眼前燃眉之急的恐怖勢力所凝聚的政治意識形態和種族仇恨的底層，會在其震央發現同樣惡毒的驅動力，以不那麼惡毒的形式鼓動了許許多多的一般人類行爲。

恐怖主義興起的重大推動力裡，我們可以發現貪：貪婪的掌權和主宰；也有瞋：在冷怨中燜燒，或攪起一場狂熱的毀滅；我們還發現其中更有癡：一種集體偏執狂症，被煽惑的意識形態或個人迷失在群體的狂熱中所引發。以上是藏而不顯的人類恐怖主義根源，個人的挫折感和對社會不滿又繼續餵養它，所結的果實就是我們周遭所見的暴力。

我們處理恐怖主義問題時，應該自問：我們可以貢獻些什麼力量，來遏制這樣的水漲船高？我們可能會找到比我們所能想像的更接近自己的答案。首先要注意的是，恐怖主義的擴張，並非因為「民胞物與」的情懷普世衰退。在社會的日常運作中，我們已經看見對他人缺乏同理心和敏銳度的現象——社會機體感染了腐敗、冷漠和自私的疾病。再加上，因為重新認識種族的根，於是瘋狂尋找歸屬感，結果成為一種非常可能爆炸的混合物。

一旦認識到這一點，我們便看到，若要以個人力量對抗恐怖主義增長，有一個最有效的對策，而且根本就近在咫尺。簡單地說，它在於重新肯定：建立和諧與和平社會的基本道德價值，並通過戒行和身體力行來教導這些價值。這樣重新肯定眞實的道德價值——悲心、誠實、眞誠、寬容和尊重他人——會如振聾發聵的良心宣言。無論是讓大眾聽到，還是私下說給自己聽，都是樹立對善法力量的信心，抗議恐怖主義不能玩忽道德，賴以存續。

雖然我們不應懷著不切實際的期望，以為自己能改造世界，但也不應忽視自己力挽狂瀾的責任，更不該看輕自己的影響力。我們若明確而果斷地決心謹守道德價值觀，必會默默地從內和外發生重要的變化。它一面在我們心中微妙地改變人際關係，一面強化兩個心所：慚和愧，慚是天生對惡行感到厭惡，愧是害怕它的後果，佛陀稱這兩者爲世界守護者。

最重要的是，我們重申，必須超越自我中心這種局限的觀點，今天，許多觀點已經形成了根深柢固的局面。我們要認識到，只要每個派別都爲鞏固各自目標而鬥爭，每一個小群體和整個世界都終將受害。因此我們必須堅持培養人道主義的責任感，來超越分化世人的忠君愛國感。我們必須學習並教導的功課，正嵌在佛陀的教導中：「以自己比他人，不殺，不教人殺❷。」認識到其他眾生在本質上跟自己並無二致，並且去感受他們對幸福的希願，也跟自己並無二致。若想要建立我們向來嚮往的平靜祥和社會，這是唯一有效的方法。

原刊於佛教出版學社社訊第10期，一九八八年夏~秋季

❶見《法句經第十刑杖品．第129偈》。

❷見《法句經第十刑杖品．第129和130偈》。

# 15

# 承先啟後

佛教開始在西方站穩腳跟的同時，很遺憾，它在傳統亞洲故鄉的命運卻一直朝著相反的方向移動，也就是朝向萎縮和衰退。已經有幾個亞洲佛教國家強行壓制佛教的發展，即使仍保存政教合一的國家，佛教也不如早先那樣佔據人們心靈的主場地位。儘管人心的虔誠和佛教徒的個人認同依舊強勢，但在整個佛教亞洲版圖中，文化和意識形態的力量已經發動，成天向自稱皈依三寶的佛教徒發出挑戰：爲什麼把「正法霸權主義」當成唯一的意義和價值？

當前思考模式發生的種種變化中，最不利於正法的，也許就是物質至上主義的世界觀成爲顯學，認爲現前的生活就是人類一切努力的場域。我們只要充分認識了這種世界觀的影響，不必經過理性分析就會同意：它已成爲我們的心態和行爲的主要決定因素。我們心中常瀰漫著一個奇怪的矛盾：內心中有一部分宣稱我們對正法的崇高原則懷有信心，而在其他部分，我們所思所行卻好似現前的生活才是人類得到幸福的唯一機會，世俗上的成就才是成功人士的眞正標誌。

物質至上主義世界觀迅速蔓延，又使價值觀普遍地世俗化，而且侵入我們生活的每一角落。這種價值觀轉變之後，所看重的目標和心態，與正法倡導的價值觀截然相反，其影響的規模甚至巨大到無法合理地平衡物質財富和精神財富。我們眼前看到的是，貪婪取代了知足，成為壓倒性的理想，競爭取代了合作，快捷高效取代了悲心關懷，自私放縱取代了克制和自我控制。

同時活在兩套矛盾的原則之下——一套是世俗物欲帶來的，另一套則是以正法為基礎的——便產生了一種張力，其中含有一種具破壞潛力的種子。老一代在接受新的世界觀和價值觀時，並沒有明確認知它們對傳統佛教理念的挑戰，因此往往只隱約感到這種張力。

這要等矛盾推到了下一代，也就是今天的青年佛教徒，這兩種觀點本來就不兼容的情況堂而皇之成為兩種截然不同的生活哲學選擇——一種是認為價值觀的層次，應以內心自制和神聖解脫為究竟；另一種則高舉放縱和滿足個人欲望為最高標的。由於後者訴諸人類強大而根深柢固的動機，難怪今日這麼多年輕人不再以正法為指導，轉而追求消費社會所開闢的及時享樂新路徑，再不然，一旦錯失機運，感到挫折，就改走暴力路線。

因為我們要靠青年佛教徒連接過去和未來，形成承先啟後的重要紐帶，那麼，今日的佛教青年若能持續心向佛法，就很重要了。佛法應該不僅僅是他們文化和種族身分的象徵，也不僅僅是虔誠情操的焦點，最重要的，應是一條認眞走的道路，在眼前權宜之計和長期修行成果之間做抉擇的時刻，仍親身實踐，堅持遵循正法。當前的問題，正是如何激勵年輕人把佛法看作指引和正確的皈依。

在此必須強調，我們目前的困境遠遠比道德標準的瓦解更為嚴重，因此不能很容易用虔誠的說教和道德規勸加以矯正。如果今天年輕人的行爲已經普遍偏離了佛法，這是由於佛教的願景對他們不再具有意義，然而這並不是因爲佛教不再與人類息息相關，而是因爲佛教沒能展現出它與世人之間超越時代又無比迫切的相關性。

關心佛教存續的人士最緊迫的任務就是，必須努力與年輕一代溝通正法核心的主要視野，也就是從一切具體教義和修行中流瀉出來的視野。這並不需要嫻熟正法的技術細節，但確實需要理解佛法的精髓，積極使生活立基於這樣的理解。我們必須以戒行和身教，向年輕一代展示：眞正的自由，在不加抑制的放縱裡是找不到的，必須靠節制和掌控欲望；眞正的幸福，不會從物質的富裕而來，必須靠平靜和知足；良好的人際關係，無法建立在競爭和衝突之上，必須靠慈心和悲心；眞正的安全感，再如何積集財富和權勢也無法獲得，必須靠征服本身的野心和慢心。

原刊於佛教出版學社社訊第11期，一九八九年冬季

# 16 醫治絕望的妙藥

我們大多數人都生活在一己私人算計、狹隘冷硬的籠子裡，極度努力為自己小小舒適的家園多爭取一點陽光。急切的渴望、勾人的欲望，把我們弄得團團轉，難得轉過頭去多看一眼鄰居怎麼樣了，即使轉了頭，多半也只是想確定鄰居沒有越界侵犯我們的領域，或想辦法把領域越界擴張到鄰居家。

然而，有時候，我們如果從迷戀的追求中離執夠久，解放夠多，我們關注的焦點便會發生明顯的變化，不再慣性地把如豆的目光盯在短淺的目標上，認識到我們其實與無數的眾生一樣，走在從生到死的旅程上，這些眾生和我們一樣，都意圖為善。

這種認識往往推翻了自以為善的自我中心觀念，拓寬並加深我們的同理心。一旦推倒自我關注的高牆，我們就可以用一種特別內在的親密感，感受到所有人都希望不受傷害，而且找到不受侵犯的幸福和安全。然而，如果這種同理心的盛放不只是單純的情感流露，還伴隨著精準的觀察能力，它便很容易把我們從剛發現的那一點自由，一舉推入痛苦和絕望的深淵。

只要我們的眼睛沒有蒙上感情用事的眼罩，開始思惟世界的廣袤，我們便會看到人類龐雜的苦難，大到令人眼花，強到令人戰慄。如果是愚蠢、粗忽地狂歡，縱容日常的感官欲望刺激和自我中心的獎勵，我們絕對會自滿。且讓我們把頭抬高一點，極目四望，就會看見世界沉浸在痛苦中：不但有一般生命週期的遺憾，還加上大自然的嚴酷、意外事件的冷酷和人類的殘酷。

當我們摸索著想抓住一個把手，以防墜入絕望的坑洞，也許佛陀經常教導的隨念可以幫我們一把：「比丘們！眾生是〔自己〕業的所有者、業的繼承者、以業爲根源者、以業爲親屬者、以業爲皈依者，他們作業，不論善或惡，他們都是繼承者❶。」這份隨念時常被提出來，以幫助我們面對個人命運的得失榮枯：接受任何得失、成敗、苦樂，同時內心仍然平靜自如。然而，這同一個主題也可以達成更廣大的目的：幫助我們思惟眾生所捲入的無量痛苦並伸出援手。

面對一個充滿衝突、暴力、剝削和毀滅的世界，我們有必要想辦法了解這些行動招來的苦果，也要能在災難和毀滅中，看到不只是命運的促狹——令人遺憾卻了無意義。佛陀對業果的教法爲我們提供了一個關鍵點來破譯這些連綿不絕、令人費解的事件。它教我們認識眾生各各不同的命運，並不是突發之舉或意外事故，而是道德平衡法則的運作，確保「眾生經歷的苦樂」以及「他們有意行爲的道德素質」之間最終的完美平衡。

我們思惟業報的運作，並非冰冷和算計的權宜之計，只能對現狀忍氣吞聲，不作反應。業的運作途徑複雜如迷宮，而且，接受這因果法則，並非再也不用跟人類的貪婪、殘酷和愚昧作戰，或是眼見不善行有機可乘，也不加以制止。我們只要打開視野，看到這個被貪、瞋、癡和深藏的業果法則所統治的世界非常不調順，並見到這些洶湧暗流與往復擺盪的表面事件連結著暗藏的法則，然後深刻思惟因果業報之後，便能把災難和失望的衝擊穩定下來。一方面，這個思惟喚醒緊迫感，驅動我們從一再輪迴的業行和業果出離；另一方面，它可生起捨心，依於務實的理解而對生存困境保持從容不迫的風範。眞正的捨心，跟無情的冷漠大不相同，當我們穿過輪迴的湍流，它能在旅途上支持我們。捨心賜予我們勇氣和耐力，遭遇命運波動時，不受擾動；審視世界苦難的面目時，也不被擊垮。

原刊於佛教出版學社社訊第12期，一九八九年春季

❶見《增支部10・216經：蛇行經》。

# 17 衝突，問題在哪？

人類生活中最為反諷的部分就是：雖然所有人都憧憬和平，卻不斷捲入衝突，跟他人因為緊張、不信任或公開的敵意而形成對峙。這種反諷特別尖銳，因為與他人的關係若親切和諧，顯然是我們真正幸福的必要條件，我們若有這樣的人我關係，不僅可不受干擾地追求個人的成就感，而且使我們與他人之間的共享更有意義、更加快樂。對比之下，充滿爭執的生活本來就痛苦，因為我們必須把主觀的鎧甲增厚，把憤怒和仇恨的結打得更緊。說實在的，無論衝突的結果如何——是勝利，還是失敗——對勝利方和受害方終是有百害而無一利。

然而，雖然和諧的生活可帶來豐盛的幸福，不和諧的關係會引起許多傷害和痛苦，我們的生活——和周遭人們的生活——大部分時間卻都糾纏在爭吵和爭端之中。衝突若不是在內心徐徐蒸騰著悄悄的懷疑和怨恨，要不就是爆發強烈的憤怒和破壞，這不但牽扯到個人的人我關係層面，也拖累個人作為種族、政黨、社會階級或國家的一員的層面。總之，我們生活中發生各種衝突現象似乎無可避免。和平與和諧徘徊在遠方，像一場仲夏夜之夢，也像我們宣誓正式效忠的崇高理想。然而，當現實敲門、夢醒時分，我們通常會違反自己較正確的判斷力，而被拉進一個競技場，然後，我們追逐的欲樂，往往與贏取它們付出的奮鬥和競爭等價。

佛陀的教法雖然圍繞在個人從苦解脫的目標，但也是爲了指導我們如何與他人和睦相處。這種和諧值得追求，因爲它不但本身就是滿足的來源，也是走上崇高解脫之路的先決條件。只有與他人和睦相處，才會從內心生起正覺的究竟寂靜。而唯有積極致力於修行，擺脫深藏內心的衝突根源，才能與他人和睦相處。

在古印度，有一次天神的統治者帝釋天來問佛陀：「人們雖希冀和平，沒有仇恨和敵意，卻總是生活在衝突之中，充滿仇恨和敵意。他們被什麼枷鎖束縛了？」佛陀答道：「這是被嫉妒和貪婪束縛，儘管他們希冀和平，卻生活在衝突之中，充滿仇恨和敵意。」如果我們追溯外在衝突的源頭，會發現它們並非來自財富、地位或財產，而在於內心。❶因爲我們嫉妒他人擁有我們希望自己擁有的素質，也因爲我們被不可遏制的貪婪推動，擴展所謂「我的」疆界。

嫉妒和貪婪又起源於兩個更根本的心理條件。我們生起嫉妒，是因爲將事物視爲「我」，因爲我們總在內心認爲有「我」，並把「我」向外投射，希望他人認識並接受這個「我」。我們生起貪婪，是因爲想攫取：我們想爲自己爭得一席之地，並在該地布滿「我的」所有物，取悅我們的貪婪和自我中心。

因此，衝突根植於嫉妒和貪婪，那麼，不衝突的道路就必須是一個捨的過程，也必須消除圍繞在「我」和「我的」概念周遭的狹隘念頭和欲望——即認同（我）和擁有（我的）的動力。這個過程在智慧圓滿成熟，洞見一切空無我之際完成，因為這種洞察力揭露了嫉妒和貪婪背後的「我」和「我的」概念是虛無的。然而，儘管從貪愛執取到究竟解脫仍很遙遠，但通向它的道路卻是漸進的，是從我們腳下更簡單、更基本的步伐走出來的。

有兩個必要的步驟，都是心態上的改變，可令嫉妒和貪婪發生質變，一個是利他的隨喜（muditā），也就是看待別人的成功猶如感受自己的成功一樣。另一個是捨離（cāga），也就是能施能捨。隨喜是嫉妒的特效藥，捨離則是貪婪的解藥。兩者的共同之處在於：從狹隘僵固的自我信念中解放，寬廣到能包容跟自己同樣趨樂避苦的眾生。

我們只是個人，不可能依據自己的意願，來解決自身所屬的社會和國家大尺度的衝突模式。我們身處的世界，衝突盛行，而且餵養這種衝突的力量非常普遍、頑固而且強大。但我們是佛弟子，能夠做而且必須做的，是用行為來見證和平的優越：避免敵意的言語和行動、癒合分化、展示和諧的價值。佛陀對真實佛弟子的描述是我們仿效的典範：「他是分裂的調解者、和諧的散播者、樂於和合者、愛好和合者、喜歡和合者、作和合之言說者。」❷

原刊於佛教出版學社社訊第13期，一九八九年夏～秋季

❶見《長部21經：帝釋所問經》。原文中帝釋天問道：「他們都想『願我們住於無怨恨的、無杖罰的、無互相敵對的、無惡意的、無敵意的。』但他們卻住於怨恨的、杖罰的、互相敵對的、惡意的、有敵意的呢？」釋尊解答他的問題：「天帝！以嫉妒與慳吝之結……他們都想：『願我們住於無怨恨的、無杖罰的、無互相敵對的、無惡意的、無敵意的。』但他們卻住於怨恨的、杖罰的、互相敵對的、惡意的、有敵意的。」

❷見《增支部10．176經：純陀經》。

# 18 意義的追尋

儘管現代世界自認戰勝了過去種種的愚昧和錯誤，感到十分自豪，但這種成就似乎付出了過高的代價，簡直要令人質疑是否值得。我們付出的代價，正是一種共同信念，相信生命有其終極的意義。在古代，人們雖然基本上生活在一個集體想像的幻影裡，卻仍擁有一個我們沒有的珍貴資產：他們有一股堅定而有力的信念，相信他們與一個超越的目標之間有一種連繫，因此日常生活一直具有意義。

我們心中原來也許有一絲隱約的懷疑：生活是否在物質繁榮和技術創新之外，還有更深刻的意義？然而，科學的簡約主義和技術的大膽創新形塑了當前的心態，把這種懷疑也一掃而空了。今天，這樣激進的結果，越來越多的人普遍感受不到意義。我們一旦切斷了活生生的心靈傳統，就會漂泊在困惑的海洋中，所有的價值看起來都是隨心所欲而且是相對的。我們漫無目的地隨著任性的浪濤載浮載沉，沒有任何崇高的目的可作爲引導理想的北極星、啟發思想和行動的泉源。

但是，正如自然界不容許眞空，人類也不容許完全喪失意義。因此，爲了不要墮入「感覺不到意義」的深淵，我們抓住漂浮物，沉迷於娛樂消遣，追求感官快樂和權力，努力增加財富和地位，拿新鮮奇妙的玩藝兒圍繞周身，寄望於人際關係，其實這只能掩飾我們內心的貧乏。我們致志於娛樂消遣，塡補了心理的空白，同時也把更深刻、更堅定的需求——渴望不依賴外在條件的平靜和自由——深藏心中。

佛法的一大好處就是：能挽救今日人類普遍感到缺乏意義的問題。佛法可以當作意義的來源，主要是因爲佛法提供了意義生活的兩個要件：生活的終極目標，以及清晰而靈活的指示——教我們如何從人生的任一階段邁向這個目標。

佛法中，追求終極意義並不像有神論那樣，信仰神的救贖計畫，佛法的重點反而放在人類生命核心的經驗問題上。這個問題當然就是苦的問題，我們會臣服於痛苦和悲傷，固然是苦，但苦的範圍實不止於此，其實涵蓋了一切有爲法，因爲它無常、脆弱、缺乏恆常不變的本質。

佛法的目標——無爲界，即涅槃，意思就是苦滅，因此，對我們最關切的事有決定性的影響。雖然它在本質上與一切概念性思考這類有局限的法相反，因爲涅槃既是苦滅，對我們內心嚮往的不壞寂靜，以及從悲傷、焦慮和痛苦中解脫，提供了最終的答案。佛陀分析苦因時，很清楚說到這個目標的追尋，與日常生活的歷程彼此交會。佛陀說，苦因在於自己，在於我們自私的貪愛，結合了盲目的愚癡，在於貪、瞋、癡三不善根汙染了我們與世間的正常接觸。因此我們尋求的滅苦，正是消除這三不善根。

我們若要生活朝向滅苦的目標，就需要踏上通往目標的道路，使道路和目標合一。這條道路即是八聖道，可除去內心的苦因，結束痛苦和繫縛。我們就從此時此地出發，從錯誤和煩惱中走上正道，通過澄清見解、轉化心態、淨化內心，次第推進而親證究竟眞理。

如果路徑指向的目標超越有爲生命的境界，那麼，走上八聖道就是在有爲法的局限內，發現前所未知的意義。這種豐富的意義有雙重來源：一個是認識到，追隨這路徑可爲自己和他人減少痛苦，同時增強喜悅、等持和寂靜。另一個是，認定我們所追求的價値，不只是主觀而獨斷的，而是實相下絕對客觀的定律。

當我們走上滅苦之道，究竟目標就不再只是遙遠的彼岸，而是把我們的經驗轉化爲克服不善根的挑戰，並幫助眾生也滅除苦惱。這份挑戰，也就是實現自利利他的任務，同時成爲生命意義的內在核心：以慷慨布施和捨轉化貪愛，以慈和悲取代瞋心，以解脫智慧之光除去愚癡的黑暗。

原刊於佛教出版學社社訊第14期，一九九〇年冬季

# 19 尋找安全感

心理學中有一個老生常談：「想要快樂」是人類最基本的動力，但我們要知道，這種想望往往在另一個同樣深入、同樣普遍的動力之內運作，這個動力，就是「需要安全感」。無論我們再執意於享受並獲取感官快樂，通常也還會謹慎考慮人身安全。我們只有在沒有明顯的危險，又能跟自己和世界安心相處，而且舒舒服服地置身於友善而可靠的熟悉環境之際，才會感到自由自在。

只要我們遇到佛法，開始認眞看待佛法，就會發現佛法常會挑起我們一波一波的焦慮不安，這種感覺是由於一種牴觸——感到對立——而生起：我們所認識的、有一般安全感基礎的世界，與佛法所打開的生命新視野之間是有衝突的，我們眼睛盡可以不去看使我們煩惱的景色，也可以只挑佛法裡我們喜歡的，但只要我們誠心誠意接受佛法——就佛法論佛法，而不是就我們自己論佛法——我們可能會發現佛陀所傳授的智慧，讓我們相當不安。

第一聖諦從來不是一個讓人感覺心安的眞理，正因爲這種不安的質地，它才成爲「聖」諦。它坦白告訴我們，日常生活中一直看來平靜、可預知的表面，其實非常危脆——我們不過將自己和彼此放在一種虛假的安全感中，這是我們共同的妄想。表面之下，隱藏在視野之外，湍流正在攪動，隨時可以打破表面的平靜。從我們出生的那一刻起，就滑向老和死，也會受到各種疾病和意外事故的傷害而提早夭亡。我們因爲欲望的驅使，一世又一世在三界的沙丘輪迴，出生則沙丘形成，死亡則沙丘崩解。我們的生命不外是五「堆」心理和生理過程❶，沒有永久性或實質性。

佛陀對人類生老病死實況最尖銳的陳述，應是描述一個人被山洪沖走的形象：他抓著岸邊的草來取得安全感，卻發現草一抓就斷。雖然佛陀一開始就要我們注意周身環繞著不確定性，甚至在舒適和享受之中也是，但他絕不止於此。佛陀宣說苦，並不是要令我們感到絕望，而是要把我們從自滿的熟睡中喚醒，讓我們朝著究竟幸福的方向。佛法並不會讓我們不那麼需要安全感，而是從這樣的需要出發，轉化爲持續探詢究竟什麼才是眞正的安全感。

通常，我們想找的安全，是從自我中心出發，受著短視和專橫的自我利益主導，相當愚昧。我們以爲自己擁有一個實有的生命個體，也就是一個本來存在的自我，因此，如果出現什麼會威脅自我，我們便想方設法用各種計畫來擋開，並加強自我全面的主控地位。

佛陀把整個觀點提綱挈領，指出「焦慮」就是「自我」黑暗的孿生手足。他宣稱，所有爭取自我利益的企圖都必然來自執取，當我們所執取的對象無可避免必得滅去，這種執取的行爲便鋪就了敗壞之路。佛陀認爲，眞正的安全之道恰恰在於去除執取。只要所有的執取都根除了，只要一切「我」和「我的」觀念都失去了強烈的動機，我們就不再恐懼，不再擔心，不再憂慮。即使感受到世間事件的波動，內心仍保持平穩，「無憂，無汙染，寧靜無煩惱❷」。

儘管究竟安全只存在於無爲界，也就是涅槃這「無上的安穩處」（anuttara yogakkhema），當我們蜿蜒穿過凡俗生活的崎嶇地勢，會有一種暫時的安全來源，幫助我們有效地處理四周的危險和困難。這暫時的安全是因爲我們堅定接受佛法就是安樂和指引的來源，也是無與倫比的皈依。「法」這個字本身就是支撐和支持。佛陀的教法之所以稱爲「法」，是因爲它支持依法修行的人：「法」能屏蔽不依法而行而遇到的危險。如果我們尊重法並以法爲生活的基石，便能持續努力於究竟解脫。

佛法提供的護衛，並非經由神祕的祝福或灑下救贖恩典，而是指出確定的指導方針，使我們能夠保護自己。有形事件看似隨機，卻有一種無形卻強固的法則，使得善有樂報，惡有苦報。如果反其道而行，就會招致苦難；依其道而行，就是開拓其道的潛力，與修行結合，也用來幫助同樣尋求皈依的人們。

佛陀對自我保護的重要忠告是：「諸惡莫作，眾善奉行，自淨其意。」我們只要追求非暴力、誠實、正義和眞理，就在周身編織了一圈刺不透的美德之網，即使置身在暴力和騷動的環境，都能確保幸福安康。我們只要眾善奉行，就種下善質的種子，在三界輪迴的旅程上遲早會成熟。通過正念和精進來淨化貪、瞋、癡，終必爲自己找到一個沒有水患的島洲——不死之島。

原刊於佛教出版學社社訊第15期，一九九〇年冬季

❶ 指五蘊。蘊是聚集義。

❷ 見《吉祥經》，此經是南傳巴利「小部」聖典中「小誦」裡五種經典中的第一經。

# 20 自我轉化

可能因爲凡夫墮落本質的徵兆，很少人在一生當中與自然的我和平相處。即使在興盛和成功之中，我們不但白天絞轉著不知足的感覺，夜裡也席不安枕。只要我們眼中仍有微塵，就會想在自身之外——配偶、鄰居、工作，以及不留情的命運或不定的機會中，找尋不滿的原因。但是，當微塵脫落，眼睛睜開，我們很快就發現眞正的原因在於內心。

只要我們發現不快樂的原因原來深藏心底，便開始了解，表層的改變遠遠不夠，還需要進行根本的內心轉化。人類內心長年渴望一個新的性格、從老舊的灰燼中升起一個嶄新的性格。自古就有這種追尋精神世界的強大泉源，即使在現代盛世，文化裡充滿世俗、擁抱生活的成分，這份渴望從未全然消失。

雖然我們尋求的變革不能再以救贖、拯救等概念爲特徵，但是我們徹底重塑性格的衝動一如既往地堅強，不過是躲在世俗世界觀的掩護之下罷了。在此之前，這種追求在寺院、靜修中心和修道院中實現，而現在有了新的場地：精神分析師的辦公室、週末的研討會，新興療法和邪教。然而，儘管場景和概念框架發生了變化，基本模式仍保持不變。我們不滿自己根深柢固的習慣，渴望以一種新的、更輕盈的、更自由的生命模式來取代一切鈍重和壓縮的性格。

「自我轉化」其實也是佛陀教法的根本目標，是滅苦教學計畫中重要的一環。佛法從來不是爲已經完美的聖人而設，而是針對尚未琢磨成器的人性缺陷而設：善變和衝動的行爲，被貪、瞋和自私玷汙的內心，扭曲顛倒的觀點，傷害自己和他人的慣性。教學的目的就是轉化這些有缺陷的人——我們自己——成爲「圓滿的人」，這個圓滿之人的每一個行動都出於純淨、內心祥和寧靜、智慧穿透最深刻的眞理、對他人滿懷慈悲、關切他人和世界福祉。

這教法的兩極——引生修行動機、原來有缺陷和受繫縛的性格，以及終於完全解放的性格——之間，有一個「自我轉化」的次第過程，由非常精確的綱領所指導。這種轉化是通過道路的兩個面向而實現的：一是棄捨（pahāna），從內心中除去有害和不善的一切法；二是修行（bhāvanā），培育善、清淨和淨化的品質。

佛陀所教的「自我轉化」，其他眾多系統也有類似的目標，佛陀的不同之處在於貢獻了另一個原則，這個原則就是「自我超越」，也就是不再努力建立一切堅實的自我感，此一原則與「自我轉化」的原則相輔相成。在佛教修行中，性格轉化必須有一個平行的努力來補足，使我們不再把構成「現象我」的元素視爲「我」。無我的教法不是一個哲學議題，而是召喚理性的提升，成爲自我超越的處方。此一教法堅定認爲，我們持續把自己的性格當做「我」和「我的」，嘗試建立一個自我，這實際上都是從執著產生，也恰是我們痛苦的根源。因此，若要解脫痛苦，我們就不能在性格尚未轉化成爲崇高的終極目標之前就止步。我們需要一種轉化，可除去執著，由此而除去「肯定有一個自我」的傾向。

我們在此必須強調佛法的超越層面，因爲在我們這個時代，內在的世俗價值很高昂，誘惑很強大，大到足以使我們忘失了超越的層面。假使我們預設佛法修行的價值只在於獲取具體可見的世俗結果，我們也許會以爲佛法只是一個改善或療癒分裂人格的方法，反倒因此而重新肯定世俗的自我和我們在世間的現況。然而，這樣的方法不但抹煞了佛陀宣稱：我們個人生命的元素都是無常、苦和無我的，也不顧佛陀的忠告：應該學著與這樣的事物保持距離，終究必須棄捨。

正確的修行中，「自我轉化」和「自我超越」這兩個原則同等重要，單有「自我轉化」原則，是盲目的，再不過也只是一個備受敬重的性格，而非解脫的性格；單有「自我超越」，是貧瘠的，導向冷漠禁欲的退避，毫無正覺的潛力。唯有這兩個互補的原則，一起和諧共事，在修行的路上融合而且平衡，才可以把現實和理想的鴻溝架接起來，而且在滅苦的追尋上，帶來豐碩的結果。

在修道開始和完成階段，兩個原則中的「自我超越」比較重要，因爲它給「自我轉化」指出方向，揭示了人格轉化導向的目標，以及如何改變以達成目標，然而，聖道不是垂直的上升，不能用鎬、繩子或登山釘鞋來爬升，而是逐步訓練，展開自然的進程，因此，「自我超越」陡峭的挑戰——棄捨一切執著——將在逐步的「自我轉化」過程中挑戰成功並且精通嫻熟。我們經由道德的訓練、內心的淨化和智慧的培育❶，可以一階一階地從原本受繫縛的狀態進入無羈絆的解脫境界。

原刊於佛教出版學社社訊第16期，一九九〇年夏～秋季

❶指戒、定、慧三學。

# 21 放下刑杖

我們拿到的歷史教科書，都有精美的裝訂和清晰的字體。然而，明察秋毫的讀者總會發現，光澤的頁面沾著血跡淚痕。一般來說，人類在地球上的故事並不美麗動人，當然，也有美德和崇高的事蹟如彗星劃過夜空，照亮了這些故事，但是，歷史事件的模式總是周而復始，其中重大的主題是貪婪和野心、欺騙和不信任、侵略、毀滅和報復。

每個時代，待戰爭塵埃落地，都會看到自己的時代站在新紀元的門檻上，咸認爲和平與和諧終會勝出。我們的時代，隨著國際關係發生巨變而發展出來的崇高理想和巨大期望，似乎尤其如此。然而，若以爲我們可以設計一個套裝方案，來解決人類共處時與生俱來的緊張局勢，跟解決數據管理問題一樣簡單，那就未免天眞。我們夢想站在新世界秩序的邊緣，爲了珍惜此一夢想，以爲只要依著我們的良好意向，所有的衝突都會成爲過去。這樣是忽視人心中攪動著深沉而黑暗的驅動力：貪、瞋、癡的煩惱。正是這些驅動力，使我們陷入衝突和痛苦的世界，也正是這些，使歷史不停運轉，定期爆發無情的暴力狂潮。

世俗的生命像任何其他流動一樣，不免沿著阻力最小的方向流去：向低處流。佛陀擺在我們面前的任務，不是反轉流動方向，成爲一樁不可能的任務，而是一個穿越溪流、安全到達彼岸、非常可行的功課。如此，我們在江流中，將可解除一切漂流在周身的危險。若要跨越江流，需要努力奮鬥，倒不是跟江流本身，而是跟陷我們於江流之中的力量，也就是跟停駐內心深處的煩惱奮鬥。

我們載浮載沉的世間，雖然面臨著公然或微妙的暴力挑戰，但佛陀的解脫之道需要我們突破現行的常軌。因此，我們要安居彼岸的一個重要步驟，就是「放下刑杖」：收起對一切有情眾生的暴力、侵略和危害。在佛法中，「放下刑杖」不僅僅是一個道德原則，即「正行」的處方，這其實涵蓋了聖道各階段自我訓練的綜合策略，這樣我們便能降低對惡意、仇恨和殘酷的傾向。

《法句經》這部古代的箴言說，內心無害意的關鍵是：「把自己比他人，不殺，不教人殺。」❶我們不應該傷害別人的原因是，因爲一切有情眾生內心的本質，都同樣關切自己的身心安康和幸福。只要我們探究自己的內心，便可直觀加以確定：我們生命根本的願望是渴望安康和幸福，擺脫一切危害、危險和痛苦。我們也立刻看到，自己要活著，不想死；希望幸福，不要受苦；希望自由地實現目標，不受他人的妨礙和阻撓。我們一旦看到身心安康和幸福是自己最基本的願望時，簡單通過想像力的投射，也可以直觀到：一切有情眾生也有同樣的基本願望。我們希望身心安康，所有其他眾生也都希望身心安康；我們希望幸福，一切眾生也都希望幸福；我們希望自由地實現目標，一切眾生也都希望自由地追求自己的目標，不受妨礙和阻撓。

我們與一切有情眾生的共同目標，都有佛教的三學——道德、心的淨化和智慧❷——的意涵。既然一切眾生都跟我們一樣，想要身心安康和幸福，我們設身處地便可認識到：我們有必要節制一切有害的身業和語業，來規範自身的行為。因為煩惱的行為源自內心，源自仇恨和殘酷的心念，我們有必要修定來淨化煩惱，配出特定的解藥，即慈心和悲心的「梵住」。而且因為所有害意都起自內心深處的根源，我們必須承當起培育智慧的重責大任，只有智慧能根除隱藏的不善根。

世界的狀況既然是居民內心的顯示和反射，那麼，要達到永續的宇宙和平，只需要居民內心徹底而全面的轉化——這是美麗而不切實際的幻想。真正的可能性只來自我們自己內心的長久和平，這和平就是圓滿佛陀的戒定慧三學，然而這樣的內心和平並不會只深鎖內心，它會從根源流溢出來，向外散發，向射程之內的生命，散發一種溫柔而令人振奮的影響力。正如古老的印度諺語：掃掉荊棘和碎石，腳踩在大地並不會更安全，但如穿上鞋子，腳走到哪裡都是自在舒適的。除去一切仇敵，並不能保證再也碰不到敵意，但只要掃除了一件事——仇恨的心念，那麼就走遍天下無仇敵了。

原刊於佛教出版學社社訊第18期，一九九一年春季

❶同第十四篇〈良心宣言〉註❷。
❷指戒、定、慧三學。

# 22 「聖」諦

佛陀教法中最常見、最為人周知的，就是佛陀本人在鹿野苑的初轉法輪：四聖諦的處方。佛陀宣稱這些聖諦是走上解脫道的基本總綱。他說，猶如大象足跡，由於體積巨大，可涵蓋其他一切動物的足跡，四聖諦也一樣，由於全面而完整，可涵蓋一切善的、有益的教法。❶然而，許多佛教的詮釋者致力於解釋四聖諦的實際內容，卻很少考慮到為什麼稱為四聖諦，但僅僅「聖」這個形容詞，便告訴我們，為什麼佛陀為他的教法選定這個形式，同時讓我們體驗——甚至我們這些離得如此遠的人——佛陀的整個教義和教誡的獨特意味。

佛陀使用「聖」（ariya）一字來指出，他教法的目標是培育一種特定的人。佛陀在開示中將人類分為兩大類，一類是補特伽羅（puthujjanas），即凡夫，佔絕大部分，雙眼仍被煩惱和虛妄遮蔽；另一類則是聖人（ariyans），修行的精英，他們的地位並非來自出身、社會地位、教會事權，而是他們性格內在的聖性。

這兩大類並非隔著不可跨越的鴻溝，各自深鎖在密封的隔間裡。起初是盲目的凡夫，陷在最黑暗的自我中心和自我維護的深穴中，經由有戒德的凡位，智慧的種子開始萌芽，進一步成為中階的聖弟子，最終攀上人類整個修行過程的頂峰，成爲完美解脫的人，即阿羅漢——這是解脫的人，已具有深刻的清淨正見，根除了一切煩惱和痛苦。

從繫縛到解脫、從凡到聖的道路，是漸進的修行，也是逐漸的進程。進步是一步一步來的，直到某一點——分隔凡聖的關卡，要達到這個突破的關口，並不只是向前跨一步，而是從此岸到彼岸的一大躍進。修行者正是由於穿透了四聖諦，這突破便成了決定性事件，從凡夫種姓推向聖者種姓，這顯示出佛陀所說的四諦之所以稱爲四聖諦的重要原因，因爲只要我們穿透其核心，把握了其重要性和意涵，我們便脫離凡夫，成爲聖者。我們由於獨特而不動搖的「見」，從成千成萬的凡夫中，進入聖弟子的族群。

在穿透聖諦之前，無論我們修行多好，仍未抵安全之處。我們仍會退轉，而且不確定可以解脫，在道上努力尚未立於不敗之地，可盛可衰，可進可退，依力量的強弱，會在業有的輪迴中載浮載沉。我們若充滿美德，便上升天界，和天人一起安住於大樂；若美德衰敗或福德用罄，則可能墮落惡趣。

穿透聖諦之後，我們越過跟各果位聖者分隔的鴻溝。睜開法眼，建立聖諦之見，儘管尚未取得決定性的勝利，但通往究竟目標的道路已鋪在我們腳下，最能解脫繫縛的安穩已在地平線上翱翔。了解聖諦的人已改變了種姓，從凡的領域跨越到聖的領域。這樣的聖弟子不會退轉回到凡夫的行列，內心之眼閃現的正見不可能消失。他朝著究竟目標進展時，要完全消除無明和渴愛，可能緩慢，也可能迅速，可能輕易發生，也可能遭遇一場艱苦的戰鬥。但無論時間多長，無論達到何種程度的嫻熟，這是肯定的：聖弟子這樣清晰無瑕地看到四聖諦，不可能退轉，也不會失去聖位，而且最多七世便可證得阿羅漢的究竟果位。

穿透四聖諦能進入聖位的原因，是四聖諦賦予我們的四種任務。我們承擔下這些任務，視爲生命中的挑戰——成爲佛陀追隨者的挑戰，無論從哪一階位開始，我們一定可以逐漸前進到聖者穿透四聖諦而不退轉的境地。

第一聖諦，苦聖諦，指「苦當知[2]」的任務：這個任務是令我們對苦有圓滿的知解。聖者的標誌就是，他們不會無心地隨著生命之流漂泊，反而誠實又徹底地從內心去領會生命，我們也必須努力反思生命的本質，思惟生命一頭是生，另一頭是死，生死之間會產生各種各樣的苦，深刻意義究竟在哪裡。

第二聖諦，苦集聖諦。指「集當斷」的任務。聖者正因爲已經開始了從苦的根源拔除煩惱的過程，我們亦當如是，如果我們發心要達到聖者的高度，便必須有心理準備去忍受煩惱的誘惑。雖然去除貪欲，只能經由出世間的證悟，但我們在俗世的日常生活中，也可學著節制比較粗顯的煩惱，而且由敏銳的自我觀察，逐漸把煩惱抓緊的心放鬆下來。

第三聖諦：苦滅聖諦，指「滅當證」的任務。雖然涅槃——苦滅——只是聖者個人的體證，但我們以佛法爲生命指導綱領的信心，告訴我們應該以什麼爲最究竟的發心和最終的價值基礎，一旦我們理解世間一切有爲法是無常、沒有實性、無法帶來完全的滿足，便可將生命的目標提升至無爲法——無死的涅槃，運用這個發心，堅定支持我們日常的一切抉擇處和關注點。

最後是第四聖諦：八聖道，指派我們修行的任務。聖者培育了八聖道而轉凡成聖。雖然只有聖者才不會偏離正道，但佛陀的教法給我們非常精確的指導：我們需要踏上八聖道，才能到達聖者的頂峰。這條道路令我們生起知見、更高的體解、正覺和涅槃——最高的聖境。

原刊於佛教出版學社社訊第20期，一九九二年1號

❶《中部28經：象足跡譬喻大經》：「猶如凡任何叢林生物的足跡種類，一切都包含在那些象的足跡中，象的足跡被說為其中之第一，即：以其之大。同樣的，學友們！凡任何善法，一切都攝入那四聖諦中，哪四個中呢？苦聖諦中、苦集聖諦中、苦滅聖諦中、導向苦滅道跡聖諦中。」

❷《相應部56．29經：應該被遍知經》：「比丘們！什麼是應該被遍知的聖諦？苦聖諦應該被遍知，苦集聖諦應該被捨斷，苦滅聖諦應該被作證，導向苦滅道跡聖諦應該被修習。」對應的《雜阿含382經》則用較簡潔的文字譯出：「比丘於苦聖諦當知、當解，於〔苦〕集聖諦當知、當斷，於苦滅聖諦當知、當證；於苦滅道跡聖諦當知、當修。」（莊春江老師中譯）此處取後者的文字。

# 23 皈依佛

踏上佛教修行之路的第一步，就是皈依三寶，而皈依三寶的第一步，就是皈依佛陀這位正覺者。皈依佛陀的行動，標誌著生命開啟了嶄新的篇章，因此我們應當時常靜下來思惟這重大一步的意義。我們往往把起步視為當然，但唯有以越來越深入的覺知，不時審視這些步伐的意涵，才能夠確保接下來的步伐會逐步接近我們希冀抵達的終點。

皈依佛，不是一步到位的單一行動，而是——或者說，應該是——一段持續的演化過程，隨著修行和理解佛法雙管齊下，而漸趨成熟。皈依，並不意味我們一開始就清楚：皈依才能規避哪些風險，或才能達到哪個目標，然而，我們對以上狀況的理解將與日俱增。但我們如已誠心皈依，便應磨銳並加深對皈依對象的理解，因為這對象是解脫之所依。

我們在皈依佛之初，應該把觀念做一番澄清：佛陀是什麼，他為何能成為皈依的對象。若缺乏這樣的澄清，我們的皈依感很容易染著邪見。我們可能賦予佛陀某種他自己從未承認的位格，比如說把他視為神祇的化身、絕對終極的體現、個人的救主，反過來，我們也許會貶低佛陀的崇高地位，比如僅視他為一位慈愛的智者、聰慧的亞洲哲學家、掌握禪修技術的天才。

若要正確看待佛陀的本質，必須以他本人賦予自己的名號來看待：正等正覺者（sammā sambuddha），他無師自悟生命的基本眞理，他正覺一切眞理的枝節和寓意。佛陀不僅證悟了實相，而且還能教導世間，令他人也能從無明的長眠中覺醒，證得解脫之果。

皈依佛，指皈依一位特定歷史人物，即沙門喬達摩，他是釋迦族太子，在公元前五世紀傳法於恆河流域。我們皈依這位佛陀，是皈依這位歷史人物和他的教法。我們在此必須強調這一點，因爲目前流行的皈依觀念是：所謂皈依佛陀，意味著皈依「內在的佛心」或「正覺之普世原則」，如果不加揀擇而任由那些觀念發展下去，會讓人誤信那些天馬行空的想像都是眞實的佛法了。佛教的傳統剛好相反，認爲皈依佛是皈依一位卓然有別於我的、我們甚至無法瞥見他的高度的人，把自己置於他的指導之下。

不過，當我們依止沙門喬達摩爲皈依處，並不僅僅視他爲一位特定的有智慧的聖人，而是視他爲佛陀，因他的成佛的位格——他擁有正等正覺的一切殊勝特質，才使沙門喬達摩成爲皈依處。在任何時代紀元，佛陀都是首先突破籠罩世界的遍地無明黑暗、重新發現失落已久、能夠滅苦的涅槃之道的人。他是一位先驅，一位開拓者，重新發現佛道，並加以宣說，使他人跟隨其足跡，滅盡無明，成就智慧，突破被綑綁於生死輪迴的諸多結縛。

要眞正皈依佛，必須尊佛陀爲無上師。嚴格說來，佛陀並不是獨一無二，在過去的時代裡，也有過佛的產生，在未來的時代裡，也會繼續有佛產生。可是在一個世界系統中，只要前一尊佛的教法仍然在世，就不會有下一尊佛出世。因此，就人類歷史而言，我們大可視佛陀爲獨一無二的導師，人類其他的精神導師都不可與之相提並論。我們在心理上準備接受佛陀爲「無上調御丈夫、天人師」，便是眞正皈依佛陀的標誌。

佛陀因傳法而成爲皈依處。其實，眞實而究竟的皈依，在於皈依法，法乃是涅槃，「以身觸不死界後，爲無依著者，作證依著的斷念後，爲無煩惱者。」（小部《如是語經》三集第一品51經：界經），皈依法，包括究竟的目標、趣向目標的道路，以及解說修道的教法。即使皈依佛，佛也不能遥行用意志把解脫授予我們，他只是宣說必修的道，以及必悟的法則，實際的行道就交給我們這些弟子了。

皈依佛的正確心態是信任和信心。我們必須信任佛陀，因爲佛陀的教法跟「我們內心對自身的了解」和「我們與生俱來就嚮往世間的傾向」剛好背道而馳，因此一旦想接受他的教法，內心容易生起抗拒，甚至聽到他要求我們改變生活方式，都想要叛逆。不過，只要對佛陀的教法寄予信任，便敞開了心門來接受佛陀的指導。我們皈依佛，就表示我們準備好去認識內心固有的、自我的肯定和執取。這其實就是苦因，我們也準備信受他的教法，也就是說，若要滅苦，必須管控並去除這些習性。

我們觀想佛陀崇高的品德和殊勝的教導時，初次喚醒了皈依佛的信心。修行日久，則信心日漸增長。一開始我們對佛陀的信心也許帶著猶豫、遲疑和困惑，但投入修道之後，我們發現自身煩惱逐漸減少，善法日漸增長，隨之而來的是自由、平靜和喜悅，這樣的體驗印證了我們原本的信任，於是修行繼續進展，到最後，我們親身見法，對於佛陀的皈依便不可動搖了，這時信心轉化為信念，堅信佛陀「為解說者、推動者、義理的闡示者、不死的施與者、法主、如來❶」。

原刊於佛教出版學社社訊第21期，一九九二年春季

❶見《中部18經：蜜丸經》。

# 24 五根

佛陀的教法，最常被刻畫成旅程的意象，八聖道的八支構成佛弟子必經的康莊大道。然而，佛教經論也用許多其他方式說明解脫的追尋，每一種都聚焦於不同的修行本質。雖然不同的表述都運用八聖道中的同一套基本心所，這些表述卻用不同的譬喻：以「根喻」來建構這些心所——這個意象激起了一連串連想，並凸顯達到苦滅的各方面努力。有一組心所，在經典中尤其亮眼，佛陀將之包括在三十七道品內，就是五根：信根、進根、念根、定根、慧根。

把「根」應用在這一組心所上，是源自古代吠陀的神祉因陀羅（indra）之名，因陀羅是天神的統治者，因此這一詞暗示天神似的掌控和主宰，這樣施設五根，是因為它們在自身特定的修行領域內執行控制作用。天神因陀羅降伏諸魔，而在諸神中取得優勢，同樣地，五根的每一根都用來降伏特定的心理缺陷，統集相關的內心能力，走向正覺的突破。

根的概念，部分與希臘的觀念「美德」類似，根是一種主動的力量，可對我們本有的活力進行協調並因勢利導，導向內心的和諧和平衡，而獲致真正的快樂和寧靜。五根既是內心控制的介質，便意味著若不是它們從中影響，我們的本性根本不在自己的控制之下，我們如果隨心所欲，缺少殊勝教法的引導，心就成爲自身內部生起的力量的獵物，這些黑暗的力量控制著我們，使我們無法達到最高的福祉和眞正的善，這些力量就是煩惱，只要我們的生活和行動都受它們控制，我們就不是自己的主人，而是被動的典當物，受到盲目欲望的驅使，本以爲某個行爲註定花好月圓，最後卻走向痛苦和繫縛。眞正的自由必須達到內心的自主，也就是在欲望的拉鋸間屹立不搖，這正是培育五根的目標。

執行五根功能的內涵可說平凡無奇，起初是我們日常生活裡的世俗角色。在這些平凡無奇的外觀下，它們示現爲信任更崇高價值的信心、趨向善的動力、專注的覺知、高度的定力、智慧的理解。佛陀的教法並非從零開始把這些素質種植入心，而是駕馭已經存於我們本性中、趨向出世間目標——證入無爲法——的能力，因而賦予五根超越的意義。我們指派五根任務，令其顯現出巨大潛力，引導它們走在一條將潛力化爲圓滿的道路上，於是佛法便將這些平凡的心所轉化爲出世間的根，成爲追尋解脫的有力工具，可以看穿最深刻的「生命存有」法則，並打開通往不死之門。

佛法的修行中，五根的每一根都同時執行自身的特定功能，並與其他根和諧並存，來建立正知需要的平衡。這五根會在觀禪中完全成熟，而觀禪正是通向覺悟的直接之路。在這個過程中，信根，提供了情操和發心，把心駛離疑惑的泥淖，安頓在平靜的信任中，以三寶爲解脫的殊勝基礎。進根，點燃持續努力的火，燒盡障礙，使促成證悟的心所臻於成熟。念根，貢獻出清明的覺知，這可對治粗疏，並且是智慧穿透眞相的先決條件。定根，寂靜而安詳地使專注力的光照穩定聚焦於身心活動的生滅。慧根，佛陀稱其爲道品中至高無上的善，驅走無明的黑暗，看清眞正的共相。

這五根，各個單獨來講，每一根同樣都在各自的領域中執行本身獨特的任務，以一個團隊來說，五根又可以完成共同的工作，亦即建立內心的平衡與和諧。要達到這樣平衡的發展，其中四根可分成兩組，在每一組內，每一根必須抗衡另一根與生俱來的不圓滿傾向，使另一根實現本身最圓滿的潛力。信根和慧根組成一對，旨在虔誠信仰和理解的能力之間保持平衡。進根和定根是第二對，旨在活躍的努力和平靜之間保持平衡。在這互補的兩對之上是念根，保護心不走極端，而且確定每一對的成員在相互節制、相互滋養的張力中互爲支持。

五根原是心平凡無奇的日常功能，透過佛法，卻獲得了超越的機緣。只要持續固定培育五根，佛陀說：「它們通往不死，走向不死，在不死中攀上頂峰。」

原刊於佛教出版學社社訊第22期，一九九二年冬季

# 25 世間的守護者

每個人都像羅馬神話中的雅努斯（Janus），同時面對著兩種相反的方向。一端面對心識，凝視自己，知道自己深切地想要走避痛苦，確保我們的身心安康和幸福。另一端向外凝視這個世界，發現我們的生命完全是相對的關係，其他眾生的命運和我們的命運密不可分，我們在這個關係大網中，僅是一個節點。因為這種關係性的生命結構，我們永遠跟世界進行著一種雙向的互動：世界影響我們，形塑並改變我們的心態和性格，同時我們的心態和性格又流溢到世上，成為影響其他眾生生命升沉的一股力量。

由於內心領域和外在領域的緊密互連，在今日，引起我們一種特別的緊迫感。由於倫理道德標準迅速失控，橫掃全球，這種道德淪喪舉世皆然，享有穩定和繁榮的社會如此，貧窮和絕望以致為求生存而不惜犧牲道德的國家亦復如此。當然，我們不應該耽溺於對過去的絢麗狂想，以為蒸汽火車頭發明之前，我們一直居住在伊甸園。其實這個驅動人心的力量歷代皆是如此，為人類帶來的痛苦總量難以估算，但是我們今天所發現的，卻是一個奇怪的弔詭，不能不算凶險：雖然人們在口頭上肯定道德和人類價值居於首位，同時卻根本無視於這樣的價值，做出更多明目張膽的行爲。

這樣摧毀傳統道德的價值，部分是由於商業的國際化，以及全球都受到傳播媒體入侵的後果，既得利益者追求更廣泛的權力圈並擴張其利益，升高了一個削弱道德的長期社會運動。這個運動全速前進，侵入我們生命的每一個角落，不顧對個人和社會有怎樣的長期後果。我們面臨的問題，後果顯而易見，這些問題是跨國界的：犯罪率提升、藥癮氾濫、生態荼毒、童工和童妓、走私和情色勾當，還有，家庭再也不是一個充滿愛的信任和道德教育之處了。

佛陀的核心教法就是解脫的教義，煩惱把我們綁縛在這痛苦的世間，一再輪迴，這教義提供我們斬除煩惱的工具。雖然，解脫的修行是靠個人的努力，但這種追尋必然發生在社會環境當中，因此勢必受到各種有助或有害的影響。佛教徒的修行以三個階段呈現：戒、定、慧，每一階都是另一階的基礎，淨化的道德行爲可以促成淨化的定，專注的內心又有助於智慧，以獲得解脫。因此整個佛法修行的基礎就是淨化的行爲，以及堅定地遵循我們一肩承當的訓練守則——以在家人來說，就是五戒——這是守護我們行爲清淨的必要手段。我們生活在這樣的時代裡，每天都接觸到一些管道，挑動我們偏離正軌，而且，社會不安、經濟困難、政治衝突更進一步給浮動的情緒火上加油，我們實在迫切需要額外的保護：保護我們自己，也保護這個世界。

佛陀指出，有兩個心理素質是道德的基本守護，因此既是個人，也是整體社會的保護者。這兩個素質在巴利語中稱爲慚（hiri）、愧（ottappa）。慚，是對於違犯道德的行徑懷有與生俱來的羞恥感；愧，是道德上的恐懼，害怕不善行的果報。佛陀指稱這兩個心所是光潔純淨的護世者（sukka lokapālā），因爲只要這兩個心所存在人們心中，世間的道德標準就毫髮無傷，但只要它們的影響力式微，人類世界就會淪入厚顏無恥的混亂和暴力，與畜生無所分別（小部《如是語經42經》）。

雖然慚、愧聯手保護心不受到有損道德的煩惱所傷害，但兩者還是各有其特質和運作模式。慚，是羞恥感，有內心的參照，根源於尊重自己，使我們因個人的榮譽感而不做不善行。愧，是害怕不善行，有一種朝外的傾向，是良心的聲音，警告我們違犯道德的悲慘果報：害怕被他人責備和懲罰，遭受不善行的苦果，障礙我們無法從苦中解脫。覺音尊者（Ācariya Buddhaghos）用鐵棒的譬喻來描述兩者的差別：鐵棒的一頭塗滿糞便，一頭燒得又熱又紅。慚，如覺得抓到鐵棍上的糞便很噁心，愧，如害怕抓到又紅又熱的那一頭。

今日的世界，由於一切價值都世俗化了，慚、愧的觀念勢必在一般人眼中陳舊過時，看起來不過是清教徒式的時代遺物，那時，迷信和教條把我們無拘無束的自我表達權束縛起來。然而，佛陀強調慚、愧的重要性，是由於洞悉人性深處的各種潛力，他看到解脫之道是逆流而上的奮鬥，如果我們的心要展現智慧、清淨和寧靜，就必須把煩惱的小火藥箱放在勤快的警戒哨兵眼下。

佛陀稱自我培育的工作是從苦中解脫的方法，這工作需要我們對心的動靜保持批判性的觀察，不但在心鼓動身業和語業之時，也在心向內專注凝神之際。把這樣自我審查付諸實行，是不放逸的一個層面，佛陀說這是一條通向不死的路。在自我檢驗的修行中，慚、愧是非常重要的角色。慚，激勵我們克服不善心所，因爲我們了解不善心所是品格上的污點，會減損修行所形塑出的內心崇高品格，如蓮花出世間汙泥而不染；愧，讓我們避開道德上有風險的思想和行動，因爲我們認識到這樣的行動是果報的種子，遲早會感受苦果。

佛陀肯定地說，一切不善行都是因爲無慚無愧，一切善行都是因爲有慚有愧。只要我們內心修行慚、愧兩個素質，不但加速了解脫之道上的進程，也爲保護世間貢獻了一份心力。既然有情眾生錯綜複雜地相互關連，我們若把慚、愧變成自心的守護者，就等同把自己當做世界的守護者。這兩個素質是道德的根，維繫著佛陀所說整個解脫道的效力；既守護了個人尊嚴，同時也守護了人類的尊嚴。

原刊於佛教出版學社社訊第23期，一九九三年春季

# 26 寬容性和多元性

當前世界上各主要宗教都必須回應一項雙重挑戰，一方面是世俗主義的挑戰。這股潮流已橫掃全球，猛攻古來神聖信念的陣地，於是人類一切朝向超越世俗的努力，只淪爲沉痛而無意義的悲涼作態。另一方面是各大宗教的交會。隨著遙遠的國度和文化融爲一個全球社會，代表人類精神追尋的宗教，如今匯聚一處，近距離接觸，前所未有，緊密到已無後撤的餘地，於是在世界輿論的競技場中，每一個主要宗教同時面對著地球上所有其他宗教，也面對著廣大人群用懷疑的蹙眉和冷漠的呵欠，來回應各大宗教自認擁有「大哉答」的權威。

在這種情勢之下，一個宗教若要超越人類早期的遺俗，就必須處理以下這雙重挑戰，做法必須既令人信服，又提出意義。一方面是遏止世俗主義高漲的潮流，它必須保持人們直覺：無論科技克服了多少外在的自然界，人類的世俗需求得到了多少精良的供給，都不能給人類的內心帶來徹底的寧靜，也都不能讓人類不再渴求一種超越偶然性的眞諦與價值。另一方面，各宗教都必須找到某種方式來拆解以下這樣矛盾的主張：各宗教都是爲了找到我們在大局中的一席之地而產生，又是爲了找到被拯救的關鍵。雖然宗教必須忠於本身的基本原則，但也必須指出本身教義和其他教派不同之處，態度則是坦誠卻謙虛，精闢卻不強迫人接受。

在這篇短文中，我打算簡述佛教徒對第二種挑戰的適當回應，由於佛教在解決修行困境中理性和倫理道德的矛盾時，一貫主張「中道」，我們也許會發現當前問題的解決關鍵，也有賴於找出最能夠體現中道的回應。眾所周知，中道並非兩個極端之間的折衷，而是超越兩者之上，避開各自的缺陷，因此，我們若要找出佛教對宗教多元問題的適當處理方法，首先需要一語道破中道所要避免的極端。

第一個極端，是退回基本教義主義，在態度上，是強烈肯定自身信仰，加上對教外人士狂熱傳教。雖然，基督教和伊斯蘭教等一神教已這樣回應多元性的挑戰，數量比例驚人，佛教則一點也不靠近這個極端，因為佛教的倫理準則，自然傾向對其他宗教及其信徒培育良性的寬容態度，雖然我們不能保證佛教界內部不會產生一種好戰的基本教義派，但佛陀的教法認為這樣惡性的發展，是不能成聖的，甚至連邊角都搆不上。

對佛教徒而言，更具誘惑力的是第二種極端，犧牲正直，進行寬容，或可稱為靈性普遍論，認為各大宗教的核心，基本上都信仰同一眞理，只不過用不同的表達模式來包裝。當然，這樣的說法不可能靠各大宗教的正式教義來證明，因為旨趣顯然各各分歧，得下一番大功夫自圓其說，才能夠歸攏各家說法。普遍論的立場是改用一條間接的途徑得出，其提倡者主張我們必須把宗教的外表——具體信仰和實證修行——跟其內在的體驗和體悟核心區別開來。他們堅稱，這樣區別一番之後，我們會發現各大宗教在迥異的外表之下，在核心上——所生起的靈性體驗，及其指向的終極目標——其實相同。因此各大宗教僅僅是達到同一種解脫體驗的不同手段、不同方便，而這個解脫體驗可以一律稱爲「開悟」、「救贖」或「神性實現」，因爲這些異稱不過在凸顯抵達同一目標的不同層面。正如知名的諺語：「條條蹊徑通山頂，山頂月色同一景」。按照這個觀點說來，佛法只不過是人類精神追求中一切成熟表達方式共同蘊含的「長青哲學」❶中的一個異體而已，它也許簡潔、清晰、直接而獨樹一幟，然而它所揭櫫的眞理卻並非獨一無二，舉世無雙。

乍看之下，採普遍主義觀點，似乎是宗教寬容不可或缺的踏腳石，如果還堅持教義的分歧不僅存於文字的表達，而且實際上確有其事，是很重要的一環，這簡直是偏執頑固了。因此對那些不滿一神教教條之狹隘而擁抱佛教的人而言，這種既柔軟又包容的觀點，相對於彼類宗教堅持獨家掌握眞理，不啻是一種空谷足音。然而我們要是不偏不倚地研究佛陀的開示，就會發現普遍主義者的論點顯然並未得到正覺者本人的背書，相反地，佛陀反覆宣稱，通往梵行生活的崇高目標，只存於他本人的教法中，因此要達到這個目標——從苦究竟解脫——也只能在他本人的教法中達成，最佳例證就是佛陀在般涅槃之夜，指出只有他的教法中有四果聖人，其他宗教沒有眞正的沙門果❷這樣達到解脫高度的人。

佛陀把究竟解脫限定在他本人的教說之內，並非出於狹隘的教條主義，或缺乏善意，而是由於精準確定究竟目標的本質和圓滿成就的必要方法。這個目標既不是死後永生天國，也不是靈性啟示的空泛想像，而是無餘涅槃，解脫生死輪迴。要達到這個目標，必須徹底摧毀內心煩惱——貪、瞋、癡——直到最後細微的隨眠層次。除去煩惱只能從洞見諸法實相才可能成就，這意味著要證得涅槃，有賴於直接洞悉內在、外在一切有爲法，即三共相：無常、苦、無我。佛陀斷言，他所教的法是從苦究竟解脫的唯一法門，是如實知見實相，這種精確而完整的教導，只有他的教法中才有。這是因爲在理論上，定義此一知見是他的教法所獨有，與其他教派的基本教義關鍵部分存在著重大的歧異，在實際修行上，只有他的教法圓滿而清淨，揭示了解脫之諦是個人親證，方法就是八聖道，這是修行的整體系統，除了正覺者的教說，別無他途。

佛教究竟解脫的獨特立場，居然從未令佛教徒對外教徒採取不寬容的策略。相反地，在漫長的歷史中，佛教接觸許多外教時，一直體現出完全的寬容與和善。然而佛教一面保持寬容性，也一面堅持本身的深刻信念，也就是說，佛陀的教法對於有爲生命的過患提供了獨一無二、無上的解脫之道。就佛教而言，宗教的寬容性並非把一切宗教簡約爲一個共同的基本命題，也非把外教思想和行持的重大差異，劃爲歷史進程的偶發事件。從佛教徒的觀點而言，寬容若有賴於粉飾差異，根本就不是眞正的寬容，因爲這樣的作法只是徹徹底底稀釋各宗教的差異來「寬容」差異，結果弄到宗教之間幾無差異性可言了。對宗教眞正的寬容，是能夠承認宗教之間眞正地、而且基本上就有差異，即使這差異十分深刻而且不可逾越，卻同時能夠不怨、不害、不障，仍然尊重信仰他教的人（甚或無宗教信仰的人）持續信仰的權利。

佛教的寬容性，是因爲認識到人類的根性和內心需要非常多元，單一的宗教無法包山包海，因此這些需求自然會呈現出多樣的宗教形式，非佛教系統不會把追隨者引向佛法的究竟目標，那些系統從來也未做此想。對佛教徒來說，接受無始以來便一再輪迴的概念，便意味著僅能預期吸引一小部分人走向徹底解脫的修行。絕大多數人，即便是那些要脫離俗世過患的人，也不過是在輪迴內追求安穩的生存模式，甚至誤以爲這即是宗教追求的終極目標。

一門宗教若能夠提出健全的倫理道德原則，又能夠推動信徒培育善的素質，如愛、慷慨布施、出離和悲心，必會得到佛教徒的讚許，這些外教提出的原則，也會令人受生於大樂之處——欲界天和梵天。佛教絕對無意宣稱它有獨特管道進入這些天界，卻認爲在許多人類偉大心靈傳統中，的確以各種不同的清晰程度，說出走向天界的道路。雖然佛教徒會由於外教偏離了佛法，而不同意其信仰結構，卻仍尊重它們所要求的道德和行爲準則，因爲這些準則能提升心靈的發展，也促成人類彼此和世間的整體和諧。

原刊於佛教出版學社社訊第24期，一九九三年夏～秋季

❶又稱為長青主義（Perennialism），是宗教哲學的一種觀點，視世上各宗教傳統共同分享一個單一、普世的真理，而所有宗教的知識與教義便在這樣的基礎上成長。

❷見《雜阿含經797經》：「須跋！以諸法中有八聖道故，便有第一沙門果；第二、第三、第四沙門果。」又見《相應部45．35經：沙門性經第一》，其中也有相同的說法。

# 27 從見到正見

佛陀在教法裡一再地告誡我們執取——執取財物、執取欲樂、執取人、執取見——的過患❶。佛陀發出這些警語，是因爲他清楚知道執取是潛在的苦因，於是他勸告我們，到達解脫的「彼岸」有其代價，就是必須棄捨各種執取，他甚至以宗教教主的身分做了一件看似自我毀滅的行動：他說，我們連他的教導都不應該執取，連善法都應視爲不過是載我們渡至彼岸的船筏。

這樣嚴厲的勸告很容易被誤解，一旦誤解，後果可能比不聽勸告還要苦澀。初機學佛者（甚至一些老參也是）特別會誤解，以爲佛陀既然說要超越一切觀點，那麼連正法也不重要了。他們會說，正法也不過是觀點、理性的建構、思想的燈絲，在古代印度的宇宙學中有其意義，在今日對我們毫無拘束力。畢竟，在佛教聖典裡面的字和詞，不就只是字和詞嗎？我們不是被教導應該超越字詞，才能直接體驗，這不才是唯一的大事嗎？佛陀不是在《卡拉瑪經》裡叮囑過我們要自行判斷，用我們的經驗來決定自己該接受什麼嗎？

以這樣的心態看待正法，也許滋味很甜，而且容易消化，但是我們也需要注意它對修行的影響。在細微的層次，心太常用狡猾的論證信手拈來一個藉口，好堅持跟正法相左的想法。我們堅持這些想法，並不是因爲它們眞的多麼發人深省，而是站在佛陀傳遞的訊息面前，我們不想因爲面對佛陀之言而非得做出徹底改變，雖然這樣的宣言好似可以不讓枯燥的理性主義侵入我們的生活經驗，其實是一個聰明的理性花招，而不去檢視我們擁抱的立論——原來我們之所以擁抱這個立論，主要是因爲我們根深柢固就不願受到正法的正面影響。

我們學習佛陀教法時，應該記得包羅廣泛的正法並沒有鋪陳成哲學的魔術。佛陀提出正法一事，是因爲正法包含正見，而正見是八聖道之首，是當作鑿子來切斷我們的邪見和迷惑的思想，以免擋住智慧之光映照我們的內心。現代世界中，較諸古代恆河谷地，邪見更已遍地皆是，出現各種惡劣的形式，是早期時代無法想像的。今日，邪見不再是怪癖哲學家和小集團的領域，已經變成一個主要的文化和社會心態的因子，形塑著這個時代的道德精神，而且是經濟帝國和國際關係背後的推動力。在這種情況下，正見是我們黑暗中的蠟燭、沙漠裡的指南針、洪水中的島洲。如果我們對正見所述的眞理沒有清晰的理解，而且對眞理碰撞俗知俗見的領域欠缺敏銳的覺知，很容易在黑暗裡絆倒，被沙丘圍困，被暴洪沖走。

雖然正見和邪見的特點都是「認知」，卻並不僅鎖在一個純認知的領域裡，我們的見解在生活各方面都有極爲強大的影響。智慧的佛陀認識到這一點，把正見和邪見分別定位在生活中善惡通道的起點。「見」流露並交錯在我們生活的許多實際層面，它決定我們的價值觀，催生我們的目標和志願，在道德的兩難中引領我們抉擇。邪見會助長邪思惟、邪的行爲模式，令我們追求一種虛假的自由，將我們拉拽到放縱式的自由，我們爲了滿足短暫而有害的衝動，甩掉了道德自律，還自以爲合情合理。雖然我們也許會爲自身的自發性和創意感到自豪，還相信我們發現了眞正的個性，然而，眼光清晰的人會看到，這種自由只是綁縛在貪愛和愚癡鎖鏈裡的一個更細微的束縛。

正見，甚至在初階的形式——也就是認知業力的道德法則，而且我們的行爲會帶來相應的果報——當中，也能成爲我們邁向眞正解脫的親和導覽。當正見成熟，精確勝解三共相、緣起和四聖諦，便成爲我們登上解脫山峰的導航，它會引領我們朝向正思惟、道德的善行、心的淨化、登上無雲的山頂，無限風光盡收眼底。雖然我們終必放下這些指導，才能自信地踏穩獨立自主的腳步，但如沒有這樣智慧的眼光和引導的手，我們會在山腳曲折迂行，甚至忘掉了要登上山頂。

獲得正見並不是贊同一些特定的教理公式，或搬弄神祕巴利術語的技巧。獲得正見的核心是理解——非常深刻、親身地瞭解「生命存有」的重要眞理。正見針對全局，理解我們在整個大局中的位置，認識生命流轉的升沉法則。正見的基礎來自佛陀的正覺，我們努力修正見解，使自己對生命本質的理解與佛陀的正覺保持一致。我們從概念和構想的知識起步，卻不會在此止步，經由研讀、深刻的反思，還有禪修的培育，概念逐漸蛻變成智慧，這是一種洞察的智慧，可以斬斷內心無始的煩惱。

原刊於佛教出版學社社訊第25期，一九九三年冬季

❶《中阿含經200經：阿梨吒經》：「『今我此栰多有所益，乘此栰已，令我安隱，從彼岸來，度至此岸，我今寧可更以此栰還著水中，或著岸邊而捨去耶？』彼人便以此栰還著水中，或著岸邊捨之而去。」亦見《中部22經》、《增一阿含經43・5經：馬血天子問八政品》。

# 28 《法句經》活生生的訊息

每一位虔誠的佛教徒和認眞研讀佛教的學生，對《法句經》都耳熟能詳了，這部以四百二十三偈頌闡揚佛陀教法的小集子，充滿豐碩的智慧，可說是完美的佛法實踐綱要。上座部佛教國家咸認爲《法句經》是引導並激勵修行的無盡來源，是明智的忠告，可幫助解決日常生活中不免面臨的道德和個人困境。正如佛陀被視爲人類的大善知識，《法句經》也在偈頌中體現佛陀的大智和大悲。

要能從偉大的精神經典中汲取活生生的信息，僅根據科學學者提出的問題進行探究是不夠的，我們必須超越學術檢驗，力求在現況下，將這些教義應用於自身種種的現況。那麼，我們便需要運用智慧、想像力和直觀，來穿透經典誕生時我們所知的有限文化背景，並洞察這部經典指出了人類生老病死的實況中有哪些普遍的特徵。我們心存這些前提來檢驗《法句經》，找出這部古老的智慧經典認爲人類生活中基本而久遠以來的修行問題是什麼？在今日能爲我們提出什麼解決方案？這樣，我們便可揭示《法句經》活生生的訊息：這幾個世紀流傳下來的訊息，對今日人類整體情況，到底向我們說了些什麼？

當我們著手進行這樣的探究，遇到的困難是：《法句經》包含的教義非常多樣性。眾所周知，佛陀在教學生涯中總是不斷調整開示，以適應弟子各類的需求和能力。因此，四部散文式的《尼柯耶》中展示了豐富多彩的教義。《法句經》則是直覺式、差異極大的韻文集子，多樣性更加顯著。我們甚至在經文中發現明顯的前後不一，讀者若僅念誦表面文字，會感到困惑，並推斷佛陀的教法充滿自我矛盾。佛陀在許多偈頌中要求弟子從事某些上升天界的修行，在有些偈頌中卻又勸阻弟子發心求生天界，讚嘆不喜享受天人之樂的人。佛陀經常在有些偈頌中教弟子修福，在有些偈頌中卻鼓勵弟子要超越福和非福。

爲了理解這些相反的言論，也爲了找出貫穿《法句經》多元化敘述的一貫信息，讓我們從佛陀另一部小而美的經《自說經》（*Udana*）開始：「猶如大海只有一味——鹹味；這正法、律亦只有一味——解脫味。」雖然佛陀的教法中有多種意義和形式，但都融合在全然一致的體系中，由究竟目標來貫通，這個目標就是解脫，意味著精神自由：心從一切束縛和煩惱中解脫，將我們的生命從生死輪迴中解放出來。佛陀的教法雖然從究竟目標得到和諧統一，但它是針對處於不同層次的修行人，因此必須根據受眾不同的需求，運用不同的方式來表達。此處，恰當的比喻仍然是水：水只有一個本質——在化學上，是兩個氫原子與一個氧原子的結合，但是它隨盛水的容器有異而有不同的形狀，同樣地，法只有單一本質——從苦中解脫，但因接受指示和訓練的人具有不同的根性，而發展出不同的表達方式。這是從不同的表達方式導向單一的結果，而且同樣的結果可以透過不同的教義表達方式來達成，因此「法」被稱爲是「有義、有語」（sāttha sabyañjana）[1]。

我爲理解《法句經》中的各種教義，爲把握通貫本經對人類心靈的願景，特提出一幅《法句經》的四層教學藍圖。這四個層面是根據人類三個主要和經年的內心需求：第一，需要在現世立即可見的人類關係上，得到福祉和快樂；第二，需要確立最高道德本能的原則，來實現未來生的安樂；第三，需要超越，克服有限性和無常性加諸我們身上的局限，實現無限、超越時間和不退轉的解脫。這三個需求引發四個層面的教學，第三個需求又分爲兩層：走上出世間的道路，是「道」的層次；達到出世間，是「果」的層次。

現在讓我們依次檢視這些層次，並引用《法句經》的相關偈頌進行說明。

## 1. 現生樂

《法句經》第一層的教學指出，我們需要在人際關係立即可見的領域，建立人類的福祉和快樂。這個層面的目標是顯示我們必須和自己、和人類同胞和平相處，履行我們對家庭和社會的責任，消除衝突，才不致損害人際關係，也不給個人、社會和整個世界帶來巨大的痛苦。

這一層教學的指導綱領，和各大世界宗教提出的基本道德訓令相同。然而，佛陀的教法不認爲這些道德指令是全能的上帝所施加。它們其實是戒律和修行守則，這是基於兩個直接可以核查的基礎：重視自己人格的正直，並考慮到自己的行為對他人福祉的影響。

《法句經》最一般性的建議是：「諸惡莫作，眾善奉行，自淨其意，是諸佛教」（第183頌）。然而，還有更具體的指示：「防止身（語、意）的忿怒，制御身體（語、意），捨棄身（語、意）的惡行，以身（語、意）修善行。」（第231～234頌）。人們應該嚴格遵守五戒：不殺害生命、不盜取不與之物、不侵犯他人的妻子、不說虛妄語、不沉湎飲穀酒果酒等（第246～247頌）。弟子應懷慈心和悲心，誠實生活，控制欲望，說誠實語，醒覺地生活。他應該履行對父母、直系親屬、朋友、隱居僧和婆羅門義務（第331～333頌）。

第一層偈頌包括大量有關解決衝突和敵對的經文。從經藏（Sutta Pitaka）中，我們了解到，佛陀對他所涉足的印度各邦，迅速因社會和政治發展而發生改變一事，具有敏銳和敏感的觀察。他所目睹的暴力、仇恨、殘酷和持續的敵意，今日依然，佛陀給出的答案，仍是唯一行得通的答案。佛陀告訴我們，解決暴力和殘酷的關鍵，跟《法句經》古老的箴言一樣，是將自己作為衡量如何對待他人的標準。我自己在暴力下顫抖，希望生存無虞，不想死，因此，我設身處地，應該認識到，其他一切眾生都會在暴力下顫抖，都希望活下去，不想死。一旦認識到這一點，我就不應恫嚇、傷害其他眾生，也不以任何方式讓他們受到傷害（第129～130頌）。

佛陀看到仇恨和敵意在自我擴張的循環中繼續蔓延：「絕不能以怨恨止息怨恨」，這樣只會造成更多的仇恨、更多的敵意、更多的暴力，並且在整個復仇和報復的惡毒漩渦裡加油添料。

《法句經》教導我們，眞正的征服仇恨，是用無怨恨、安忍和愛（第5頌）。我們受到冤屈的時候，必須忍耐並寬恕。我們必須控制憤怒，猶如御者控制戰車；我們必須忍受憤怒的話，如同大象在戰鬥中忍受射入皮膚的弓箭；有人對我們說粗暴的話語時，我們必須「默然不語，像一破裂的銅鑼」（第222、320、134頌）。

根據《法句經》，善人（sapurisa）凸顯的素質是慷慨布施、眞實、安忍和悲心。他遵循這些理想，便可以與自己的良心和平相處，也與同伴和睦相處。佛陀宣稱，美德的氣味比花香和香水更甜；善男子善女子像喜馬拉雅山一樣，從遠處看去便非常光耀；佛陀的弟子如蓮花出於路邊之糞土、泥坑，而不損一絲麗質，居於無明的凡夫群之上，「以智慧光照」（第54、304、59頌）。

## 2. 後世樂

《法句經》第一層教學的基本重點是道德，希望促進人類此時此地的福祉。然而，這一層教誨引起了深刻的宗教問題，挑戰著成熟的思想家，問題如下：我們的道德本能——也就是與生俱來的道德正義感——告訴我們，世上必有一些報償原則在運作，善行有樂果，惡行有苦果。但是我們的日常經驗恰恰相反，我們都聽說過，非常良善的人處處掣肘，十足的壞人一帆風順。我們感到必須修正這種不平衡，也就是一些力量能使傾斜的正義尺度回到正確的平衡，但我們的日常經驗似乎完全與這種直覺相互矛盾。

然而，佛陀的教法揭示，有一種運作的力量可以滿足我們對道德正義的要求。這種力量無法用肉眼觀看，也不能用任何測量儀器來記錄，但聖人的神通能力則歷歷可見，正覺的佛陀更看穿了這一切的複雜法則，這個力量稱爲業，業報法則確保我們有道德定性的行動不會消失得無影無蹤，而成爲繼續隱藏在內心深層的痕跡，它們的運作，使我們的善行終會帶來幸福和成功，惡行則帶來痛苦和苦難。

佛陀的教法中，「業」指有意向的行動。當意向以身體或語言表達出來，是身業或語業，當意向以思想、情緒、願望和欲望表達出來，是純粹的意業。行爲可能是善或不善：源自慷慨、友善和理解的行爲，是善的；基於貪、瞋和癡的行動，是不善的。根據業報法則，我們在生命過程中所做的有意志行動，會造成長期的後果，與原有行爲的道德素質相應。行爲可能完全從我們的記憶中消失，但只要做過，就在心中留下微細的印記，未來能夠感得或福或禍的果報。

根據佛教，有自覺的生活不是分子結構偶然的副產品，或神聖創世主的大禮，而是一個無始以來的歷程，出生時生起，死亡時滅去，然後再次出生，一而再，再而三。除了人類之外，還有許多生命界也在輪迴：天界充滿大樂、美麗和力量，地獄界遍地痛苦和苦難。《法句經》在業和輪迴方面，並沒有系統性的教學，這既然是一部輔導修行的經，因此前提是：其他經文已解釋了理論原則，它只關注行爲上的實際修行。然而，它把業果法則說得非常清楚：我們有意志的行動決定了我們死後受生於何種生命界、我們在其中會有何種生活環境和天賦，以及我們修行或進或退的潛力。

《法句經》第二層教學與第一層基本上是同一套內容：諸惡莫作，眾善奉行。不同之處則在於制戒的觀點及目的。在這個層次上，戒律展示了實現長期幸福和解脫憂悲的方式，不僅在可見的今生此界，而且在我們仍身處輪迴的遙遠未來。儘管業行和業果之間看似不符，但仍有一個全面的法則，確保最終道德正義的勝利。在短期內，好人可能受苦，惡人可能成功。但是，一切有意志的行動都會帶來相應的果報：「假使人以穢惡的心，不論語言或行動，苦惱就追隨著他，如輓車的牛，車輪隨足蹄」，「假使人以清淨的心，不論語言或行動，安樂隨著他，如影隨形」（第1～2頌）。「作惡的人，今世憂悲，來世憂悲，兩處憂悲，見自己汙穢的行為」，他受到良心的折磨，註定落入惡趣。「行善的人，今世喜悅，來世喜悅，兩處喜悅，見自己清淨的行為」，他享受良知，註定要往生善趣（第15～18頌）。遵循道德法則，必然向上，受生於幸福喜悅的善趣；違反法則，勢必向下，受生於痛苦的惡趣。法則是必然的，「在這世界上要逃避惡報，是沒有任何地方的」，無論「在海洋裡，在山穴內」（第127頌）。行善的人必將在未來世會感得樂果，「猶如親族迎所愛的人歸來」（第220頌）。

## 3. 究竟樂

業和輪迴的教法，從實際的推論說，應該是以獲得增上生為目標而行福行，但這絕不是佛陀最究竟的訊息，也不是《法句經》的明確忠告。這種教學在本身的應用範圍內，是完全有效的，因爲必須有前行，才能在生死輪迴中成熟善根。然而，經過更仔細地考察，便知三界的生命，即使是最高的天界，都沒有眞正的意義，因爲都是無常、無實質，不能給我們完全和究竟的滿足。因此，善根成熟的佛弟子，已有之前的世間經驗，因此「天界上的欲樂，也不喜獲得」（第186～187頌）。

善根成熟的佛弟子了解到一切有爲法本來是苦，充滿過患，於是發心從生死輪迴中解脫。這才是佛陀指出的究竟目標，也是善根已高度培育的人的直接目標，更是尚須進一步成熟善根的人的長程理想：涅槃、不死、無爲法，不再有生、老、死，因此不再有苦。

《法句經》第三層教學描繪出發心究竟解脫的理論框架，並鋪陳由發心到圓滿的修行指南。理論框架由四聖諦的教導構築起來，《法句經》稱「一切眞理中，四句最勝」（第273頌）：苦、苦集、苦滅、苦滅道跡，四聖諦都圍繞著苦，《法句經》告訴我們，不要認爲苦只是經歷痛苦和悲傷，其實有更廣泛的意涵，也就是有爲法的缺憾和苦況，「無苦勝過生命的集合體❷，各種存在的成分是最苦」，「一切存在的成分是最苦惱的」（第202、278、203頌）。第二聖諦指出，苦因是貪愛，我們追求欲樂、財富、存有，而漂泊於生死輪迴，引起憂傷、焦慮和絕望，《法句經》將整個章節（第24章）以貪愛爲主題，本章的訊息是很清楚的：只要還有最微細的貪愛在心，我們還是有被可怕的生命洪水席捲的風險。第三聖諦闡明佛陀教法的目標：要解脫痛苦，要逃離生命的洪水，貪愛必須摧毀，一絲不留。第四聖諦顯示解脫的方法：八聖道，這也是一整個章節的重點（第20章）。

在第三層教學，《法句經》從實用的教學轉變了，從業和輪迴的法則轉變到四聖諦。此處的重點不再以基本的道德和清淨的心鋪設一條往生善趣的康莊大道，重點轉到培育四聖諦，成為摧毀貪愛、突破整個輪迴過程的修行方法，《法句經》宣稱「只有此道，能清淨知見，無有他道」（第274頌）。這樣的說法並非固定的教條，而是因為要從苦究竟解脫，只有靠清淨的智慧，只有這條道路，因為強調正見，培育智慧，可以得到完全清淨的智慧，完整了知解脫的聖諦。《法句經》說，「你們實行這種道」會了知四聖諦，因為得到智慧，「能消滅苦惱」。佛陀向我們肯定，走上這條路，我們會「解脫魔王波旬的繫縛」，拔除欲望的荊棘，出離苦。他也警告我們：「你們應當精勤，如來僅是說示者」（第275、276頌）。

原則上，八聖道的修行適用於各行各業的人，無論出家人還是在家人。然而，人若不再關注世間法而奉獻於出世間的生命，最適於培育正道。為了完全淨化行為，為了內心得到定、慧的修行，出家生活較明智可取，最能減少旁騖和貪愛的刺激，使一切活動都圍繞解脫的目標。因此，佛陀建立了僧團：即比丘和比丘尼的團體，作為充分準備修行八聖道的訓練領域。

《法句經》徹頭徹尾都在召喚我們過出家生活。然而要進入出家生活，必有面對苦而徹底出離的行為，尤其是認識到死亡不可避免。《法句經》教導「譬如牧人執棒，驅逐牛至牧場，老和死，驅逐眾生的壽命」（第135頌）。「在這世界上要不受死的支配，是沒有任何地方的」（第128頌）。「看！這裝飾的形體，爲瘡痍所組合之塊，有病患，多妄想，不能堅固長存」，「以骨做城郭，塗以肉和血，在其中藏著：老、死、憍慢、虛僞」，愚人執著它，但智者「見這灰白的骸骨，有什麼可喜」？（第146～150頌）。

認識到世俗生活的無常和隱含的苦難，思慮周詳後突破家庭和社會關係，放棄家和欲樂，進入無家的狀態：「憶念出家，不喜住家；如鵝鳥離泥沼，棄捨他們的窩巢」「由在家而出家，喜悅在獨處」（第91、87頌）。「若見能指摘過失而譴責的智者」，能指出正道之所在（第76～78、208頌）。在善人的指導之下，「防護戒律」，只有最簡單的資具需求，「飲食知節量」，修行安忍，「專念高度的思惟」（第184～185頌）。學著如何平息掉舉的心，得到心一境性，便觀察一切行的生滅，「進入無人的空閒處，心能安靜，觀察正確眞理的比丘，獲得凡人所未有的快樂」「若人正確思考，生命集合體的生滅，獲得智者不死的喜悅和快樂」（第373、374頌）。

修行生命在慧的培育中攀登頂峰，《法句經》簡潔闡明了以智慧觀察的原則：「一切存在的成分是無常的」……「一切存在的成分是苦惱的」……「一切存在的成分是無實體的」，「以智慧觀察時，厭離種種的苦惱，這是至清淨之道」（第277～279頌）。當直接親見這些眞理，就破壞了執著的結使，佛弟子次第證悟，乃至究竟解脫。

## 4. 究竟目標

《法句經》第四層教學沒有揭示任何新的教義原則或修行方法，而是顯示第三層教學的果。第三層展示通向究竟目標的道路，解脫一切繫縛和痛苦，證得涅槃至高無上的寂靜。第四層是禮敬並讚嘆因修道證果而到達究竟目標的人。

在巴利聖典中列舉了前往涅槃的四個確定果位：入流果，不退轉地走上解脫之道。一來果，確定只會再一次回到欲界。不還果，不會再回欲界，自然受生天界，並在天界證得痛苦的止息。阿羅漢，在此時此地證得究竟解脫。雖然《法句經》有幾個關於較低果位偈頌，但它的主要重點在於達到究竟解脫的四果，即阿羅漢，經中對於阿羅漢的描述，非常激勵人心。

有兩個章節描述阿羅漢：第七章，以阿羅漢的名號為章名，以及第二十六章，也就是最後一章，題為「婆羅門」，也就是聖人之意。經說，阿羅漢不再受欲望的熱惱，「離去憂患」，完全自由，「斷除一切束縛」，「煩惱已經滅盡」，「不貪婪飲食」，「得空、無相、解脫的境界」。對凡夫而言，阿羅漢不可思議，「這人的道跡難追尋，如鳥飛行空中無足跡」。他超越了一切障礙，超越了憂悲，平靜而無畏。他「不瞋怒、有德行、持戒、無貪愛、（自）抑制」。他有深厚的知見和智慧；他嫻熟如何區分正道和非道；他到達最崇高的目標。在有敵意的人之中，是友善的；在暴力的人之中，是和平的；在執著的人之中，是沒有執著的。

就在今生，阿羅漢已終結了苦，放下了五蘊的重擔。超越了福和非福；沒有憂悲，無染而清淨；沒有執著，投入不死，猶如滿月，無垢穢而清淨、寧靜而清明。棄捨一切人類的繫縛，超越一切天人的繫縛；不受後有，征服了一切世間。他了知死亡和輪迴；他完全去除執著，有福德，離繫縛。沒有神、天使或人類可以找到他的軌跡，因爲他不依附任何法，沒有執著，不抓住任何事物。他已是最後身，達到了完美智慧，並達到修行卓越的頂峰。他藉最後一個色身，完全寂靜，阿羅漢示現法的眞理。以身教示範：人確有可能解脫貪、瞋、癡的煩惱，超越苦，就在今生得證涅槃。

阿羅漢的理想，在佛陀這第一位、也是最崇高的阿羅漢身上顯示了最高度的典範。《法句經》就佛陀發表了一些重要的聲明。佛陀無師自悟，透過自己培育的智慧達到了正覺（第353頌）。他是皈依的授予者，自己是三皈依的首位；「皈依佛陀、教法、僧團，由正確的智慧，得見四種偉大的眞理」，「這樣的皈依處，能脫離一切痛苦」（第190～192頌），佛陀的正覺，使他遠遠高於凡夫的水平：正覺者「智見無邊無形跡」，解脫於世間，「征服一切，了知一切，不貪著一切事物」，（第179、180、353頌）。「太陽日間光輝，月亮夜間明照，武士的甲冑輝映，婆羅門禪定生輝」，但是經文告訴我們，「佛陀的慧光，晝夜都普照」（第387頌）。

《法句經》的四層教學至此討論完畢。整部《法句經》中，有大量的偈頌與這四主要層面交織在一起，不能單獨被拘於任何一個層面，而是具有更廣泛的應用。這些經文描繪了早期佛教的世界觀，以及對人類生命的獨特見解。經文顯示，這個世界觀的基礎，是人類生活中不可避免的二元性。人在善惡、淨染、進退之間走著微妙的平衡。人類尋求幸福，害怕痛苦、失落和死亡。我們雖可自由在善惡之間選擇，卻必須對自己的決定承擔全部責任。《法句經》一再說出人類解脫自由的困境：我們是自己的塑造者和主人，我們是自己的保護者和摧毀者，「自己爲自己的所依，他人怎可爲所依？」（第160、165、380頌）。「如來僅是說示者」，跋涉則要靠弟子本身，「你們應當精勤」（第275～276頌）。最後，我們必須選擇，要走向世間，在業有的輪迴中浪跡？還是出世間的涅槃？雖然後面這條道路極端困難，但佛陀的音聲說出了保證：這肯定能達成，全靠我們克服一切障礙，甚至勝過死亡的力量。

《法句經》說，心是在一切界取得進展的主要塑造角色，《法句經》開宗明義就明確斷言：「一切事心爲前導」、心爲性格的製造者、心爲命運的創造者。整個佛教，從基本道德到證阿羅漢，都取決於內心訓練。心向於邪惡，比任何敵人還能造惡爲害；心向於正直，比任何親朋好友更能行善爲福（第42～43頌）。心狂放、多變、難以降伏，但只要通過努力、正念和自律，便可以掌握心，擺脫欲望，「有智慧的人不爲瀑流漂蕩，能〔自〕作島嶼」（第25頌）。「戰勝自己」，戰勝自己的心，這勝利不可能磨滅，「實是最上的戰勝者」（第103～105頌）。

根據《法句經》的說法，培育和降伏心最需要的是所謂不放逸的素質。不放逸，在不斷自我觀察的過程中，結合了批判性的自我覺知和不懈的精進，以便在煩惱找機會現行時，偵測並除去煩惱。這個世界除了自己以外，沒有救世主，解脫之道在於心的淨化，不放逸是很重要的道支，可確保我們直接走上修行之路，不會由於欲樂的誘惑而偏離，或因懶惰和自滿的影響而停滯。佛陀宣稱，不放逸是通往不死之路，放逸通向死亡之路。智者明白這個區別，安住於不放逸而「獲得無上安穩的」涅槃（第21～23頌）。

原刊於佛教出版學社社訊第129期，一九九三年

❶見《沙門果經》義注。
❷「存在的成分」是「五蘊」的另譯。

# 29 親近智者

《大吉祥經》（*Mahā-maṅgala Sutta*）是一部最常爲人持誦、最常被收錄於巴利語誦本的經。經文始於一位美麗耀眼的天人，夜中降臨大地，走向祇樹給孤獨園來詣佛陀，請爲說「何謂勝吉祥」，佛陀回答的第一個偈頌中，說到「遠離愚癡人，親近智慧者」（asevanā ca bālānaṃ, **panditānaṃ ca sevanā**）[1]，「此事勝吉祥」，既然接下來的經文就要展開敘述世間和出世間的各種吉祥，因此，開宗明義教導「親近智慧者」，就是強調一個關鍵：要在佛法修行中取得進展，有賴於選對善友。

人類的心並非密閉式的容器，封存著生物學規律和嬰兒期經驗所形塑的性格，這與某些心理學理論剛好相反。心其實在個體的一生當中始終保持高度的可塑性，不斷回應社會互動而重塑自我。我們絕非用固定不變的性格來參與人我關係，而是一再定期地進行社會接觸，是一個心理學的逆向滲透作用過程，給予我們成長和轉化的契機。正如活細胞與周圍同伴進行著化學對話，我們的心也同樣傳遞並接收穩定傾瀉的訊息和提示，甚至有可能在不覺不知下造成深刻的變化。

如何選擇朋友和同伴，對我們修行特別重要，因爲友伴對個人的命運有著決定性的影響。

由於佛陀看到我們的心多麼容易受友伴的左右，不斷強調善友的重要。他說，他不見還有比惡友更能煽起心中的不善法，也沒有比善友更能促進生起善法了（增支部1．70，1．71經）❷，又說，他不見任何外界因素比惡友更有害，也不見任何外界因素比善友更有益（增支部1．110，1．111經）❸。弟子經由善友的影響，方能走上八聖道，解脫痛苦（相應部45．2經：一半經）。

佛法說的善友，意義遠超乎合得來而且興趣一致的朋友，其實是指尋找明智的善友，視為引領和教導。善友的功能不只是為跋涉修行途中有良伴同行，眞正有智慧、有慈悲的善友，是心懷理解和同情，可批評和規諫，指出錯處，敦促鼓勵，友誼的終極目標就是在佛法中成長。佛陀在《法句經》偈頌中簡要表達了弟子對待這樣善友的態度：「若能見指摘過失而譴責的智者，如告知寶藏的人。」（第76頌）

親近智者對修行非常重要，因為聖者的身教和言教可喚醒並滋養出世間的潛力，有決定性的影響。未加培育的心懷著各種不明的可能性，從自私、自我中心和侵略的深淵，到智慧的高峰，我們這些法的追隨者，面對的任務是控制不善的習性，培育善的習性，令其增長，這些是走向正覺、解脫和清淨的素質。然而我們內心的習性並非在眞空中兀自成熟或衰退，它們不斷受著大環境的影響，其中最有力的就是我們尊為導師或善知識的師友，這些人潛移默化著我們生命中隱藏的潛力，這些潛力在他們的影響下或展開、或枯萎。

因此我們在佛法修行中，所選擇的導師和善友至少要能體現我們想要內化的一些出世素質。這在修行初期尤其重要，當我們善的發心才新生、很柔弱，或因優柔寡斷，或因交往跟我們理想不一致的損友，容易遭到破壞。在學佛初機階段，我們的心如同變色龍，根據環境背景改變顏色，在草地則色綠，在土地則色褐，因此我們近愚者愚，近聖者聖。內心的轉化通常並不是一蹴可幾，而是漸進，以自己都覺察不出的微小幅度，與日俱增，然後性格會經歷一場蛻變，最終成爲顯著的質變。

我們若與沉迷於欲樂、權力、財富和聲名的人過從甚密，就不必幻想自己能對那些癮頭保持免疫了：我們的心遲早會逐漸傾向於同樣的目標。我們若與那些道德敗壞，習性傾向世俗的人交往頻繁，也必將繼續陷於平凡庸碌的人生軌轍。我們若嚮往至高的理想——出世智慧和解脫的高峰——那麼，我們就必須親近體現至高理想的人。即使我們未能有幸尋到已達此等高度的善友，若能夠遇上幾位志同道合、在內心滋養佛法出世素質的道友一齊精進努力，也堪稱相當有福報了。

若我們要問如何辨認善友，如何區分善知識和非善知識，佛陀給出了清晰的忠告。在《滿月小經》（中部110經）中，他闡明與非善知識爲友以及與善知識爲友的不同之處，非善人選擇「無信者、無慚者、無愧者、少聞者、懈怠者、念已忘失者、劣慧者」這類惡友爲導師，結果是「意圖加害自己、意圖加害別人、意圖加害兩者。」勢將引起憂悲惱苦。

佛陀又說，反之，善人選擇「有信者、有慚者、有愧者、多聞者、活力已被發動者、念已現起者、有慧者」這類善士為導師，善人將以他為理想，培育同樣的素質，汲取這樣的素質融入性格當中，而這樣的善人不僅自身越來越接近解脫，又可作為其他人的指路明燈，能夠為仍在黑暗中摸索路徑的人，提供一個勵志的榜樣，自己也成為善友，給予他人指引和忠告。

原刊於佛教出版學社社訊第26期第1號，一九九四年

❶此處《吉祥經》經文係採用開印長老的翻譯，未出版。

❷原文中作者列為I．vii，10；I．viii，1經，即增支部第一集第7品第10經、增支部第一集第8品第1經。

❸原文中作者列為I．x，13，14經，即增支部第一集第10品第13經、第14經。

# 30 佛法與不二論

近年來，上座部佛教面臨的最大挑戰，就是傳統上座部觀禪跟「不二論」禪修傳統的相遇，不二論以吠檀多（Advaita Vedanta）和大乘佛法爲代表。對這個相遇的反應，可說南北二極，引起激烈的衝突者有之，試圖綜合並混合者有之。面對這些動盪的對話，本文當然無力解釋所有錯綜而微妙的問題，但希望以上座部經典的觀點，略盡綿薄之力。

首先要說明的是：一個禪修系統不會自成一獨立學門。任何一種正宗的修行，總是鑲嵌在某一概念系統之內，這個系統界定了禪修想解決的問題或想要達到的目標。因此，概念框架若互不相容，卻把其中的技巧合併使用，是危險的。這種合併固然可以安撫一些偏愛實驗或折衷主義人士，但長期的影響是可能出現某種「認知失調」，迴盪至內心深處並激起更大的混亂。

其次，各種不二論的靈修傳承之間不僅彼此的見地不一致，並且差異甚大，而由於各派傳承係歸屬於更大範疇的思想背景之下，因此不免受到這些哲學概念的影響。

## 吠檀多派的不二論

在吠檀多派的經典裡，不二論（advaita）是指「我」（Atman，內層的自我）與「梵」（Brahman，神聖的眞實或世界的本體）本質上並無分別。從最高證悟的觀點來看，只有一種究竟實相存在——那就是「梵」「我」合一——靈修的目標是要知道人自身的「眞我」是永恆的眞實，也就是存在（Being）、智慧（Awareness）、極樂（Bliss）。由於所有佛教宗派均不接受「我」的觀念，故無人可以接受吠檀多派的不二論。從上座部傳承的角度來看，尋求自我的行動，無論是「常我」或是一個「絕對普遍的我」，都屬愚癡，一種形而上的錯誤，沒有正確理解具體經驗的本質，而不予理會。根據巴利聖典，個人生命只不過是五蘊的複雜統一體，每一蘊均有無常、苦、無我等三共相。根據這個瞬息萬變、因緣和合的五蘊現象所假設出來的「我」，都是「身見」（Sakkāyadiṭṭhi），此「身見」正是繫縛眾生於生死輪迴最根本的「結」。佛教認爲，因爲證悟「眞我」或「絕對的我」不能獲得解脫，故必須消除由五蘊而來的最微細自我感，消除所有製造「我」、「我所」等想法以及潛在的「我慢」傾向等。

## 大乘佛法的不二論

大乘各派雖有很大的分歧，但一致同意堅持一個論點：生死和涅槃、染和淨、迷和悟等沒有究竟分別。但上座部看來是不可理喻的。大乘的觀點是，佛教修行所要達到的正覺，正是證悟此不二論的觀點。大乘否定傳統的二元論，因爲一切法「空」，沒有實有或本有，因此在「空」中，所有主流佛教所安立的差別相終於一致：「諸法皆一性（One nature），即無自性（No-nature）」。

## 巴利聖典中的二元性

巴利藏經中找不到佛陀曾贊同任何形式的不二論。我還想補充，這一點也沒有隱含在佛陀的開示中。同時，我亦不認爲巴利聖典提過二元論，爲理性認同而假設一個形而上的二元論。我認爲佛陀在巴利聖典中的教導，特點是務實，而非思辯。雖然如此，我想進一步說明，這種務實主義不能說全無哲學根據，而是以佛陀所覺悟到的、洞悉到的諸法實相爲根據。佛陀和不二論系統對比，不是去發現世間經驗背後或之下的統一法則，而是採用現實生活的具體經驗，從其中對立和緊張的紛紛擾擾爲出發點和框架，診斷出人類生命的核心問題，並提供解決方案。因此，佛教修行的指導原則不是究竟的統一，而是熄滅苦痛，從根本上解決生命的困境。

我們只要如實檢驗當下經驗，便會發現其中充滿許多極爲重要的二元性，在修道上有深刻的意涵。佛陀在巴利聖典中教導，忠實尋求解脫智慧必得堅定不移地專注並確認這些二元性。正因爲這些對立——善和惡、苦和樂、智慧和愚癡，追求正覺和解脫才如此重要。

一切對立的巔峰，是有爲和無爲：生死輪迴是不斷的受生和死亡，一切皆是無常、變易、苦；涅槃是究竟解脫，不生、不老、不死。雖然早期的聖典確定涅槃是究竟實相，而非僅是一種道德或心理境界，卻從未暗示在某些深刻的層次，這個實相及其示現的對立面——生死輪迴——在形而上是不可分的。相反地，佛陀一再教導，生死輪迴是受貪、瞋、癡宰制的痛苦境界，在輪迴中，我們流過的眼淚比四大海還多；而涅槃是盡除貪、瞋、癡，並捨棄一切有爲的生命，從生死輪迴解脫，不會退轉。

因此，上座部以輪迴和涅槃的對立，爲整個解脫過程的出發點，更加上，它視這種對立爲達到究竟目標的決定因素，這個究竟目標便是超越輪迴並在涅槃中達到解脫。雖然大乘各宗派也將生死和涅槃的對立視爲出發點，但上座部和大乘還有一點顯著的不同：上座部並不把生死和涅槃的對立視爲「專爲鈍根眾生而設的初步教導，最終還是要由更高的證悟不二所取代」，因爲從巴利聖典來看，即使對佛陀和阿羅漢，苦和苦滅、生死和涅槃仍截然不同。

## 一？還是二？

探索各種玄思傳統的靈修人士普遍認爲，最高的靈修教導必須安立一種形而上學的統一，作爲哲學思想的基礎，並成爲追求覺悟的最終目標。它們若以此假設爲公理，自會得出這樣的結論：巴利聖典堅持二元性，是不足而且權宜的，必須以證悟不二來完成。作此想的人士認爲，二元性消融在終極的「一」之中，當然更爲深刻而且完整。

然而，這種假設正是我想挑戰的。我主張：參照佛陀原始的教法，深刻和完整並不必犧牲「差別」來取得，原封不動保存二元性和多樣性，顯然可以對世間的反思趨於成熟，達到最深刻、最完整的境界。此外，我想補充一點，堅持如實認識眞正二元性，是更理想的教法。理由是，雖然它否定心中全面歸一的渴望，但它提出另一個更爲重要的因素——腳踏實地於現實——壓倒了全面歸於一的追求。

我之所以認爲上座部傳統裡的佛陀教法，遠遠超過其他解決人類心靈困境的努力，是因爲它堅持不因「一」而犧牲現實。佛陀的教法並未指出一個無所不包的絕對，日常的緊張和壓力，可消融在形而上的歸一，或莫測高深的「空」性之中。相反地，它爲我們指出究竟的理解，也就是如實（yathābhūta），最重要的，指出苦、集、滅、道四聖諦。佛陀宣稱，這四個聖諦之所以爲聖，正因爲它們是如、正、不變易（tathā, avitatha, anaññatha）。就因爲我們不能如實面對這些聖諦，才漂泊生死輪迴良久，也只有如實通達這些眞理，才能達到眞正完美的修行境界：苦的止息。

## 從戒定慧看聖法和不二論的區別

接下來，我打算討論佛教中的「聖法」（Ariyan Dhamma）和「不二論」思想的三個主要不同之處，這三處即佛教修行的三學：戒、定、慧。

戒的方面，兩者的分別並非直接可見，因爲兩者都強調戒對初階修行非常重要。它們基本的分別不在初期，而在後期：兩者在進階時，對戒的角色有不同的評估。就不二論系統而言，最終都會超越所有二元性而證悟不二、絕對、本體，由於絕對性包含並超越了所有的差別性，證悟的人士泯滅了「好」和「壞」、「善」和「惡」的究竟分野。不二論者認爲，二元性只適用於世俗諦，並不適用於已達究竟證悟的人，它們只約束修行中人，而非對無學的聖者。因此，我們可以在它們的歷史形態（尤其是印度教和佛教密宗）中發現，不二論哲學主張已覺悟的聖者的行爲不受道德規範。聖者已超越所有世俗諦的「好」、「壞」的差別，他從勝義的直覺中自然行事，因此不再受道德法則束縛，因爲法則只對修學當中、努力邁向光明的人有效。聖者的行爲難以捉摸、難以理解，從所謂「狂智」（crazy wisdom）流出。

對於聖法來說，道德和不道德兩種行爲的區別，鮮明而清晰，這種區別貫徹始終，直到最高境界：「我以二種說身行儀：應該實行與不應該實行，身行儀〔必〕爲其中之一。」（中部114經）理想聖者阿羅漢的行爲，無論是意業還是語業，都體現了最高的道德標準，持戒是自發而且自然。佛陀曾說，解脫者能依戒律生活，能見到微細犯行中的過患，他不會有意違反戒律，也不會受到貪、瞋、癡或恐懼驅使而胡作非爲。

在禪定或禪修方面，我們再度發現不二論系統與聖法之間在外觀上有驚人的差異。不二論系統認爲任何區別最終皆非眞實，因此禪修目標就不會著重於消除煩惱和培養善心了。這些系統說：煩惱只是虛妄，沒有內在的實質，甚至說煩惱是絕對性的不同示現，因此，任何消除煩惱的修行，都屬徒勞無功，就像逃避幽靈：設法消除煩惱只會加強二元性的幻相。蕩漾在不二論者思想之流中的禪修是：「無染，亦無淨」、「煩惱和超越的智慧，在本質無二無別」、「以貪去貪」。

在聖法之中，禪修自始至終都是淨化內心的過程。此一過程始於認知不善心所的過患：這些是真正的染汙，需要降伏並消除。培育善念，對治不善念，便能徹底摧毀煩惱，達到究竟。整個修行過程需要分別內心素質是黑暗還是光明，然後努力精進，「修行者不可容忍不善念的出現，要拋棄它，驅散它，取消它，廢棄它。」（中部2經），五蓋是「盲目所作、不作眼、不作智、慧的滅者、惱害的伴黨、不導向涅槃的五蓋」。（相應部46．40經）禪修可排除心內的汙垢，為摧毀諸漏（āsavakkhaya）鋪路。

最後，在智慧的領域裡，聖法和不二論系統又是南轅北轍。在不二論系統裡，智慧的任務是要突破多元化的表相（或「異」），以發現它們其實是一實相。具體現象雖有分別和多樣性，卻只是表相，真正的實相是一：或是實有的絕對性（大我、梵、神性等），或是一種形而上學的零（空性、心的空性等）。對這些系統來說，解脫是一切對立泯滅、一切分別如晨霧消散，才能解脫。

在聖法之中，智慧的目的是要如實知見（yathābhūtañāṇadassana）。因此，智慧必須尊重諸法精確的自相。智慧不會干預多樣性和多元化的存在，相反地，智慧洞悉諸法的性質和結構，而能發現諸法的共相。它前進的方向，並不是「無所不包的萬有」，而是從萬有遠離、離執、放下一切。智慧的培育，完全沒有把具體現象貶為表相，也沒有視它們為本體的開放窗口。相反，它揀擇並辨明，以便如實了解實相，如經文所言：「什麼是如實的了知？行者會了知：那是色，那是色的生起與消失；那是受……；想……；行……；識，識的生起與消失。」當一位行者看到「諸行無常，諸行苦，諸法無我」時，他就會遠離痛苦，這便是清淨之道。

靈修系統往往會受其喜愛的比喻和陳述的教義影響。不二論系統有兩個突出的比喻：一個是虛空，它包含一切，也同時滲透一切，本身卻全無實性。另一個是大海，在許多變幻莫測的波浪之下，大海仍保持自身的特性。聖法中所用的比喻則甚為多樣，雖然如此，它們都有一個共同的主題，那就是「敏銳的眼」——清楚而精確分別所有可見物的全景，洞察每一法的自性：「比丘們！猶如峽谷中的水池清澈、清淨、不濁，在那裡，有眼的男子站在岸邊能看見牡蠣、貝類、砂礫、小石、魚群悠游與停止，他這麼想：『這水池清澈、清淨、不濁，在那裡，有這些牡蠣、貝類、砂礫、小石、魚群悠游與停止。』同樣的，比丘們！他如實了知：『這是苦。』如實了知：『這是苦集。』如實了知：『這是苦滅。』如實了知：『這是導向苦滅道跡。』如實了知：『這些是煩惱。』如實了知：『這是煩惱集。』如實了知：『這是煩惱滅。』如實了知：『這是導向煩惱滅道跡。』當他這麼知、這麼見時，心從欲的煩惱解脫，心從有的煩惱解脫，心從無明的煩惱解脫。當解脫時，有『解脫』之智。」（中部第39經）

原刊於佛教出版學社社訊第27，29期，一九九四年第2號，一九九五年第1號

# 31 邁向理解的門檻

教皇約翰・保祿二世的新書《跨越希望的門檻》（*Crossing the Threshold of Hope*），主要內容爲反思天主教信仰，卻也包括對其他宗教的評估，其中有一小章討論佛教，教皇在這一章的用詞無甚好評。剛過的一月份，教皇訪問斯里蘭卡的前一天，這本書也在這裡發行，激起不少佛教圈的憤慨，還傳到梵蒂岡，佛教領導人宣稱，除非教皇正式撤回對佛教不友善的言論，否則不會參加教皇召開的跨宗教會議，雖然教皇抵達斯里蘭卡時，宣稱他非常尊敬佛教，甚至引用《法句經》，努力緩和佛教領導人的感受，但他仍未致歉，這令佛教長老無法滿意。

以下短文，意在更正教皇貶低佛教的言論，只重在教義，並不深入探討教皇的聲明是否別有用心，本文係根據我寫給波蘭的「來源」（Katowice）出版社的文章，該社正在編排一本佛教徒回應教皇言論的書。

## 佛教是救贖論？

教皇指出：「佛教的傳承及其衍生的方法幾乎完全是負面的救贖論（soteriology）。」十九世紀基督教傳教士為證明福音派入侵佛教的心臟地帶合情合理，對佛教教義普遍存有這種觀點。嚴肅的比較宗教學者向來認為這種觀點是一種誤導，早期傳教士的這種說法，部分出於誤解，部分則是故意扭曲。因此令人費解的是，天主教教會現任的最高領袖，知識既然這麼充分，何以重複這些陳腐的言論，尤其這個時代正期望不同宗教的領袖能夠加深彼此的理解。

教皇並沒有解釋，為什麼認為佛教的救贖論是負面的。他之所以採取這種觀點，有可能是因為佛教的解脫之道並不承認有一位人格的上帝是拯救的代理人和救贖的終結。然而，負面和正面，全賴於旁觀者的眼睛，就像美麗一樣❶。一個人的負面事物，很可能是另一個人的至高理想。如果有人尋求個人永恆的靈魂和創世主上帝的永遠合一，那麼，否認靈魂和創世主的學說，當然不免是負面的。如果有人認為一切有為法都是無常、無我，因而尋求涅槃的解脫、不死界，那麼，上帝和靈魂結合的教義——也許不算負面——只不過是建立在一廂情願和令人無法接受的信仰對象上。然而，對一般讀者，看到「負面」一詞用來描述佛教，會想像出一幅個人虛無主義的暗淡逃避的宗教形象，認為它遠遠無法在論理上提出如何通往究竟。教皇話語背後的意涵，與古代經論不謀而合：「比丘們，……某些沙門、婆羅門指責我是一名虛無主義者，並且說沙門喬達摩教導現存的眾生虛無主義。……從以前到現在，我只安立苦以及苦之滅。」❷（中部22經：蛇譬喻經）

教皇將佛教救贖論判為負面，比這一點更令人憂心的是他以下的論點：「佛教救贖論構成這個體系的中心點，或者說是唯一點。」此一聲明帶來的結論，意在言外，無聲地暗示：佛教無法為陷入日常生活問題中的人提供有價值的指引；這是一種超俗的逃離宗教，只適合苦行傾向的人。

雖然過去的西方學者一直把佛教的救贖論當作主要興趣，但佛教徒所勵行的佛教活生生的傳統，卻說明這心態一開始就是偏頗的，一定會引生出偏頗的結果。佛教經論本身說明了佛教跟人類各大宗教一樣，關切面都非常廣泛。涅槃雖仍是佛教的究竟目標，而且確實是佛教的「中心點」，但它絕不是佛陀宣說教法的「唯一點」。

## 佛法的三層次快樂

根據佛教經論，佛法致力推展三類的快樂，每一類都有一套相異卻相疊的法則。這三個目標，雖然都融合在一個內裡一致的教法框架內，卻讓佛法能夠適應處於不同修行階段、有著不同理解能力的眾生：

### 1. 現生樂

基於慈心和悲心，經由道德生活與和諧的人際關係，實現此時此地的快樂和身心安康；

### 2. 後世樂

修行布施、持戒、修定，以在輪迴中投生善趣；

### 3. 究竟樂

遵循八正道的完整修行，證得涅槃。

對大多數過著日常生活的佛教徒而言，追求涅槃是遙遠而非立即的目標，只是在長期的生死輪迴中逐漸接近。他們預計在輪迴中經歷生生世世，才能準備好直接攻頂究竟目標，於是在追求究竟目標之際，同時必須追求世間幸福。佛陀為了幫助他們完成這項努力，教導了許多世間道德生活的指導方針，例如佛陀在《教授尸伽羅越經》中，列舉了親子、夫婦、朋友、雇主和雇員、師生、宗教師和在家信徒之間的義務。他把正命包括在八正道之內，並解釋正命對一個忙碌的在家人生活有什麼意義。佛陀在長期弘法過程中，向商人建議如何戒慎於商業行為，向年輕妻子建議如何對待丈夫，以及對統治者建議如何管理國家，所有指導都出於佛陀的大悲心，旨在促進世界的幸福，同時引導弟子趨向善趣，並次第趨向究竟解脫。

然而，雖然佛陀給各種生活的弟子提供了次第的教學，但是他不允許對他教義中的究竟目標懷有妄想，這個目標就是涅槃，不是與世間進行安慰性的和解，而是從世間解脫，不再退轉。這樣的解脫不是由虔誠、以社會同情的精神來做好事，只能透過出離——「捨離一切所依」（sabbūpadhipaṭinissagga），這種捨離包括「我們認為有一個我」的身心過程。實現這個目標必然靠個人，必須經由個人的淨化和個人的智慧，這是整個持續努力修行的成果，因此佛陀並沒有著手建立在一個信條上擁抱全人類的教會，他只鋪下一條道路——實現理想的完美道路——讓世間生活在不完美條件下的不完美人類來走。雖然究竟目標以解脫世間為完成，同樣的理想也「回身」朝向世間，明訂行為標準和價值尺度，指導未證悟凡夫每日如何在貪、瞋、癡洪流中逆水行舟。涅槃仍然是佛法的「主要觀點」和歐米伽點（the omega point）❸，但因為這個目標需要體驗貪、瞋、癡永盡，於是將證悟的條件定義為：以慷慨布施來克服貪心，以安忍和慈心來克服瞋心，以智慧和理解來克服癡心。

## 對「正覺」的誤解

教皇約翰保祿在《跨越希望的門檻》一書中，聲明「佛陀所體驗的『正覺』係基於『世界是壞的』信念，這就是人類邪惡和痛苦的來源。」（85頁）該書一貫把「正覺」一字用引號括起，無疑已經暗示了教皇對於佛教並未持正面欣賞的態度，加上他描述正覺的態度，醜化了佛陀在菩提樹下證悟，這又進一步肯定了這個暗示。

## 佛法對善惡的觀點

若要進行答辯，首先應該說，佛教並不認為這世界本身是好是壞，佛陀從未把世界描述為人類的「邪惡之源」。佛教經論嚴格將具有道德內涵的字詞——如好、壞——僅僅用來評估有意向的行為，以及做出這些行為的人和心態，並沒有將道德品質歸因於無法主動做出道德行為的個體，因此若行為有意傷害自己和他人，或使自、他痛苦，便是壞（pāpa，即不善）；當行為意圖提升快樂和身心安康，便是好（kalyāna，即善）。佛陀對善、惡根源的分析，完全在心理道德的範圍內進行，沒有超越此一界限。根據佛陀的說法，壞的根源是行為的不清淨：貪、瞋、癡。好的根源就是：無貪、無瞋、無癡，也就是離執、慈心和智慧。佛教中的內心修行過程，可以從一個角度來描述：即是減少並去除不善根，培養與其相反的善根。整個過程都以內心為善惡的唯一根源，世間則是這種內心淨化努力的背景。

佛陀四聖諦的教義中，的確宣稱世間是苦，但苦並不代表邪惡。苦其實是不圓滿、缺憾與不足、難免受苦。我們若要理解佛陀為何說世間是苦，必須從更廣泛的角度來看，根據佛陀的教法，個體的生命都在無始的生死輪迴中展開，除了聖者，一般凡夫都被渴愛驅迫而漂泊於輪迴，每一個體的生命以出生為開始，以死亡為結束，只是無窮無盡的生命鎖鏈「鏈接」起來的生命輪轉。我們在輪迴中，一再經歷生、老、病、死，一再經歷痛苦和憂傷、焦慮和壓力、衝突和失望。因此佛陀宣稱，生命受限於生死輪迴，就是苦。

佛教找到了苦因，苦並不在於我們視為客觀實體的世間，而在我們的內心。痛苦的根源是無明加上貪愛，因為我們無法認識實相，生命就被享樂、權力、希望生命繼續存有等盲目欲望驅迫。佛陀教法關切的並不是滅去世間，而是滅去無明和貪愛。一旦貪、瞋、癡止息，我們就可以在世間的生命中體驗到圓滿的寂靜——涅槃，當生命結束，便永遠結束輪迴而進入無為法。

教皇形容涅槃是「一個對世界完全漠不關心的狀態」，還說「佛教的救贖論是，首先對世間淡漠，把自己從邪惡中解放出來，因為世間就是邪惡的根源。」（86頁）。他的陳述對讀者呈現的佛教，是一個退避的教義，面對今日人類的重大問題時，只是禮貌性地掉過頭去，對於強調出世的早期佛教而言，此等描述原已欠妥，更遑論以菩薩入世的悲行作為典範的大乘佛教了。

被教皇詮釋成「漠不關心」的巴利語，應該是 upekkhā，這個字眞正的意義是「捨」，並非冷漠、不關心他人，而是一個善法，在面對世間命運的高低起伏，心境仍保持平等。捨是內心平穩、不可動搖的解脫，是一個內心平衡的狀態，不會被利、衰、毀、譽、稱、譏、苦、樂打亂。捨是從一切自我參照中解放，它只對貪愛享樂和權位、又以自我為中心的種種需求，報以冷漠，並非對人類同胞的身心安康漠不關心。眞正的捨，是佛教經論所謂「四梵住」的四種人際關係態度的高峰：慈無量心、悲無量心、喜無量心和捨無量心。最後一個捨心並不會推翻或排除慈心、悲心和喜心，卻會使三者臻於完美和圓滿。

如果佛教在修行方面尚未達到佛陀原始教法的理想高度，應該是人性有一種向下的拉引力使然，而不是強調冷漠的後果。佛教的經論提供了許多充分的證據，證得涅槃並不會對世間漠不關心，佛陀就是弟子的理想典範，他證得正覺之後，四十五年都過著積極的生活，以提升人類爲職志。從佛教史來看，佛法大師都以佛陀爲典範，遵從他「致力於眾生的福祉和快樂」的囑咐，對世間懷著慈悲心，致力於天界和人界的善法、福祉和快樂。

不只是正覺的比丘和比丘尼才展示了這種修行使命，從整體佛教來說，佛教更激勵並影響了它所源自的亞洲文化。佛教傳布的過程中從不曾出現暴力和流血，也從不強制更改信仰，全以本身崇高的教法和典範贏得信徒。不管佛法在哪裡生根，都指向一個崇高的道德和精神理想，爲整個社會制定了具體的道德守則，爲人類提供了希望和鼓勵。只需要一點點反思就能肯定：一個宗教若把冷漠或無情的自我中心當成至善，是否可能出現這樣的結果？

原刊於佛教出版學社社訊第30，31期第2，3號，一九九五年

❶語出西諺「美不美取決於觀者的視角」（Beauty is in the eye of the beholder.）。

❷此為節要，原經文為：「比丘們！這麼說、這麼論，某些沙門、婆羅門以不存在、虛偽、不實而毀謗我：『沙門喬達摩是虛無論者，他宣說存在眾生的斷滅、消失、非有。』比丘們！那些沙門、婆羅門尊師們以不存在、虛偽、不實而毀謗我：『沙門喬達摩是虛無論者，他宣說存在眾生的斷滅、消失、非有。』我並非如此，我沒如那樣說。比丘們！從以前到現在，我只安立苦以及苦之滅。」

❸這是由法國哲學家德日進（Pierre Teilhard de Chardin）神父提出的概念，他認為萬物不斷進化，意識不斷累積，最終會達到用希臘字母Ω來表示的臨界點。

# 32 平穩行走於不平之處

佛陀常說到，世間的生活就好比不平的道路，我們一直無法平穩行走。每天，無數的障礙要脅著來阻擋我們、偏移我們的目標、令我們失衡，我們非常需要穩定的正念和強固的決意，避免在貪、瞋的暗黑小路上迷了路。我們到達聖人的康莊大道之前，磕磕絆絆在所難免，但只要對目標有清楚的展望並精勤努力，就可以避免跌落路旁的溝渠。

如果說在世間修行佛法向來困難，那麼現代商業文化又大幅提高了這種困難度。佛法修行所要馴服的煩惱，不再是根植於天性、被基本生計激起的簡單而相對天眞的驅動力，我們像是一尾不疑有他的魚被魚網活捉，捲入全球社會和經濟秩序的線圈，在其中，基本的人類活動以生產和消費商品爲前提。從這個系統的觀點來看，人類生命的至善（good）就是享受商品（goods）。實驗室研究人員和商業巨頭加起來的奇技淫巧，確保我們可以享受的商品應有盡有。

支配全球經濟秩序的法則非常簡單：絕不讓欲望減弱。傳播媒體是現代的奇蹟創造者，無所不用其極，來確保這個大難不會臨頭，他們發出一系列無間斷的訊息，設法煽動我們的幻想，挑逗我們的胃口，那種強度簡直到要把「夠了」一詞從我們詞彙中趕盡殺絕。但整個企業文化儘管觸角龐大並向全球伸展，其實是建立在一個普遍的幻象上，無遠弗屆，直如不說自明的眞理，也就是「快樂，和我們擁有的財富數量和錢財價值成正比」的想法。我們被牽著鼻子去相信只要擴張財務資產，獲得越來越多的商品（goods），就更接近善（good），也就更快樂、更愜意、更滿足。雖然消費者很少質疑過這種假設，但是這個信仰正是個魔術的花招、欺人的障眼法，爲我們套上悲慘的牢籠。只要我們以尋求快樂來「止欲望之渴」，就越被不饒人的欲望套牢。佛教經典把這個過程比喻爲口渴飲海水，而海水根本止不了渴，只會讓我們更渴。

在消費至上文化的核心，我們發現一個令人困惑的弔詭：我們若以追求財富爲目的，並不會得到眞正的快樂，反而更不快樂。如果我們檢驗最能實現消費至上大夢的人士，便很容易肯定這個結論。他們享受了最豐美的財富，行使了最大的權力，盡情體驗紙醉金迷，卻不是知足的模範人物，相反地，他們常常在絕望的邊緣，想避免從邊緣滑落，只能在惡性墮落的循環中，一再引燃貪欲，追求更多財富、更多權力、更多欲樂。

我們只要用佛陀的教法來反思這個情況，那麼，消費至上主義永遠失靈的理由，就非常清楚了。佛陀一語道破這個理由：貪愛就是苦因。貪愛的本質就是貪得無厭，我們個人生命越被「滿足貪愛，就是快樂」的假設支配，就越容易遭致失望。當整個社會都建立在消費至上主義的原則下，生產和銷售根本不顧人類眞正的需求，結果極可能是大災難。

根據佛陀的教法，眞正的快樂並不在沉迷於欲望，而是發現並除去苦因，實際上就是控制並去除貪愛。要採取這樣的方法，並不需要強迫自己走入一個冷漠的清教徒苦行模式，正法是一個漸進的教法，可以教我們如何把生活立刻變得有意義，而且令人滿足，並不用鎮壓和自我折磨來提升個人的修行，卻會溫柔地給我們一些務實的、適用於我們目前情況的指導綱領，助我們向著眞正的快樂和平靜而成長。

在家人要在世間撫養家庭並累積財富，佛陀並未要求他們苦行，而且從社會公民的義務中撤退，他建議的是一種被道德價值規範、目的在於培育善心的生活。佛陀甚至不譴責在家弟子累積財富，或讚嘆貧窮是應有的替代方案，他只建議以正命來獲得財富，然後以有意義的方式來運用財富，提升自己和他人的快樂。

佛陀曾對一位名叫羅西亞（Rasiyā）的村長開示（相應部42．12經：羅西亞經），形容受用欲樂的在家人有三種值得讚嘆的素質：「他以法、非暴力遍求財物；使自己快樂、喜悅；他將財富分享、作福德。」福行將運用財富帶入修行的領域，這是認識到眞正的快樂來自布施而非獲得。布施並非只爲減低貪愛和執著，亦非只爲未來求得增上生，而是直接可看到的喜悅來源，這立等肯定了整體佛法中央支柱所在：通往快樂之道是棄捨，而非累積。

但是，當佛陀讚美擁有上述三種素質的在家善人時，並不止步於此，他又提了第四種素質，將在家的善弟子區分爲兩類：一類是享受欲樂又被欲樂綑綁的人，對危險視而不見，不知逃避；另一類是享受欲樂卻不被束縛，看到危險並知道逃避的人。第二類人是佛陀宣稱比較殊勝的。這個聲明讓我們深入洞察佛陀對消費至上主義挑戰的終極解決方案，終極的解決方案不是在放縱和美德之間的蹣跚妥協，而是以大膽、果斷的一步，朝向離執，這種內心的出離，使我們即使生活在生產和消費的疆界內，卻能超越其整個運作圈。這種行動的動機是因爲看到過患：追求欲樂不會獲得穩定的快樂，欲樂「不會令人知足，還會產生很多痛苦」。它的成就來自認識出離：去除欲望，可帶來不可動搖的寂靜和不依賴外境的內心解脫。

雖然在家人的生活中，較難妥善處理物質的渴望，佛陀以其智慧創造了一個可供佛教社群仿效的典範，其實也是整個世界的典範：僧團。在其中，比丘和比丘尼信守一種生活模式：以最簡單的方式來滿足基本面的需求。雖然只有少部分人有機會並發心放棄在家生活，毫無阻礙地奉獻精力於自我淨化的修行，但理想的佛教徒結構是一個金字塔，尖端的人奉獻於解脫的究竟目標，同時給下層仍須謀求生計的人做典範和老師。

善根成熟的出家人以清淨、平靜和智慧，對在家人和一切有眼可看的人展示了何處尋覓眞正的快樂。他們向我們顯示，快樂並不在於獲得和自我耽溺，只是從欲望中解脫，也在於出離和離執。無論在家人還是出家人，若爲成就解脫而修行，就必須平穩地行走在這世間不平穩的地勢上。即使我們才初步踏出，但在貪婪的消費至上文化這種激越需求和空虛承諾的覆蓋之下，我們仍亟需找回生活的平衡。

原刊於佛教出版學社社訊第33：2期，一九九六年

# 33 遇見天神信使

佛陀尋求正覺向來的傳說是：悉達多王子——當時是菩薩（Bodhisatta）❶——青少年和剛成年時，完全無知於人類生活中最基本的事實。父王處心積慮不讓敏感的兒子目睹人間的痛苦，把他囚禁在無知當中。菩薩被監禁在輝煌的宮殿裡，充滿了感官享受，四周都是歡樂的友人，王子的生活除了無休止的娛樂和慶會以外，一點也不疑心還有其他。直到他二十九歲那個大日子，因爲好奇心而踏出宮牆，遇到了四位改變命運的「天神信使」。前三個是老人、病人和屍體，教會他老、病、死這驚人的事實；第四個是一位遊行的沙門❷，向他揭示了一條可以完全超越所有苦難的道路。

這個迷人的故事，幾世紀以來一直滋養著佛教徒的信仰，故事的心要涵藏著深刻的心理上的眞理。故事以神話式的語言訴說著不僅僅是幾世紀前可能發生過的事件，而且是一個正覺的過程。如果佛法要活在我們內心，我們每個人都必須經歷同樣的過程。在這古代傳說象徵寓意的表面之下，我們可以看到，年輕的悉達多太子棲居在宮殿，過得與我們今天大多數人的一生並沒有太大不同——遺憾的只是，想駛向一個新方向時往往爲時已晚。我們的家園或許不是皇家宮殿，我們可運用的財富也或許比不上北印度王公，但是我們與年輕的悉達多王子共有一種幸福（並且經常是恣意）的遺忘，忘了嚴峻的現實其實不斷衝擊自己的注意力。如果佛法要成爲鼓舞人心的、有時甚至逆耳的聲音，引導我們走上覺醒的大道，而不僅僅是我們現有舒適生活背後那平淡、單調的背景，我們就必須效法菩薩成熟道行的過程。我們必須步上他的歷程，那段跨越宮牆——亦即我們堅守的成見藩籬——之後的歷程，並親見我們經常視而不見的天神信使，因爲我們的眼睛總盯在「更重要的事物」上，也就是說，我們總盯著凡俗的關注和目標。

佛陀說，很少人會被眞正攪動人心的東西所攪動，相形之下，絕大多數的人不會那麼容易受攪動，覺醒的刺激從四方八面向我們施壓，但我們往往不承認它們，反而裹上一層外衣來自我保護。即使晚近有關衰老、致命疾病、死亡和臨終的替代方案出現了甚多討論和文獻，也無人否定此一說法。開放而誠實的覺知仍不足以讓天神信使把訊息傳到。祂們的訊息——策勵我們走上解脫之道的訊息——若要能傳達，需要我們不僅僅視老、病、死爲不可避免的現實，還必須在實際層面以某種方式來應對，更應視其爲來自彼岸的出世間使者，揭示了意義的新維度。

這個揭示有兩個層面。首先，老、病、死的事實要成爲天神信使，我們必須意識到日常生活有其脆弱、不穩定的本質，這些事實必須深熨我們內心，知道一切世俗事物基本是不圓滿的，一切有爲法也是。因此，它們成爲開啟第一聖諦的窗口，佛陀所說的苦聖諦不僅包括生老病死，不僅包括憂悲惱苦，還包括所有構成我們世間生命的「五取蘊」。

我們若在這個層面遇見天神信使，祂們就成了催化劑，在我們身上引生深刻的內在轉變。我們意識到，因爲我們是脆弱的、不免於生死的凡夫，我們必須對生命的優先事項和個人的價值觀做出根本改變。我們不能讓生命被「今天有、明天就沒有」的短暫瑣事消耗，而必須重視「眞正緊要的事」，也就是持久影響我們的長程命運——我們今生結束時，以及我們在生死輪迴中的究竟方向——的目標和行動。

在這樣重估之前，我們一般的生活狀況是佛陀所說的放逸。因爲我們想像自己是不朽的，世間是我們的私人遊樂場，於是將精力投入到財富的積累、欲樂的享受、地位的成就、名譽和名望的追求。對治放逸的方法，與菩薩在迦毗羅衛國街頭遇見天神信使時，心中生起的素質完全相同。這種素質稱爲厭離，是一種緊迫感，一種內心的騷動或衝擊，讓我們不能安於習慣性地順應世間，反而驅使我們走出舒適的宮殿，進入不熟悉的叢林，精勤地找出我們生命困境的眞正解決方案。

正是在這一點上，天神信使的第二個功能便凸顯出來。老、病、死不僅標誌著世俗生命是苦，更指向出世間更深層次的實相。在傳統的傳說中，老人、病人和屍體都是僞裝的神；祂們從最高的天界下凡，喚醒了菩薩的重大使命，傳遞了訊息之後，便恢復了天神的形體。佛法最究竟的一個字詞不是屈服，也不是命令我們冷靜地對老、病、死認命。這只是初步的訊息，宣稱我們的房子著了火。究竟的訊息則是一個熱情洋溢地呼喚：有一處安全的地方、一塊火焰燒不著的空地、一個清晰的出口標誌，指示逃生方向。

如果我們在覺醒的過程中，必須與老、病、死面對面，這是因爲唯有誠實面對人類生命的嚴峻眞相，才能抵達安全之處。我們不可能假裝吞沒我們家的火焰只是花束，然後一切就安全了：我們必須如實凝視，那是眞正的火焰。然而，當我們正確地看著天神信使，沒有尷尬或恐懼時，會發現祂們的面孔出現了意料之外的改變。在我們眼前，祂們微妙地一點一點變成了另一張臉——佛陀的臉，對魔王波旬的大軍、欲魔和死魔，帶著勝利的平靜微笑。天神信使指出了超越無常的境地，也指出再沒有老、病、死的那一層面的實相。這是佛教修行之道的目標和終點——涅槃，即不老、不病、不死。天神信使出現在你我之間，就是爲了指引我們走向涅槃，祂們捎來的訊息就是解脫的好消息。

原刊於佛教出版學社社訊第32期第1號，一九九六年

❶此指成佛之前的悉達多。

❷根據《佛光大辭典》，在印度，婆羅門一生可分四期，最後一期稱為遁世期，絕世俗之執著，被粗衣，持水瓶，遊行遍歷。其後為佛教沿用者不少，如遊行、乞食、雨安居等即是；又此期行之婆羅門稱比丘、沙門、遊行者。

# 34 佛法和全球化

過去三十年裡，世界發生了翻天覆地的轉變，除了一百年前少數先知和有遠見的人，沒有人能預見得到。快速的交通工具和即時的傳播媒介把原來眾多連繫鬆散的民族國家，迅速緊密結合成爲全球社區。舊有的時空障礙已然消失，促使我們必須重新理解自我，也迫使我們認識到一個嚴峻的事實：人類面臨著共同的命運。以前曾有人主張特定人群、民族、種族或宗教有某些特權，如今顯得空洞不實。我們共住同一個星球——一顆明亮的藍寶石，懸浮在無遠弗屆的寒冷黑暗中——要不一起繁榮，要不就一起滅亡。從長遠來看，在這兩種選擇之間，沒有切實可行的中間立場。

然而，我們引以自豪的科技雖能分解原子並解讀基因密碼，每日的報紙新聞卻提醒我們：我們就算能掌控外在世界，可是我們一直自信會出現的烏托邦卻未曾出現。相反地，全球的疆界都在消弭，導致了大規模的新問題——社會、政治和心理都出現嚴重問題，連地球和種族能否繼續生存下去都有疑問。今日，全球社群的困境有各種各樣的形式和規模，包括地球自然資源的枯竭和環境的破壞、區域性種族和宗教的對峙、核武器的持續擴散、漠視人權、貧富差距加大。雖然我們從社會、政治和經濟的角度廣泛討論這些問題，卻也亟需從宗教觀點加以嚴格審視。

一顆修行的心不會把這些問題視爲各各孤立的現象，採取零碎的解決方案，反而會堅持探索不曾探索的區域，尋找隱伏的根源和微妙的相互依存關係。從這個角度來看，我們在整體上反思全球的弊病，最令人注目的是它們本質上的症狀特徵。他們外表雖然多樣，但似乎只是一個共同根源的多種表現形式，一種深刻而隱藏的精神惡性腫瘤感染了我們的社會有機體。這種共同的根源，可簡單說是頑固堅持將短期的、考慮狹隘的自身利益（包括我們恰巧歸屬的某限定社會或種族群體所擁有的利益）置於長期而重要的廣大人類社群的利益之上。一定要考慮到眾多社會弊病背後強大的人類驅動力，才能正確解釋。這些驅動力的獨特之處在於：它們源於人類內心運作的惡性扭曲，即使這種追求最終可能造成自我毀滅，我們也還是會盲目地追求派系、分化、有局限的目的。

運用佛陀的教法來解決當今巨大困境，最有價值的貢獻在兩個方面：第一，它直入精神層面，對人類痛苦的心理根源有非常務實的分析。第二，它提出的解決方案是道德高尚的克己行爲。佛陀說，人類苦難隱伏的根源，無論是個人還是社會層面，都包含三個心所，稱爲不善根。這三不善根——可以視爲自我中心意識的三個分支——是貪、瞋、癡。佛法修行的目的，是培養與三不善根直接相反的心所，次第制伏它們。這便是三善根，分別是：無貪——以慷慨、出離和知足示現；無瞋——以慈心、悲心、安忍和寬恕示現；無癡——生起智慧、洞察力和理解。

如果我們根據佛法分析，來思惟籠罩著全球世界秩序的險境，那麼，明顯是人類行爲中貪、瞋、癡毫無節制地擴散，已經多災多難。此處倒不是說這些黑暗的心靈力量到工業革命才被喚醒，其實自無始以來，它們就是眾多痛苦和破壞的源頭。但是，人類偏頗的發展——在外，是控制大自然，加上，在內，是自我理解幾乎趨近於零——時值今日，人類已賦予三不善根一種前所未有的強大力量，簡直近乎災難。

因爲貪心處處，世界已經轉化爲一個全球市場，人類在其中淪爲消費者、甚至商品的地位，各種物質欲望經常被強力挑起。競爭利益受著貪心的支配，經常點燃了瞋心，火花處處，因此民族和種族差異成爲懷疑和敵意孳生的溫床，於是爆發暴力和破壞、殘酷和野蠻、無休止的復仇。癡則產生非正信、教條觀點和思想意識形態，給貪、瞋後援，升高貪、瞋驅動的行爲模式，使其師出有名。

在自由市場經濟掛帥的新時代，籠罩在我們身上的最惡毒的癡，是相信人類成就之道在於滿足人爲引發的欲望。這樣只會引起越來越多的貪心，導致越來越多不顧一切的自私，而且一旦發生認同自我的派系衝突，結果必然是紛爭和暴力。如果佛教對人類情況的診斷正確，那麼今日人類的責任就很清楚了。當代文明的整個驅動力一直是征服並掌握外在世界。科學更加深入探究物質和生命的奧祕，同時技術和工業攜手把科學發現作實際的應用。毫無疑問，科學和技術減輕了人類的苦難，並大大改善了我們的生活品質，具有巨大的貢獻。然而，很遺憾地，因爲人類的心——所有科學了不起成就背後的終極能動力——忽略了自己，所以我們的感知模式、動機仍如幾世紀前那樣依循同樣黑暗的途徑前行——貪、瞋、癡之徑——現在只不過配備了更強大的破壞工具。

只要我們繼續推卸責任，不將注意力轉向內心，不去理解並掌握自心，那麼我們雖在外在領域取得令人矚目的成就，卻也無法產生正當的成果。雖然這些成果在一方面使我們的生活更安全、更舒適，但在另一方面，即使我們有最大的善意，也會產生嚴重後果和危險。我們爲了讓人類在全球化時代蓬勃發展，並在不斷縮小的地球上，一起幸福、和平地生活，那麼，眼前無可遁逃的挑戰，就是逐漸了解並改變自己。

在此，佛陀的教法特別及時，即使是那些不想對佛教信仰和教義照單全收的人也能得益。佛法診斷人類苦難的根本原因，就是貪、瞋、癡，這使我們能夠看到個人和集體困境的隱伏根源。佛陀的教法擬定了實用的培訓途徑，幫助我們消除不善法，並增長善法，爲我們提供了一帖有效的方子，以對治全球問題，而直接下手之處，就是我們的自心。因爲佛法把救贖自己的責任放在一己肩上，召喚出個人的努力和精進來降服自心，佛陀的教法不免會苦澀，但是，它對我們的時弊下了敏銳的診斷，並提供確切的解脫途徑，也在這全球化時代，送出充滿希望的信息。

原刊於佛教出版學社社訊第34：3期，一九九六年

# 35 佛教教育的旨趣

理想上，教育是人類成長的主要工具，把目不識丁的兒童轉化為成熟負責的成人。但是今日各處——已發展世界和發展中世界——我們都看到正規教育出現了嚴重問題。教室的教學演成例行公事，結果兒童往往把上學當作練習耐心，而非學習上的探險。甚至最聰明和最自覺的學生也易於坐立不安。許多學生感到唯一誘人的逃避之途，就是毒品、性實驗和無端的暴力這條危險的道路。即使老師本身也處於兩難困境：他們對自己服務的系統並不滿意，卻看不出有什麼替代方案。

造成這可悲情況的主要原因，是對於教育的正確目標失去了遠見。「教育」一詞，在字面上是「產生」，指這個過程的真正任務，是從內心將與生俱來的智解潛力抽拔出來。想去學習、知道、了解，是人類基本的特質，這種特質之於心，猶如飢渴之於身體。然而在今日這個混亂的世界，不但整體社會因道德扭曲而受害，學習的渴望也往往同樣走了樣。的確，就像速食加工業生產的誘人卻無營養價值的零食，把我們攝取有益食物的胃口給敗壞了，因此在學校裡，年輕人健康成長的養分被剝削了。學校打著教育之名，學生就一個個通過這些標準化的教學過程，成為這貶格的社會系統中更有效率的僕人。這樣的教育也許必要，來保證社會的穩定，卻無法圓滿達成學習的更高目的，也就是用眞理和善良之光，令心光耀。

教育發生問題的主因，是教育的「商業化」，社會中工業成長模式的觸角甚至伸展到南亞和東南亞這些重農社會，這模式在追求利潤極大化的經濟秩序中，要求教育系統把學生養成更有生產力的公民。這樣的教育目的，與佛教一貫的目的非常不同。在佛教教育裡，實際效果當然也有一席之地，因爲佛教提倡中道，認識到我們崇高的發心也需要依靠健康的身體和物質無虞的社會，但佛教看教育的實際層面，還必須融入佛陀所見如何使人性潛力成熟的條件，尤其是，教育政策若遵循佛教原則，會把灌輸價值與傳授知識看成等重，其方向必須不只是發展社會和商業技巧，而是滋養學生的出世間種子。

因爲今日的世俗社會認爲，體制化教育重在準備學生就業，在斯里蘭卡這樣的佛教國家，傳授佛法給學生之責，自然落在佛學院。佛學院的佛教教育應首重性格的轉化。性格既爲價值觀所形塑，而價值觀又是理想所傳遞而來，所以佛教教育者面臨的第一個任務，就是決定這個教育系統的理想。如果我們到佛陀的開示中尋找佛教生活的正確理想，會發現佛陀提出模範弟子——無論是出家人，還是在家人——應具有五項特徵：信、戒、施、聞、慧❶。其中，有兩項——信和施——和感性有關，是馴服我們人性中的感情方面。有兩項則有關理性；聞和慧。第五項：戒，則承當了性格中的以上兩方面：五戒中的第一到第三戒——不殺生、不與取和不邪淫——是情感所掌控的。其他兩戒——不妄語和不服食迷亂神志之物，有助我們培育對證悟眞理所必要的清明和誠實。佛教教育系統的目標是對人類性格和智慧的平行轉化，兩者必須平衡，而且都達到圓滿。

整個佛教教育系統必須植根於對三寶的「信」，尤其是對正等正覺的佛陀的信心，佛陀是正行和正見的無上師，根據這個信心，學生必須發心以「戒」爲道德指導綱領，並認識五戒和遵守五戒的理由，而且知道在當今人類生命困境之下如何應用五戒。更重要的，他們應該讚嘆五戒所代表的正向的美德，如慈心、誠實、清淨、眞誠和道德的嚴謹，必須也同時有施和捨，以克服在今日社會中非常普遍的自私、貪心、只顧自我利益的狹隘心態。努力達成理想的布施，就是培育悲心和出離，這是佛陀終其一生在傳法歷程中秉持的素質，這是學著：合作比競爭重要，自我犧牲比自我擴張圓滿。我們眞正的福祉是從和諧與善意而來，而不是剝削或控制他人。

第四和第五項德行關係密切，「聞」是廣泛閱讀、持續研習佛教經論，得到充分的知識。然而只有「聞」並不夠，知識若能成爲「慧」的跳板，才算達到目的，智慧是直接洞察法的眞理。當然，完成八正道的更高智慧，並不屬佛學院所管轄，這種智慧必須經由系統性的止觀訓練而產生，止觀是佛教禪修的雙翼，但佛教教育藉著闡述「智慧可穿透眞理」，可爲發展此種智慧打下基礎。在這項任務中，「聞」和「慧」緊密交織，「聞」爲「慧」提供基礎。有系統地把研讀而來的思想和原則內化入心，智慧才會生起，這需要更深的反思、理性的討論和敏銳的探尋。

佛陀指出，智慧是究竟解脫的直接工具，開啟不死之門的關鍵，也是成功克服俗世困境萬無一失的指導。智慧是整個佛教教育系統的頂峰，佛教教育系統裡一切初步階段都應該配合這個無上的德行，唯走到這一步，佛教教育才算完成，成為了最眞實、最深刻的光耀，正如佛陀在正覺之夜說的：「在以前所不曾聽過的法上，我的眼生起，智生起，慧生起，明生起，光生起。」❷

原刊於佛教出版學社社訊第34：3期，一九九六年

❶這是能讓在家人得到現世安樂的「在家五法」，見《相應部55．37經：摩訶男經》、《雜阿含經33卷927經》、《別譯雜阿含經152經》。

❷《相應部56．11經：法輪轉起經》。

# 36 善梵的問題

今天，無論在東方還是在西方，治安的普遍崩潰，形成了一種不可思議的不安感，蔓延在街頭、工作場所，甚至家中。吸毒成癮者人數不斷增加，輕罪犯罪率上升，對他人的尊重下降——這一切使我們連最普通的人際接觸，都加劇了懷疑的氣氛。許多人只能在雙鎖門後才感安心，加上窗戶由金屬桿固定，院門由高靈敏感應器保護。然而，我們加裝了最堅固的防禦系統來保護自己，往往卻發現一種更具侵入性的不安全因素。這是一種恐懼感，吞噬我們最寶貴的享樂時刻，卻非源於外部威脅，而是從內心莫名其妙膨脹起來的。雖然它可能會纏繞在我們的日常事務中，讓我們陷入憂慮的混亂之中，但它的眞正原因並不在於外在的危險，而是因爲一種不連貫的焦慮在內心邊緣浮動。

《相應部．天子相應》（*Devaputta-saṃyutta*）中，藏著一篇鮮爲人知的經文，我們讀後會深入了解這種隱密的痛苦本質，比最聰慧的存在主義哲學家還深切並具有臨場感。短小的經文，巴利語印刷品只有八行，其中一位名叫善梵（Subrahmā）的年輕天神出現在佛陀面前，並說出他心中的問題：❶

「此心常被驚嚇，此意常被攪動，
對於未生起的苦難，還有已發生的，
如果有不被驚嚇的，被詢問時，請你告訴我。」

諷刺的或許是居然需要一位天神，優雅樸素又精練地表達人類生老病死癥結的困境。善梵的自白也清楚地表明，天界或任何其他外在狀況都無法成爲解除痛苦的究竟皈依。豪宅、厚利的工作、無人挑戰的權威、高度警戒的安全系統：沒有一個能保證內心的寧靜與和平。因爲所有問題都源於自心，無論我們走到哪裡，心如影隨形。

爲了理解善梵的痛苦，我們只需要靜靜地坐下來，把注意力轉向內心，並注視跌跌撞撞行過的心念。如果我們不固定在任何一個心念上，只是觀察掠過的每一個心念，幾乎肯定會在這個無休止的遊行中發現一波一波的焦慮、操心和憂慮。我們的恐懼和擔憂還不需要佔很大的比例，就會產生突出的精神指令。但是在心念不斷變化的旋律之下，憂慮和擔心持續悸動，像爵士五重奏中的低音重擊，點綴其間，這是心的第二個節奏。

善梵強調了他面臨的困境——一切「未證悟的凡夫」面臨的困境——在前兩行重複「常」（niccaṃ）這兩個詞。這種重複很重要。這並不意味著我們認爲每一個心念都感染了憂慮和恐懼，也不是排除那些亮眼成就的喜悅、愛情回報的歡樂，或面對生活中嚴峻挑戰的勇氣。但它確實凸顯了焦慮恐懼的頑固堅持，這種恐懼跟在我們身後，像邋遢的雜種狗——只要我們向後一瞥，牠就咆哮，準備在我們措手不及的時候，咬住我們的腳後跟。

恐懼和焦慮困擾著心的過程，因爲心是時間的功能，一種覺知的滾滾微光，從過去無情地流淌而來，永遠無法因進入未來而消失，未來則嘲笑我們那永久、無法解讀的「尚未」。這只是因爲心試圖壓制時間的流逝，將其觸角纏繞在一千個工作和關注點上，時間的流逝才顯得如此強大。因爲時間即是變化，變化帶來了滅去，裂解了我們辛勞鍛造的世間連結。時間也意味著未來的不確定性，使我們陷入意想不到的挑戰和不可避免的老和死。

善梵緊急向佛陀求助時，他並沒有尋求百憂解的處方，讓他度過下一輪商業交易、與仙女的調情。他想要的僅僅是完全從恐懼解脫，因此佛陀的答案無需手軟。佛陀用四句尖刻的答案告訴善梵，治癒他的內心傷口唯一有效、而且無虞復發的方法是：

「非從覺與苦行之外的他處，
非從根的自制之外的他處，
非從一切的放捨之外的他處，
我看見生命的平安。」

佛陀明確表示，從焦慮感究竟出離，有四個簡單的方法。最具決定性的是「覺」（bodhi）和「放捨」（nissaga），即是智慧和棄捨。然而，這些並不能憑空產生，而是修戒和修定的結果，在此稱爲守護六根和「宗教性的苦行」（tapa），即是精進修持。這整個方法旨在挖掘隱密的痛苦根源，存在主義者即使用盡一切哲學敏銳性，也無法辨識出這個根源就是執取。我們在無明的深夜裡沉睡，執取財產、所愛的人、地位，而且最頑強的是，我們執取色、受、想、行、識這「五蘊」，認爲是常的、樂的、實存的我。

執取事物是爲了保存它，不讓時間的貪婪胃口所呑噬。然而，這樣的嘗試，就是反擊刻在生命質感上的固定規律：生起的必會滅去。不僅是所執取的對象必須屈服於無常的規律，能執取的人，以及執取的行爲，也必然會滅去、壞去、逝去。想輕鬆塑造一個符合我們內心願望的世界，就等於反對無常的法則。但我們儘管嘗試，也無從逃避：鏗鏘的眞理從生命的深處膨脹起來，我們可以留意它的訊息，也可以繼續塞住耳朵。

諷刺的是，佛陀向善梵提出的解決方案，需要我們自願同意去做我們本能上想避免的行爲。從焦慮和憂思究竟出離，並不是一個溫馨的保證，說宇宙將給我們一個愉快的擁抱。相反地，它召喚我們採取向來習慣抵制的步驟。我們最害怕的，焦慮的顫抖使心中泛起陣陣漣漪的，就是放棄我們珍惜的東西。然而佛陀告訴我們，達到眞正安全的唯一方法，就是棄捨一切：「非從一切的放捨之外的他處，我看見生命的平安」。其實最後我們別無選擇：我們必須棄捨一切，因爲當死亡來臨時，我們原認爲是我的一切，都會被沒收。但是，爲了超越焦慮，我們現在就必須放手——當然不是爲時過早的出離行動，這樣在許多情況下，甚至可能有害或自我毀滅——而是消除內心的執取和貪心，這是恐懼深藏的根源。

棄捨執取，不是藉強行拒絕我們所愛、所珍惜的東西就成了。它源於智慧、洞察力、正覺、突破無明的深沉暗黑睡眠。掌握主權的補救辦法就是看到：現在，此時此刻，我們不能宣稱什麼東西是屬於我們的，因爲實際上「我空，我所空」。色、受、想、行、識：這一切都是經由如實看到「非我所，非我，非自我」而棄捨。若要看到一切有爲法都是無常、壞、必滅的眞理，就必須遠離執著，棄捨一切。而棄捨一切，就是發現自己並不貧瘠，並不是兩手空空，而是如聖者擁有聖財一般富裕。沒有執取的人，就沒有恐懼，沒有顫抖，沒有激動，沒有焦慮的黑風吹拂。沒有執取的人是無畏，哪裡都沒有危險。雖然他住在老、病、死的世間，卻超越了老、病、死。雖然樹葉會落，世界系統看似危脆，但在他看來，無處不安全。

原刊於佛教出版學社社訊第34：3期，一九九六年

❶見《相應部2．17經：善梵經》。

# 37 活得有尊嚴

在今日的世界能否活得有尊嚴？如果能，怎麼能達到呢？在我們這個時代提出這樣一個問題，聽起來可能很奇怪，當我們爲稻粱謀而瘋狂奮鬥，幾乎不允許我們有閒思考這些抽象的事情。但是，如果我們停下來的時間夠長，稍微考慮一下這個問題，很快就會意識到，這不僅僅是那些手上有太多時間的人可做的空閒沉思。這個問題其實觸及到我們生命的意義，甚至超越了我們對當代文化根源的意義所做的追尋，因爲如果不可能活得有尊嚴，那麼生活就沒有一個超越的目的，而且我們生命的短暫時間，唯一目標應該就是在油盡燈枯之前，攫取令人興奮之事物了。但是，如果我們能夠找到一個基礎，使我們活得有尊嚴，那麼我們便需要考慮自己是否眞的過著我們該過的生活，我們的整體文化又是否支持一種有尊嚴的生活方式。

乍看之下，尊嚴的想法似乎很簡單，但實際上相當複雜。我的《韋氏大學辭典》（*Webster's Collegiate Dictionary*, 1936）將尊嚴定義爲「崇高品格，內在價值，卓越……舉止、外貌、風格的高尚」。我的《羅氏同義詞辭典》（*Roget's Thesaurus*, 1977）將其歸爲「聲望、尊重、聲譽、榮譽、榮耀、名聲、成名」——證據顯示，在過去的四十年裡，這個詞的中心意義經歷了一次轉變。當我們探詢活得有尊嚴，應該關注這個詞較早期的細微差別。我認爲是：活得堅信一個人的生命具有內在價值，我們擁有道德卓越的潛力，與星系的無聲讚詩起著共鳴。

如今，自覺地追求尊嚴這回事，因爲財富和權力、成功和名望等競爭對手的排擠，並不怎麼受歡迎。這種尊嚴貶值的背後，有一系列西方思想發展的背景，這些發展是出於對基督教神學的教條式確定性反應而出現的。達爾文的進化理論，弗洛伊德的本我（Id）論點，經濟決定論，心靈的電腦模型：這些趨勢多少是獨立出現的，卻一起破壞了「生命有與生俱來的價值」這樣的觀念。當許多自信的聲音跟我們原以爲的恰恰相反時，我們便不再以爲自己是宇宙的最高榮耀。相反地，我們已經確信自己不過只是由自私基因主控的原生質包裝、擁有大學學位的聰明猴子、高速公路兩側不是樹木，而是名片。

這些想法，無論形式多麼扭曲，都從學術殿堂滲透到流行文化中，多方面侵蝕了我們對人類尊嚴的感覺。自由市場經濟，是現代社會秩序的發號施令者，引領著這條道路。這個系統中，人類主要互動形式是合約和銷售，人群本身僅被視爲生產者和消費者，有時甚至是商品。我們不帶感情的龐大民主國家將個人變成人群中無名的面孔，可用口號、圖像和承諾來操縱，讓他們投下票。城市已經擴展成蔓生的都市叢林，骯髒而且危險，其中茫然的居民用毒品和無愛的性行爲來逃避尊嚴受傷的劇痛。犯罪升級、政治腐敗、家庭生活動盪、環境的掠奪：在在告訴我們，我們看待自己，看待我們和他人的關係方式，全都敗壞了。

在這些破壞中，佛法能幫助我們恢復失去的尊嚴感，為生活帶來新的意義嗎？答案是肯定的，這可用兩種方式：第一，證明我們有天生的尊嚴；第二，告訴我們，若要實現我們未浮現的尊嚴，我們該做什麼。

佛教中，人類天生的尊嚴，並非來自我們與全能上帝的關係，或我們與不朽靈魂的關係。相反地，它源於人類生命在龐大有情眾生中的崇高地位。佛陀不僅沒有將人類貶低為偶然的結果，反說人趣是一個非常特殊的趣，正站在宇宙的精神修行的中心。人類生命之所以特殊，在於人類具有道德抉擇的能力，而其他趣的眾生並不具備這種能力。雖然這種能力不可避免地有條件限制，但我們始終擁有內心的自由，而且，此刻就有！所以我們能夠改變自己，進而改變世界。

然而人趣的生活並不稱心如意，反而是不可思議地困難而且複雜，充滿了衝突和道德的模稜兩可，有巨大的潛力可為善或為惡。這種道德的複雜性確實可以使人類生活成為痛苦的奮鬥，卻也使人趣成為播下正覺種子最肥沃的土壤。我們在這漫長旅途中曖昧不明的十字路口，既可以升到精神偉大的高度，也可以降到墮落的深淵。這兩個選擇在每個當下開始分支，採取哪一個，全取決於自己。

雖然這種獨特的道德抉擇能力和正覺能力，賦予人類生命的尊嚴，但佛陀並沒有特別強調這一點，反而更強調獲取「主動尊嚴」的能力。這種能力可總結為一個詞，使佛陀的整個教法為之生色：聖。佛陀的教導是聖法（ariyadhamma），其目的是將人類從「無明凡夫」轉化為聖弟子，聖慧照耀，熠熠生輝。這種轉化不是僅僅透過信仰和虔誠來實現，而是修行佛道，將我們的弱點轉為無敵的力量，將無明化為智慧。

「獲得尊嚴」的概念與「自主」的概念密切相關。「自主」意味著自我掌控和自我主制，擺脫激情和偏見的左右，能夠自己主動做決定。活得有尊嚴，指做自己的主人：在自由選擇的基礎上，處理自己的事務，而不是受到一股控制不了的力量推動。自主的個人能遵循內心對正道和真理的認識，從內心汲取力量，從貪愛和偏見解脫。

代表佛教尊嚴巔峰的，是達到內心自主頂峰的阿羅漢，也就是解脫的人：解脫了貪、瞋、癡的宰制。阿羅漢一詞暗示了這種尊嚴感：意義是「應供」，也就是值得人、天供養的人。雖然在我們目前的境界與阿羅漢猶如雲泥之別，我們卻不算完全迷失，因為已經掌握達到最高目標的方法。方法就是八聖道，正見和正行是兩大支柱。正見是八聖道第一支，也是其他七支的前導。以正見指導生活，就是看到我們的決定是有價值的，我們有意志的行為會帶來超越眼前行為的後果，導致長遠的快樂或痛苦。正見的積極對應是正行，也就是遵行道德和內心圓滿的理想。身、語、意的正行，可圓滿八聖道的其他七支，最終達於明和解脫。

在今天忙亂的世界裡，人類正在肆無忌憚地轉向兩個破壞性的方向。一個是暴力鬥爭和對抗的道路，另一個是輕浮的自我放縱。兩者雖對比明顯，但在底下，將這兩個極端的惡性合而為一的，都是無視於人類尊嚴：前者侵犯了他人的尊嚴，後者破壞了自己的尊嚴。佛陀的八正道是中道，可避免一切有害的極端。走上八正道，不僅給自己的生活帶來一種靜肅的尊嚴，也對我們這個時代的犬儒主義和矯揉造作進行了善巧的答辯。

原刊於佛教出版學社社訊第38：1期，一九九八年

# 38

# 生活方式和修行

佛教初學者經常會問，沿著佛陀的道路前進之際，生活方式對修行的能力是否有影響？尤其是，佛陀是否一定需要建立僧團，其生活指導綱領與佛教界在家人完全不同？他們會問：「在家人在日常生活中持守五戒，是否能夠像比丘或比丘尼一樣進步快速，達到同樣的證悟？果眞如此，那麼整個僧團的生活方式是否多餘？或者說，充其量僅屬個人選擇，與修行進展的關係不會比選擇做醫生或工程師更密切？」

如果我們暫且不論地位和優越性問題，僅僅考慮理想中的兩種生活方式，那麼結論就必須是，遵循佛陀設計的出家生活更易到達究竟目標。根據巴利經典，佛法的究竟目標是實現涅槃：摧毀此時此刻的一切煩惱，終至解脫輪迴。這個成就是因爲修行八聖道，去除了貪愛和無明。八聖道同時開放給出家人和在家人修行，出家人的修行並沒有任何特權，或擁有較快速進步的權力。儘管如此，出家生活仍然是佛陀明確設計來輔助完全奉獻給戒、定、慧三學的修行，因此爲修行進程提供了最佳條件。

出家的生活方式能達於此，正因爲最終目標是出離、「棄捨執取，放下一切」（sabbūpadhipatinissagga），並且，出家人從一開始的生活就根植於棄捨。「出家」後，比丘離開家庭、財產和世俗的地位，甚至個人身分——由頭髮、鬍鬚和衣物爲象徵的身分。通過剃頭和穿黃色長袍，比丘——原則上，至少——棄捨了自己的獨特身分，外表與成千上百其他比丘看不出分別，只是一位「釋子沙門」，也就是追隨釋迦之子（即佛陀）的僧人。

比丘的生活徹底簡單，滿足於最基本的需求，困難中力行安忍。出家的生活方式使比丘依靠他人的慷慨布施和慈心，並持守複雜的紀律守則，即毗奈耶，旨在培養簡單、節制、清淨和無害意的基本德行，爲成就更高的定、慧奠下堅實的基礎，定、慧基本上是逐步淨化內心和深化智慧的階段。

出家生活提供了理想的外在自由，也非常重要。出家的時程安排使比丘的時間和精力不必花在無關的要求上，能夠全身心投入佛法的修學。當然，今天的出家生活，僧人承擔了當初聖典中並未提到的許多責任，而在傳統的佛教國家，村莊的寺院已經成爲宗教活動中心，比丘在廣大佛教界中實質擔任著宗教師的職責。但在此，我們關注的是聖典如何描繪出家生活。如果出家生活不能使僧人更順利地朝向目標邁進，那麼佛陀建立僧團或鼓勵善男子和善女人「從在家而出家」，就沒有任何充足的理由了。

雖然達到涅槃是初期佛教的終極目標，卻不是唯一的目標，而西方看上座部佛教的一個短處，就是偏頗地把究竟目標看得比教法中的方便還重要。在傳統的佛教國度，很少佛教徒認爲涅槃是直接、務實的前景，無論是在家人還是出家人，絕大多數都把這條道路視爲多生多世「次第的修行、次第的進程、次第的成就」。這些佛教徒的修行圍繞在造作福德、次第淨化自心，因爲他們對因果業報法則有信心，佛法帶給內心的力量將支持他們尋求解脫的過程。

爲釐清在家人所面臨的選擇，在此提出在家人兩種不同的生活模式。第一個模式，在家人的生活是以培育慷慨布施、戒行、慈心和智慧等善法，次第向目標前進的領域。眼前的目標不是直接證得最崇高的眞理，而是累積福德，以往生善趣，並向涅槃次第前進。

第二個模式則認識到，在家人能夠在今生走上證悟階段，並提倡嚴格的戒行和精進禪修，以獲得佛法的深慧。雖然在佛教國家，有人走上直接證悟的道路，但他們的人數遠少於第一個模式的人數。原因顯而易見：這樣的標準較高，要養家活口、全職工作、在競爭激烈的世界中爲稻粱謀的人內心較難出離。我們應進一步認識很重要的一點：這在家人的第二種生活模式之所以易於獲得更高成就，正是因爲它仿效了出家人的模式。因此，在家人若要走上直接證悟的道路，多少必須符合比丘或比丘尼的生活方式。

這兩種在家生活的概念不見得相互排斥，因爲認眞的在家人可採用第一種模式來處理日常事務，還可投入時間來追求第二種模式，如縮短社會參與、將時間用於深入修學、偶爾參加長期禪修。雖然出家生活可能比世間繁忙的生活更有利於證悟，但只論個人而不論模式時，所有固定的先入爲主之見都不算數了。一些在家人雖有沉重的家庭和社會負擔，卻也進步神速，能夠指導認眞的出家人禪修；而我們也不難發現一些眞誠的出家人雖修行精進，卻進步緩慢，困難重重。雖然出家生活，是按照原本的理想，爲修行進展提供最佳的外在條件，但實際的進步速度仍取決於個人的努力以及從宿世帶來的素質，而且一些深入世間的人在以上兩方面都比僧團取得更好的成就。

無論如何，通往涅槃的道路，無論是比丘、比丘尼，還是在家人都同樣是八聖道。無論個人的條件如何，如果非常認眞地要證悟佛法的究竟目標，那麼此人必將盡一切努力以最適合自己生命的特定條件的方式，走上這條道路。正如佛陀本人所說：「我稱讚在家人或出家人的正道跡，比丘們！在家或出家的正行者，因爲正行道之故而成爲眞理、善法的成功者。」（相應部45．24經：道跡經第二）

原刊於佛教出版學社社訊第39：2期，一九九八年

# 39 比活一百年好

不久前的一天，我在短波收音機上聽到一位美國未來學家的訪談，他的名字我沒有聽到。「未來學家」一詞指有個人的工作就是預測未來。他整理出目前每個領域發展的大量資訊，從中找出事件表面之下最顯著的運作趨勢，並透過這些趨勢來預測，建構了時間一個比一個長——未來十年、一百年、一千年——的一幅未來畫面，當然，距離現在越遠，他所描繪的畫面就越容易出錯。儘管所有遠程預測都不免含有推測的因素，但未來學家的預言正是基於我們今天所走的軌跡。

對訪問者提出的問題，那位未來學家提出了一個驚人的未來圖像，他喜氣洋洋地提出個人觀點：我們既有誠意和決心去創造更美好的世界，人類就快逼退長久以來的痛苦根源了。下個世紀將迎來前所未有的進步、繁榮和正義時代，甚至最原生的生物學疆界也將發生徹底的變化：夫妻若想擁有子女，未來可不再依賴自然過程，以免發生偶發風險和悲劇；父母希望孩子擁有什麼特徵，大可精確指定，然後心想事成。醫學將能治癒癌症、愛滋病和其他可怕的疾病。每一個重要器官都可用合成物來替代。生物學家將找到方法來阻斷衰老的過程，保持我們的年輕和活力。到下個世紀末，我們的生命週期可延長至一百四十歲，下一個千禧年即將結束之前，科學將找到永生的關鍵，他保證：「百分之百確定！」

我聽到這個既聰穎又伶牙俐齒的人以如此樂觀的氣勢信口開河，身體裡感到有一絲不安啃噬著：「這幅畫面出了什麼問題？」我一直自問：「少了什麼？我爲什麼不安？」他描繪出一個世界，人類將戰勝每一個自古以來的復仇女神，甚至死亡，然而我不能接受，我寧願要我們現在生來這個可憐、嬌脆、薄弱的生命本質。爲什麼？

首先，在我看來，他對未來的光明畫面取決於一些相當大的假設——對目前其他令人不安的趨勢視而不見，這些假設才會成眞。他假設科技進步只會帶來好處，而不會產生新的問題，一如今天我們面對的諸多可怕問題。他認爲，我們只要全靠聰明，便能糾正舊有的錯誤，而不必遏制最初導致這些錯誤的貪婪心理，人們會自發地把共同利益看得比赤裸裸的貪婪高尚，他說，物質普遍富裕之後，歷史上懷疑、仇恨和殘忍，雖然造成很多苦難，也會一併消除。

然而我繼續反思，意識到這還不是我對未來學家描繪的畫面感到困擾之處，我覺得在腦海裡還有一些更深刻的東西在縈繞。從根本上說，我看到我的不安是圍繞著方向問題，他提出的畫面，顯示人類的未來完全從時間來考慮，對抗著自然的限制，完全傾向有爲的世間，他的畫面明顯沒有顯示所謂「超越的維度」。他沒有說人類的生命不是一個自我封閉的圈子，也沒有說人類的生命可在修行的脈絡中展開，從中獲得意義，更沒有說追求眞正的圓滿，需要參照「有限有量和稍縱即逝」之外的領域。

未來學家完全不提「超越的維度」，於是畫出了一幅人類圖像，誓言終極的利益是通過掌控外在世界，而不是掌控自己。鑑於生命有苦有難，而苦難既是來自我們的欲望與世界本質之間的衝突，我們要不就改變世界，使其符合自己的欲望；要不就改變自己，使我們的欲望跟世界和諧相處。這位未來學家描繪的畫面顯示第一種方案佔主導地位，但佛陀以及人類一切其他偉大的心靈導師都一致推薦第二條路線。他們認爲，我們的任務不是操縱不能稱心如意的外在條件，而是克服不滿的主觀根源，戰勝我們的自私、貪愛和無明。

我雖然喜歡古老的方法，倒不是說我們必須被動地順從人類生命的所有弱點。斯多噶式聽天由命的態度肯定不是好答案。我們還是必須努力消除使人衰弱的疾病，促進經濟和社會正義，使世界上廣布健康和幸福的基礎設施。但是，文明的驅動引擎若只是科技的純粹創新，我們便冒著險進入了危險區域。我們用普羅米修斯的膽識，使大自然臣服於我們的意志，以便消除我們痛苦的一切客觀原因，似乎是妄尊自大——一種傲慢和推定——而且我們從希臘悲劇中得知，妄尊自大難免引起眾神的憤怒。

就算我們膽大妄爲，亂點大自然的鴛鴦譜，卻沒有引發宇宙災難，人類的生命仍有可能逐漸陷入細瑣和機械。因爲我們視科技創造力是進步的標竿，忽視了道德的深度和品格的高度才一直是人類偉大的經典標誌。我們將生命存在的縱深尺寸打平，將自己縮小到純粹的水平面，只看重科技專長和組織效率。因此，我們更接近T．S．艾略特描述的情況：「世界的結局不是一聲巨響，而是嗚咽。」

我反思未來學家的預言，同時也想到了《法句經》的一系列偈頌，這些偈頌為我們面臨的挑戰提供了截然不同的畫面。這些偈頌出現在第八章〈千數〉第110～115頌。前四頌告訴我們，活多久不重要，重要的是體現內心品質的生活方式：「若人雖然生長百歲，破戒，不安定；不如生長一日，有戒，有禪定。」❶「若人雖然生長百歲，無智慧，不安定；不如生長一日，有智慧，有禪定。」❷「若人雖然生長百歲，懶惰，不努力；不如生長一日，堅毅勵行努力。」❸「若人雖然生長百歲，不見〔事物〕的生起和消滅〔的道理〕；不如生長一日，得見生起和消滅〔的道理〕。」❹

佛陀在這些經文中告訴我們，我們的首要任務，就是掌握自己，其他任務都是次要。佛陀給我們的挑戰，不是除去地球上遍布的荊棘，而是穿上鞋，也就是在貪愛生起之處——我們的自心——降伏它，因為它造成痛苦。只要我們的生命受到欲望的支配，就永遠不知足，因為消除一個障礙只會在自我複製的循環中產生另一個新障礙。重要的不是重新調整生物過程來延長生命，來實現最狂野的夢想，而是在自然條件的卑微限制內進行覺醒的修心來提昇生命。佛陀一再強調，這必經由三學——戒、定、對一切有為法的無常有深刻洞察力——才能實現。

本系列的最後兩頌介紹了這種訓練指向的目標，也是我們的生命應該導向的目標：「若人雖然生長百歲，不見不死的道；不如生長一日，得見不死的道。」❺「若人雖然生長百歲，不見最高的眞理；不如生長一日，得見最高的眞理。」❻如果人類的進步不僅僅是一場科技的特技盛會，來擴展自然極限，我們便需要一顆能引導生命的北極星，以超越生與死的界限。在佛教而言，就是涅槃、不死、至高的眞理，超越一切因緣條件的境界。如果沒有這種超越的元素，我們可能會探索遙遠的太陽系、玩遺傳密碼，但生命仍然無益而空虛。意義的圓滿，只存於意義的來源，也就是出世間和無爲法。朝向此一目標努力，就是去找尋價值的深度和卓越的巔峰，這是肆無忌憚的科技無法匹敵的。我們要實現這個目標，就要止息痛苦：即使活在這個仍有老、病、死的不完美世界中，也要在此時此地找到不死。

原刊於佛教出版學社社訊第41：1期，一九九九年

❶《法句經》110頌。
❷《法句經》110頌。
❸《法句經》110頌。
❹《法句經》110頌。
❺《法句經》110頌。
❻《法句經》110頌。

# 40 通向「知」的兩條道路

我們今天面臨許多艱鉅的社會和文化問題，都源於科學和宗教尖銳地割裂了西方文明，科學站在實證調查自然世界的基礎上，主張知識無敵，而宗教只能召喚人類對超自然的信條懷有信心，並服從克制、自律和自我犧牲的道德準則。一如傳統上對宗教的理解，宗教往往只靠無憂無慮的承諾和冠冕堂皇的威脅，它呼籲我們效忠，卻鮮少有人同意，而它所倡導的道德理想幾乎招架不住那些不斷的指令——電視、收音機和廣告牌推動的——人生得意須盡歡啊！結果，今天大多數人已對宗教產生疏離，宗教不再是充滿意義的生活指南，於是別無選擇，只能一頭鑽進消費至上主義和享樂主義的世俗宗教。而宗教陣營的人一旦感受到世俗主義威脅到他們自身的安全感，往往會爲了挽救眾人向來的忠誠，不顧一切傾向激進的基本教義派。

當今世界，特別難以建立起良好行爲基礎，因爲科學世界觀占主導地位，其中一個後果就是從現實領域中驅逐了價值觀，雖然許多科學家在個人生活中，堅定倡導世界和平、政治正義和經濟平等的理想，但現代科學所倡導的世界觀，並非立足於客觀性的價值體系。從這個角度來看，它們的根源和基礎純屬主觀，因此帶來各種主觀的概念：個人、私人、相對的，甚至專斷。儘管許多負責任的科學家懷有最好的意圖，但這斷裂帶來的整體效果，一直是爲個人滿足、剝削他人的生活方式開綠燈。

相對於西方宗教與科學的古典對立，佛教則與科學都共同承諾要揭示世界眞相，佛教和科學都明顯區隔事物的表相和實相，並且都提供管道使我們打開心門，看出受感官功能和「常識」所限而看不見的隱藏實相。然而，儘管有以上種種相似之處，但我們也必須認識到佛教和科學在目標和方向存著巨大差異，雖然兩者都跟實相本質的某些概念有關，但科學在本質上是提供客觀事實性的知識，訊息都是有關公共領域，而佛教旨在促進內心轉化，修行並實現最高的善，稱爲解脫或涅槃。在佛教中，追求知識不僅僅是爲知識本身的目的，而是因爲我們有束縛和痛苦，其主要原因是無明，也就是不能如實理解實相，因此療癒自己的良藥是「知」或智慧。

佛法修行所獲得的「知」，又在幾個主要方面與科學顯著不同。最重要的是，佛法所尋求的「知」不僅僅是獲取關於物質世界如何構成和運作的客觀資訊，而是對自身生命的眞實本質產生深刻個人洞察力。目的不是從外在來了解實相，而是從內心、從自己生活經驗的觀點來理解實相。佛法尋求的不是事實性知識，而是洞察力或智慧，也就是一種個人的「知」，雖不免主觀，但其全部價值在於其對生命轉化的影響，因此對外在世界的關注，只在外在世界和經驗密不可分的情況下，以外在世界爲「知」的目標才會產生。正如佛陀所說：「在有想、有行的色身中，我宣說世間，世間集，世間滅，以及世間滅道跡。有想、有心的身體上，我安立世界、世界集、世界滅、導向世界滅道跡❶。」

因爲佛教以個人體驗爲出發點，並不把體驗當作客觀知識的跳板，所以它的領域包括全面的個人體驗品質。這意味著佛教首先考慮價值。但更重要的是，佛教的價值觀不僅僅是根據個人的想法、社會需求或文化條件來衡量的主觀判斷的投射；剛好相反，它們刻在實相中的質地，就如牛頓運動定律和熱力學定律一樣。因此，價值觀可以評估——根據眞實還是虛妄、有效還是無效來評比，我們有一部分的使命是發掘眞正的價值。我們若要確定價值觀的眞實等級，必須將注意力轉向內心並使用主觀的審察標準；但我們所發現的，遠非個人或隨意的，而是客觀秩序的一部分，跟行星和恆星運動的法則相同。

佛教和科學之間的另一個重大區別，在於如何認定「價值」的客觀眞實性。爲了生起證悟的解脫知見，審察者必須跟從對眞正價值的內在感知，經歷深刻的個人轉化。自然科學可以作爲一種純粹理性的學科，但佛教的整體追求是一種生命的學門，只能經由節制行爲、淨化思想，並提高專注自己的身、心過程的能力來實現。這種修行要求始終遵守道德規範，因此道德準則支持並貫穿整個修行，以正行爲起點，一直到最崇高解脫圓滿。

特別值得注意的是，佛教修行的道德力量和其認知力量匯集在同一點上，即在體證無我的眞理上。正在這一點上，當代科學在發現實相的過程本質時接近佛教，暗示著一連串事件背後並沒有究竟實性隱藏其中。但這種對應又道出了兩者根本的區別：在佛教中，實相無常和無我的本質不僅僅是客觀知識所理解的事實眞理。首先，它是一個存在的眞理，一種轉化內心的法則，提供正確理解和正確解脫的鑰匙。若要用這把鑰匙打開大門，通向唯一目的——內心的自由解脫，我們就必須在「我是虛妄」的前提下，來掌控行爲。僅僅在理性上同意「無我」的觀念，將其變成思想的玩物，是不夠的。我們必須通過修行來穿透這個法則，發現在自我最微妙的藏身之處——內心深處——並沒有「我」。

希望佛教思想家和思想開放的科學家能分享洞察力和反思，向我們展示一種有效的方法來彌合客觀知識和內心智慧之間的分歧，使科學和宗教握手和解。這樣，內心修行將融入以知識爲目標的學科，而修行和知識結合成爲一個善巧的工具，實現最高的善、正覺、自由解脫。這一直是佛教的立場，正如最古老的聖典所證明的那樣。我們必須記住，正覺的佛陀不僅像科學家一樣，是遍知世間的「世間解」，而且最重要的是，他是智證和福行圓滿的「明行足」。

原刊於佛教出版學社社訊第42：2期，一九九九年

❶見《增支部4．45經：赤馬經》，原譯為：「有想、有心的身體上，我安立世界、世界集、世界滅、導向世界滅道跡。」

# 41 諸行無常

Aniccā Vata Saṅkhārā——「諸行無常！」——是上座部佛教國家通報親人去世的用語。不過我在此引用這個偈句，倒不是要發訃聞，僅是爲了介紹本文的主題，也就是 saṅkhārā（行）一字。有時候，一個巴利單字的意涵就很豐富，僅僅好整以暇把它們一一抽出來，用來闡明佛陀的教導，其作用就不下於長篇大論了。Saṅkhārā 一詞的確可當之無愧。此一詞正居於佛法的核心，探究其各方面的意義，正可管窺佛陀本人對實相的知見。

Saṅkhārā 一詞來自前置詞 saṃ 與名詞 kara 的組合；saṃ 意謂「共同」，kara 意謂「造作」。諸行因此就是「共同造作」，即與其他事物共同運作的事物，或被其他事物的組合而造作出來的事物。這個詞的英譯有：formations（造作）、confections（合成）、activities（活動）、processes（過程）、forces（力量）、compounds（複合）、compositions（組成）、fabrications（製造）、determinations（決意）、synergies（協同）、constructions（構造），都是爲捕捉一個我們並無準確對應的哲學概念而做的笨拙嘗試，因此一切英譯必然是不準確的。我自己用的是 formations（造作）和 volitional formations（有意志的造作），自知其缺憾不亞於其他任一譯法。

然而，我們雖不可能爲 saṅkhārā 找到一個確切對應的英語詞彙，只要探討其用法，仍然可洞察它在佛法「概念世間」中的功能。在經文中，該詞出現於三類主要的教義語境。一類是十二因緣中的第二緣起支。經文中說，緣於無明，行生起，緣於行，識生起。把諸經中有關敘述歸納起來，「諸行」即是業行，使我們一再投生、在生死輪迴中推進。在這個語境中，諸行在語源學上和業爲同義詞。

經文中把十二因緣的諸行分爲三類：身、語、意。另又被分爲福行、非福行、「不動」行——即四無色禪中的行——三類。當無明與貪愛主宰心續流，我們身、語、意的「行」便成爲造作果報的力量，而最重大的果報會在死後的心續流繼續下去。諸行受無明的推動，以貪愛爲燃料，推動著心續流朝下一期的新生命模式行進，心識在何處結生，取決於諸行的業力性質。若行福行，那麼「行」或「有意志的造作」將會把心識推向善趣的受生。若行非福行，心識將推向惡趣的受生。若精通無色界禪定，這些「不動」的諸行將推動心識受生於無色界。

「諸行」一詞的第二個主要應用領域，是五蘊中的第四蘊：行蘊，也就是「意志造作」的蘊。經典上把行蘊定義爲六類意志力（cha cetanākāyā）❶：即與色、聲、香、味、觸、法相關的意志力。雖然這些「行」和十二因緣中的「行」密切對應，兩者並非處處等同，因爲行蘊的範疇更廣。行蘊涵攝一切行。不僅包括能產生業力的行，也包括業果和不留下任何業力的行。在後起的巴利文獻中，行蘊涵蓋「受」和「想」之外的一切心所，而「受」和「想」施設成獨立的蘊。

於是行蘊一詞便含攝觸、作意、思、精進等通一切心所，無貪、無瞋、慧等美心所，以及貪、瞋、癡等不善心所。既然這一切心所與意志同生，並且參與意志活動，早期佛教導師認爲它們最適合歸類於意志造作的行蘊。

「行」的第三個主要語境，是一切有爲法的施設。在這個語境當中，該詞有一種被動的轉化，指凡是因緣和合而形成的事物，一切有爲、被構造、被複合的。這樣說來，可說是「造作」，不帶條件限制的形容詞。「行」若當作純粹的造作，便包含五蘊，不僅是第四蘊，還包括外在的客體和狀況，如高山、田野、森林、城鎭、飲食、珠寶、車輛、電腦等等。

諸行既可包括主動的力量，也包括它們的產物，這個意義的重要性，確立了它在佛陀的思想觀中有奠基作用。這是因爲佛陀強調兩種主動意義上的諸行——即十二因緣中的有意志的造作，以及第四蘊的業行——建構成被動的諸行：「它們建造有爲之物，因此被稱爲有意志的造作。它們建造的有爲之物是什麼？它們造作色、受、想、行、識；因此它們被稱爲有意志的造作。」

（相應部22．79經：被食經）

雖然外在無生命的事物可以純粹從物理因緣中生起，構成我們個人生命的諸行——五蘊——則完全是我們在宿世生命中所造作的主動業行的產物。今生的五蘊也同樣地被我們當下所作的意志活動不斷地維持、替補、延續，成爲未來的生命之緣。因此佛陀教導我們：我們自己的業行，構築了當前個人生命的結構，而我們當下所造諸行，又正在建造我們未來世將進住的生命結構。

這些結構無非由有爲的諸行組成，也就是五蘊中有爲的造作。

諸行是有爲的造作，其中最重要的事實是，它們是無常的：「諸行無常」。無常不僅指諸行粗顯的示現終究要滅去，更重要的是，它們在微妙、精深的層次上，不停地生起、滅去，永遠會生起，轉瞬間壞去、滅去：「是生滅法」。因此，佛陀說「諸行皆苦」——不過，苦並非因爲諸行本身痛苦和逼迫，而是因爲具有瞬間即逝的特徵，所謂「生滅滅已」。由於它們都趨向滅，因此不能夠提供安穩的幸福和安全。

爲了從苦——不僅由於苦的體驗，還由於一切有爲法的不圓滿——究竟解脫，我們必須從諸行中解脫。在諸行之外的，就是非構造、非組建、非合成，這就是涅槃，因此又稱 asaṅkhara（無爲）——它與 saṅkhata（被造作）——saṅkhārā 的被動分詞——意義相反。涅槃之所以被稱爲無爲，正因爲這個狀態本身既非是一種「行」，也非由「行」造成；一般描述爲 visaṅkhāra（離行），又描述爲 sabbasaṅkhāra-samatha（一切行寂止）。

因此，我們若把 saṅkhārā 一詞做顯微觀察，便可窺見整個佛法世界觀都壓縮在其中了。主動的「行」包含主動的業行，持久地造作組成生命的五蘊中的行蘊。只要我們繼續認爲五蘊是我（此爲無明的運作），在其中尋求享樂（此爲貪愛的運作），我們就繼續產生有意志的造作，組合起未來諸蘊。這些蘊——無常、不可靠、虛妄——正是我們需要從中解脫的苦！

不過，當我們開始修習佛法時，就在連綿生起的諸行踩下剎車了。我們學著去看諸行的實相，也就是自己五蘊的實相：無常、苦、無我。因此，我們關閉了被無明和貪愛所驅動的引擎，同時，業力造作的過程，即主動造作的「行」，其實便解構了。我們不再構築有爲的現實，便打開了通往無時不在、非構築、非有爲的無爲界：這就是涅槃、不死、一切行寂止，從一切有爲造作中，也就是從無常與死亡中，得到究竟解脫。因此偈句是這樣結束的：「寂滅爲樂！」

原刊於佛教出版學社社訊第43：3期，一九九九年

❶南傳佛教常譯為「六類思」。

# 42 領航千禧年

我們的時間進程雖以年和世紀來計算，比起廣大浩瀚的宇宙過程，卻也不會比面對風暴的羽毛來得重。我們人類既然來到了千禧年的門檻，自然會懷抱著希望。幾乎所有人的希望都是有關自己的，或是跟自己最接近的：身體健康、莫名好運、心想事成。我們也懷著對世界、對人類的希望，雖然有各種黑暗的預測，說未來有多危險，但數字的改變到底還是會帶來一個和平、繁榮、善意的新紀元。

各種宗教信徒的想法也落在了千禧年，我們佛教徒也不妨簡單地思考一下，佛法在未來能貢獻於世界的是什麼？從一個角度來看，佛教今天貢獻於人類的，可以說正是它在過去二十五個世紀中一直堅持的：對人類生老病死實況的敏銳診斷，以及從痛苦中究竟解脫的明確途徑。但這種說法即使正確，也尚嫌不夠；因爲它沒有考慮到一個事實，也就是在任何時代，要強調佛法的哪一層面以及用什麼方式表達，必須解決那個時代面臨的特定問題。佛陀的教法之所以具有犀利的針對性，不是因爲教法有廣泛的一般性，而是因爲適應深植於特定時代的普遍心識。因此，佛法若要保持活力和力量，不能僅靠重複從過去傳承下來的神聖原則，無論這原則多麼眞實，反而必須把佛陀教法聚焦於當今人類面臨的深層問題上，並確定教法如何能有效解決這些問題。如果佛陀教導的「只是苦和苦的止息」，那麼有力表達「苦的止息」的起始點，必須是我們這個時代特有的苦難。

二十世紀晚期，兩種痛苦非常普遍，幾乎界定了現代的基本特徵。一種是令人不快的無意義感，這是一種與生活疏離的感覺，現今在亞洲現代化地區幾乎與西方同樣普遍。另一種痛苦在第三世界中最顯著，就是集體暴力。第一個問題，在個人意識中佔有一席之地，第二個問題，存在於社會秩序相異的群體之間的關係。如果佛法要在未來幾年和幾世紀中造福人類，它必須向我們展示一條路，能走出無意義的深淵，並提供指南，減少集體暴力的頻率和嚴重性。

自現代工業文明興起，無意義感成爲一種廣泛的社會現象。自然科學的每一次新突破，對於基督教這中世紀風行一時的世界觀而言，都是新的打擊，然而，人類再也不能將自己視爲創造的巔峰，是天父全心全意鍾愛的孩子，這位天父創造了宇宙，給我們邁向救贖的舞台。相反地，我們受到機械觀科學的影響，認爲自己是純粹自然因素的機會產物：在宇宙中誕生，然後死亡。這個宇宙對我們的想望漠不關心。我們的生命就任何客觀的意義來源而言，簡直就是莫名其妙。生命除了爲生存而做出動物性的奮鬥，以及在無休止的奮鬥落幕之前繁殖基因，看不出更高的目的。

在工業資本主義的影響下，傳統社會秩序瓦解，於是進一步失落了意義感。城市的崛起以及辦公室和工廠的強制性工作切斷了社會的團隊精神，使人人都自認是孤立的實體，在爭奪主導地位的過程中與他人嚴酷競爭。因此，個人的自我成爲終極的體驗中心和唯一決定價值的因素。但這只是一個孤立的自我，宗教倫理中關懷他人的美德，如慷慨布施和自我犧牲，不再重要了。自我放縱的新信條使利他和克己黯然失色，這種信條重視財富、權力和炫耀性消費，以此爲生活的最高目標。

隨著西方技術及其衍生物——如消費至上主義文化——傳播到世界各個角落，意義的崩潰和自我疏離感成爲許多地方的流行病，今天這種無意義感已遍布全球。自戀的文化使人更魯莽地追求自我擴張，觸手向各地伸展，同樣留下一地碎片：躁動的心念和空洞的生活。使人傾向於快速而容易到手的滿足，永遠籠罩在「所有的成就都毫無價值，無法提供任何深刻和穩定的滿足」的恐懼中。這種恐懼一旦顯現，一道深淵就此開啟，我們意識到自己在追求空虛的夢想而浪費了生命，因此，處處可見精神疾病、毒品依賴、酗酒和自殺，尤其在世界上比較富裕的地區。

跡象顯示，儘管科學和技術的成就令人矚目，然而，僅僅掌握外在大自然所建立的文化，遠遠不能滿足人類精神的深層需求。對於那些漂泊在無意義海洋中的人來說，佛陀的教學提供了一種意義感，源於深刻的精神傳統，以形而上學的深度，結合了心理學的敏銳性和最高的道德標準。佛陀沒有要求盲信教條或臆測假設，而是直接指向造成快樂和痛苦的普世法則。他堅信我們可以自己發現這些法則，只需要清晰反思自己的直接體驗，他也爲我們提供了修行方法，我們便可逐漸挖掘出痛苦深藏的根源，並培育最崇高的快樂之因。

佛陀訴諸於直接體驗。我們可以看到，內心只要受到貪、瞋、癡的驅使，苦難便盛行；只要充滿慷慨布施、慈心和智慧，幸福就增長。在這個實驗性的測試基礎上，任何有思想的人都可來一試，我們可以推斷並看到，內心只要從自我中心的煩惱完全解脫，具有完美的離執、慈心和智慧，便可獲致無量無邊的快樂和寂靜，不會退轉。因此，佛法向我們展示內心寂靜和快樂之路，爲無意義的深淵提供了一條出路，也就是一種賦予生命崇高意義和目標的方式。

我們這個時代非常普遍的第二種痛苦是社會暴力，仍在全球造成許多苦難。可以肯定的是，種族暴力絕不是我們這個時代特有的，也不是現代文明的產物，而是從遠古時代開始，人際關係就染上了病。但當今世界令人不安的是，過去一些不同種族之間相互接受程度相對穩定，也能共存，而今迸發了暴力事件。最近在巴爾幹、俄羅斯、印度尼西亞、中非、印度北部，可悲的是，還有我們自己的國家斯里蘭卡，我們目睹了這些敵對的爆發。此外，暴力不僅出現在不同種族群體和種族效忠之間的衝突中，也體現在經濟壓迫、貧富差距擴大，以及在暴力衝突中猖獗的龐大軍火工業、對婦女和兒童的性剝削、毒品交易以及對環境的肆虐，於是我們破壞了維持地球生命的維生系統。

雖然佛教無法假裝可爲當今世界各式各樣的暴力形式提供詳細的解決方案，但佛法強調的價值觀是達到長治久安解決方案所需的條件。人類若要取得眞正的和平與和諧，不是通過一項包羅廣泛的條約，令衝突各方對原本強硬和易變的要求做出妥協。眞正需要的是一種新的認知模式，即提升普世的心識，超越狹隘的自我中心或種族中心的自身利益立場。這是認爲他人與自己本質上並無不同的一種意識，可以將自己從自我利益的喧譁中出離，上升到一種普世的視角，視一切眾生的利益和自己的利益同等重要。

我們可以在佛教道德基礎的原則中，看到這種普遍觀點的胚芽，在佛教道德理想上甚至比五戒或其他任何正式戒律更基本：就是以自己爲準則來決定如何對待他人。我們只要運用這個準則，便可以理解，自己希望趨近快樂、走避痛苦，其他一切眾生也都希望趨近快樂、走避痛苦；自己厭惡痛苦和困難，希望平靜度日，其他一切眾生也都厭惡痛苦和困難，並希望平靜度日。一旦我們理解自己與其他一切有情眾生共有這種核心感覺，而且這不僅僅是想法，而是深刻反思後的內心體驗，便會以對自己同樣的慈心和關懷，來對待他人。這也必須應用到公共層面，如同在人我關係一樣。我們必須學著視其他群體和自己所屬的群體基本相似，有權享有與我們的群體相同的福祉。即使我們無法對他人懷著廣大的慈心和悲心，至少會意識到道德要求我們以公正和仁慈對待他們。

因此，在下一個千禧年中，佛法送給人類的訊息可用一雙祝禮來扼要總結：在個人領域，它爲我們提供了一條精確定義的道路，賦予生命深刻的目的感，此一目標雖基於宇宙法則，卻可憑藉一己的直接體驗來實現。此外，在人類生命的共同維度中，它提出了一種正確行動的道德準則，如果勤奮應用，可以激起我們自覺承當，要過一種非暴力的生活。雖然要期望這兩個祝福成爲全人類的共同遺產爲時尚早，但我們至少希望有夠多的人能接受它們，使二十一世紀比我們正要離開的世紀更光明、更幸福。

原刊於佛教出版學社社訊第44：1期，二〇〇〇年

# 43 兩種觀禪

今天，觀禪修行已風行全球，在成功的過程中卻經歷了一種微妙的變形。人們並不把它當作一個佛法修行的元素來教導，卻經常當作世俗的學門，其成果和世間生活比較相關，而非出世解脫。許多禪修者作證他們從觀禪修行中獲得實實在在的好處，從提高工作績效和人際關係，一直到更深刻的寂靜、更加慈悲、更有覺知。然而，儘管這些好處也很有價值，卻不是佛陀高舉的修行終點。用巴利聖典的名相來說，這個目標是證得涅槃，摧破當下的煩惱，並從無始的輪迴中解脫。

也許形塑當代觀禪形式最強大的壓力，是需要將這種修行移植到一個世俗環境中，遠離傳統佛教信仰和教義的背景。鑑於這個時代的懷疑氛圍，我們大可以邀請佛法初學者自行在修行中探索天生的潛力。也許他們最不需要的是，從一開始就把佛教教義一股腦推到他們身上。

然而，儘管我們最初可能會以開放和探索的心來修觀，一旦修行到了某個點上，不免會遇到十字路口，面臨抉擇。我們要不繼續修觀，當作純粹的自然主義，而非宗教的學科，要不就將這種做法轉回佛教「信」和「智」的原始脈絡。如果我們選擇第一條路線，仍然可以加深我們的禪修，獲得更多我們迄今爲止已獲得的相同利益——更深刻的寂靜，更多的捨，更加開放，甚至穿透當下。然而，儘管這些成果本身可能已經算是理想的，但從佛陀的話語來看，仍不完整。爲了實現佛陀賦予觀禪的所有潛力，仍必須具備其他素質，以銜接到教法的框架中。

這些素質中最重要的是信仰和正見的互補。信是佛教修道的一支因素，並非盲目的信仰，而是願意信任地接納某些我們目前的修行階段還無法親驗的主張。這些主張既涉及實相的本質，也涉及達到更高修道階段。在傳統的佛教修行途徑中，信放在最初，是後來戒、定、慧三學的先決條件。聖典似乎沒有設想到，有人缺乏對法義特有的信心，卻修觀並獲得正面的成果。然而今天這種現象已經非常普遍。現今常見禪修者與佛法進行第一次接觸就是密集觀禪營，然後用這種經驗當作試金石，評估自身和教法的關係。

在這個時刻，修禪者的選擇便分爲兩大陣營。一是專注於此時此地產生的實際利益，暫停考慮自己體驗範疇之外的一切。另一是認識到這種修行是從遠比他本身更深更廣的人所流傳下來。這樣的修觀者爲了追溯這智慧的根源，願將自己熟悉的假設，從屬於教法之下，將佛法視爲一個整體。

沒有佛教信仰的人是否可以修習觀禪？這個有趣的問題在經論中並不明確。如果觀禪只能獲得直接明顯的好處，那麼信在佛道修行的作用是什麼？當然，完全接納佛教教義的信仰，並不是佛教修行的必要條件。正如我們所見，不遵循佛法是究竟解脫的人可能仍接受佛教的戒，並以觀禪獲致內心寂靜。

因此，信必定不僅僅扮演激勵行動的角色，但這角色的確切性質仍是個問題。如果我們探詢信在佛教修行脈絡下實際意味著什麼，或能解決。我們應該很快明白，信不能簡單地解釋爲對佛陀的崇敬，或是奉獻、景仰和感恩的融合。因爲雖然這些素質通常與信仰並存，但即使信仰不存在，它們也仍然存在。

如果我們更仔細地研究信，會發現除了情感成分外，還涉及認知成分。這意味著願意接受佛陀是一位獨特的發現者和宣示解脫眞理者。從這個角度來看，信仰必然涉及「決定」。正如決定一詞所示（「決定」＝「切斷」），信仰某事就是行使區別的行爲。因此，至少可以隱含地說，佛教的信要求拒絕其他靈性導師的主張，他們並沒有與佛陀同等帶來解脫信息。信既是決定，也必須是「接納」，涉及願意接受正等正覺者所開示的原則，並因這些原則是知、行的可靠指南而遵循。

正是這個決定，區分了把觀禪視爲純粹自然主義者和在佛教信仰框架內的修行者。自然主義者不對佛陀所述的人類生老病死實況下判斷，將修行成果限於世俗、自然主義世界觀相容者。信仰框架者接納佛陀對人類實況的披露，以佛陀本人堅持的目標爲修行的究竟目的。

支持觀禪的第二個支柱是信的認知對應方，即正見。雖然「見」一詞能表明修行者實際上認定原則是正確的，但修行開始時並非如此，除非特別有慧根的信徒。正見最初意味著正確的信，對佛陀正等正覺懷有信心而接受其原則和教義。雖然佛教現代主義者有時會聲稱，佛陀說人們應該只相信自己可以驗證的，但在巴利聖典中卻找不到這樣的陳述。其實佛陀所說的是：人們不應該盲目地接受他的教法，應該探究其意義並努力自己證悟眞理。

佛陀的教法有許多原則對正見至爲重要，但我們目前的階段還不能看到，這與佛教現代主義相反。這些絕非微不足道，因爲它們界定了佛陀整個解脫方案的框架，不僅描繪了我們需要解脫的苦的更深層次，而且指出了眞正解脫的方向，並開立了實現目標的步驟。

這些原則包括「世間」和「出世間」正見。世間正見是一種正確見解，令我們在輪迴中受生善趣，包括有業有報、有善有惡、有前生有後世，受生於輪迴中廣大而各異的趣。出世間正見是從輪迴究竟解脫的見，需要更深刻理解四聖諦，四聖諦不僅僅診斷心理煩惱，而是描述輪迴的結縛和究竟解脫的方法。出世間正見是八聖道之首，引導其他七支朝向苦的止息。

雖然修行觀禪的實際技巧可能對於追求純粹自然主義者和在佛法框架內修行者來說，可能相同，但這兩種修行方式的技巧產生的結果是大不相同。在自然主義理解的背景下，觀禪可以帶來更大的寂靜、理解和捨，甚至是智慧的體驗，可以淨化內心粗顯的煩惱，並平靜接納生命的變遷。因此，我們不應貶低這種方法。然而，從更深層次來看，這樣挪用佛教禪修仍不完整，仍僅局限於有爲界，仍在有業有報的輪迴之內。

然而，觀禪從下而上深信佛陀這位正等正覺的本師，並從上而下被智慧之光照亮時，它便具備一種新的能力，是其他方法達不到的。它由離欲朝著究竟解脫。它成爲打開不死之門的鑰匙，是獲得永久不失的自由的方法。這樣，觀禪超越了有爲法的局限，甚至超越了自身，達到了正確的目標：滅除一切生命中的煩惱，並從無始以來的生、老、死的輪迴中解脫。

原刊於佛教出版學社社訊第45：2期，二〇〇〇年

# 44 輪迴可有道理？

## 輪迴有無道理？

佛教的初學者通常都會心儀於佛法的四聖諦、八聖道和三學等基本教義所體現的清晰、直接和腳踏實地。這些教義有如光天化日般清晰，眞正想超越痛苦的人都可用來修行。然而，一旦這些尋求者遇到輪迴的教義，便經常猶豫不決，堅信這就是毫無道理。在這一點上，他們懷疑教學已經偏離了正軌，從理性的高速公路上一下摔入期盼和空談。即使是佛教的現代詮釋者也難以認眞對待輪迴的教義，有人認爲輪迴只是一種文化包袱，即「古代印度的形上學」，佛陀將其保留，以示尊重他那個時代的世界觀。也有人將其解釋爲內心狀態變化的隱喻，輪迴的各趣不過是心理原型的象徵。甚至有批評者質疑講述輪迴的經典是否眞實，認爲不無竄改之嫌。

迅速瀏覽一下巴利聖典，就會發現這些說法都沒有多少實質意義。聖典幾乎處處是輪迴的教義，而且與其他教義密切相關，要是除去輪迴，佛法其實就被駁倒了。此外，當經典論及輪迴五趣——地獄、旁生、餓鬼、人和天——從未顯示這些名相是一種象徵。相反地，甚至說輪迴發生於「四大分離，死後」，這顯然意味輪迴是實際上的意義。

我不會在本文中辯護輪迴有科學的眞確性，而是希望表明輪迴的觀念有其道理。我將以兩種方式論證它「有道理」：首先，它是可理解的，具有本質上以及有關整體佛法的意義。第二，它有助於我們理解自己在世間的一席之地。我將努力用三個經典語境來建立這一點，即道德、本體論和救贖論三方面。請不要被冠冕堂皇的大詞嚇倒了，隨著我們一路進展，意義會越來越清晰。

## 輪迴的道德面

首先，輪迴的教義在道德方面是有道理的。原始佛教中，輪迴的概念是其道德理論的重要關鍵，爲離惡向善提供動力。在這種脈絡下，輪迴教義與業的法則相關，這個法則斷言我們所有道德上確定的行爲——即善行和不善行，都有一種內在的力量，會產生與這些行爲的道德品質相應的業果。若把輪迴和業的雙重教義一起解讀，就會顯示在我們的行爲和生活品質之間有道德均衡的原則，例如善行帶來樂果，惡行產生苦果。

顯然，這種道德平衡無法在一生的限度內找到。我們經常看到強烈對比：道德上膽大妄爲的人可能會享有幸福、尊重和成功，而最正直的人卻屈身於痛苦和苦難之下。要讓道德均衡運作，現世之後必須還有某種形態的存在，因爲只有個人的心續流不因死亡而終止，業才能帶來相應的果報。這樣一來，就有兩種不同生存形式的可能：一方是天堂或地獄的永生，另一方是一連串輪迴。兩者中，輪迴的假設似乎比永生的假設跟道德正義更加相容；對於任何有限有量的善行，效力似乎最終都會耗盡，也沒有任何有限有量的不善行，無論再不善，應該造成永恆的詛咒。

堅持某種道德平等，可能是一種幻覺，即把一種不切實際的要求，加諸於這個世間，而世間對我們的冀望只報以冷漠和無動於衷。我們沒有合理的方法來證明輪迴和業的有效性。自然主義者認爲個人生命在死亡時告終，一切道德正義的前景也隨之結束，也許是對的。儘管如此，我相信這樣的論點是不顧我們最深刻的道德直覺，也就是說，某種道德正義終必佔上風的感覺。爲了證明這是事實，讓我們有限地考慮一下兩個道德上確鑿的案例。先說不善行的案例，希特勒直接導致大約一千萬人的非人道死亡。作爲道德行爲的極限情況，讓我們考慮一位犧牲自己生命來拯救陌生人的人。現在，如果死亡之後沒有生命，兩個人都會獲得同樣的終極命運。也許在臨死之前，希特勒經歷了一些絕望的痛苦，而這位自我犧牲的英雄會享受幾秒鐘知道自己正在履行一項高尚的行爲。然後，除了留存在別人的記憶中，其餘一切煙消雲散。兩者都蕩然無存，成爲無生命的肉體和骨骼。

到此，自然主義者得出的這個結論或許說得通，而且他們認爲：相信死後還有生命存續和業報的人只是將自己的願望投射到世間。但我認爲我們內心的某些東西會抗拒希特勒和慈悲英雄最後居然有同樣的命運。我們抗拒的原因是我們有一種深刻的直覺，即道德正義原則在世間運作，規範事件的進程，使我們善、不善行爲相應的業果反彈回我們身上。自然主義者認爲這種直覺只不過是把自己的理想投射到世界上，我認爲我們可以要求道德正義這一事實所具有的意義不僅僅在心理上。無論多麼隱而不顯，我們的主觀道德正義感反映了一個客觀現實，即一個道德均衡的原則是建立在現實的基礎之上，而不僅僅是投射而已。

上述考慮的用意並非使輪迴信仰成爲道德的必要基礎。佛陀本人並不曾將道德建立在業和輪迴的教義上，而是使用純粹自然主義的道德推理類型，這種推理並不以個人後有的生命或業的運作爲前提。他推理的要點僅僅是我們不應該苛待他人——傷害他們、竊取他們的財物、對人們進行性剝削或欺騙他們——因爲我們不願意他人以這種方式對待自己。儘管如此，雖然佛陀沒有把道德建立在輪迴理論上，但他確實相信業和輪迴可強力引導道德行爲。我們一旦認識到善行和不善行可以彈回自己身上、決定未來的生命並帶來快樂或痛苦時，就給了我們一項決絕的理由來避免不善行，同時精進追求善行。

佛陀將輪迴和業的信念包括在正見的定義之中，不信則明確爲邪見。這並不是想把「善業帶來樂果」當成道德生活的主要動機，而是若接受這些教義，會激發並增強我們對道德理想的承擔。我們要追求道德生活，這一原則打開了一扇窗戶，展現了更宏闊的道德背景，告訴我們：我們現在的生活條件、根性和才能、德性和缺失，都源於前世的行爲。我們一旦意識到現在的狀況反映了過去業行，也會意識到現在的行爲將業的遺產傳遞給後代，也就是自己的未來世。因此，輪迴的教法使我們以安忍、尊嚴和勇氣面對未來。如果我們認識到，無論我們目前的狀況多麼脆弱或局限，仍然可以救度自己，我們會很有動力為未來的利益而努力。藉著目前的身業、語業和意業，我們可以轉化自己，轉化自己之後，我們可以克服所有內、外障礙，朝著究竟目標前進。

業和輪迴的教義不僅是指道德責任，其實具有更深刻的道德意義，不僅顯示了我們的個人生活是由過去的業造成，而且我們生活在一個有道德意義的世界中。兩者結合起來，使世界成為一個有序的、整合的整體，意義超越了有形的物質。我們通過直接探究或科學調查獲得的秩序層次並沒有包括所有層次的宇宙秩序。這系統和模式不局限於物理和生物領域，也適用於道德領域，業和輪迴的教法揭示了這種模式。雖然這種道德秩序不能為肉眼所見，也無法被科學儀器檢測，卻並不意味它不是眞實的。在一般的感知範圍之外，道德法則影響我們的行為，行為又影響我們的命運。業力的法則就是如此，透過一連串的生死輪迴，我們的意志行為跟宇宙的動態相互牽動，結果道德便成為宇宙內構秩序的一種表達方式。

## 輪迴的「本體」面

輪迴的教法，結合業的教義，意味著我們生活在一個道德有序的宇宙中，在這個宇宙中，我們在道德上確定的行為會帶來與其道德品質相應的業果。雖然將行為與其果報連繫起來的道德法則，無法像物理和化學定律那樣以實驗證明，但這並不意味著它不眞實。它只意味著像夸克和類星體一樣，它的運作超越了感官知覺的門檻。道德律不僅僅是對我們主觀理想的一種投射，而是將我們的意志行爲鎖定在無所不包的宇宙秩序內，這種秩序完全客觀，因爲它不受我們的個人欲望、觀點和信仰的影響。因此，當我們將自己的行爲交給道德規範，我們不僅僅是以合於道德的方式行事。我們遵守道德原則，就是與「法」一致，「法」是正確和眞理的普世法則，是宇宙秩序的基石。

這就將我們帶入佛教輪迴教法的本體論方面了，也就是理解「生命存有」本質。佛教認爲輪迴的過程是貫穿於一切有情存有的因果法則。有情世界受到不同因果關係的調控，這種因果分層的方式使得較高的因果關係可統轄較低的因果關係。因此，業的法則主導輪迴的過程，左右較低階的物理和生物因果關係，使它們的能量自行實現本身的潛力。佛陀沒有安排一位神聖的法官來統轄業的運作，獎懲我們的行爲。業的過程完全通過意志行動的內在力量，在沒有督察或上級主管的情況下自主運作。在巨大而複雜的因果網絡中與其他秩序相互交織，我們的行爲產生了後果，就像田裡的種子長出相應的藥草和鮮花一樣自然。

爲了理解業如何可以在縱跨好幾世才產生果報，我們必須反轉我們對心和物質之間關係的日常概念。在唯物主義偏見的影響下，我們假設色身是決定心識的因素。因爲我們目睹身體出生在這個世界，觀察到心識如何跟身體一起成熟，我們不聲不響將身體看作存在的基礎，心或意識是盲目物質過程的進化分支。物質贏得了「客觀現實」的榮譽地位，心成爲原本無意識的宇宙的偶然入侵者。

然而，從佛教的角度來看，心識和世間在共同創造的關係中共存，兩者都必須存在。沒有心識能夠不用色身爲其物質基礎、不用世間爲其認知領域一樣，同理，沒有物理有機體和世間能夠不用某種心識而構成。雖然在時間上既不能說心先於色，還是色先於心，但就實際的重要性而言，佛陀說心是前導。這不是說心先於色身出現，也不是心可以沒有物質基礎而存在，而是說我們的色身和世間反映出我們的心理活動。

內心活動以意志行爲的形式表現出來，這樣便造作了業，而業的累積使過去世的心續流發展爲新的身體。因此，佛陀說：「比丘們！身體是舊業，應該被看作被造作的、被思所製造的、能被感受的。」（相應部12．37：非你們的經）。這是一個複合體，不僅色身是過去業的產物，六根也是（參見相應部35．146）。眼根、耳根、鼻根、舌根、身根和意根也由我們過去的業所造，因此業在某種程度上形塑並影響我們所有的感官體驗。究竟來說，業即是思，意味著我們被賦予的特定的色身、其所有特徵和六根，都源於前世的意志活動。過去的意志到底如何影響受精卵的發展，超出了科學所能解釋的範圍，但如果我們信任佛陀的話，那麼，這種影響必定是眞的。

業的影響會穿越輪迴序列、從一生傳導到下一生的管道，是個體的心續流。心識包含了我們生命的兩個階段——我們在其中產生的新業，並收穫的舊業之果——因此在輪迴的過程中，心識橋接了新舊的「生命存有」。心識不是單一的轉化實體，也不是一個自我或靈魂，而是一系列心識瞬即消失的行爲，每一個都會生起，短暫安住，然後滅去。然而，整個心續流雖然由瞬逝單元組成，卻通過在任何個體連續體中所有意識剎那之間的因果關係而融合成統一的整體。在深層次上，每一心識剎那都會從其前一心識剎那繼承該心續流的整個業的遺產；滅時，它又將這些內容傳遞給下一心識剎那，並加上本身貢獻的新業。因此，我們的意志行爲並不會耗盡其立即可見效果的潛力。我們所做的每一個意志行爲，滅去後會在持續向前流動的心續流中留下微妙的印記。行爲在心識流中沉積一種能夠結出果實的種子，產生與那行爲的道德品質相應的結果。

## 輪迴的「救贖」面

我們遇到適當的外在因緣時，沉積在我們心續流中的業種便從休眠狀態喚醒，並產生果報。業最重要的功能是產生輪迴，受生於相應的界，這個界爲業提供了場域，展開其儲存潛能。如前所述，舊生命和新生命之間的橋樑是不斷演變的心續流。正是在這心續流中，行使意志而造作了業；同樣的心續流，向前流去，將業帶入新生命；再次，又是同樣的心續流，感得果報。可以想像，所有個體的心續流在最深層次上，都被整合到一個無不涵蓋的環境中，於是，在事件的表面之下，一切有情個別的業縱橫交錯、重疊並融合。這個假設——雖然是推測——將有助於解釋我們有時在理性秩序的假設中遇到奇怪的巧合。

《增支部3．76經：有經》中保存著一篇短而精緻的經文，佛陀描述了「令生業」的功能。尊敬的阿難問訊佛陀，並說：「『有、有』，大德！什麼情形是有呢？」佛陀回答說：「阿難！

如果沒有欲界報果的業，你們是否能安立欲有呢？如果沒有色界報果的業，你們是否能安立色有呢？如果沒有無色界報果的業，你們是否能安立無色有呢？」「阿難！像這樣，業為田地，識為種子，渴愛為濕潤，無明所蓋、渴愛所繫之眾生的識被住立，在勝妙界，這樣，有未來再生的誕生。阿難！這樣是有。或低（欲界），中（色界），或高（無色界）。」

只要有無明和貪愛——這輪迴的雙重根源——仍在我們的心續流中，死亡時，一個重業就會出線，並將心續流推進到「震動頻率」相應的界。心是種子，在那一界種下或「滋長」時，會萌生其餘的心理——物理有機體部分，總稱為「名色」（nāma-rūpa）。隨著有機體的成熟，提供了其他的過去業產生果報的場域。然後，在這個新生命中，為了回應我們各種各樣的業帶來的感受，我們便採取行動，造作新業，又產生另一個受生的能力。於是，只要心續流遭到貪愛的掃蕩，受到業的操縱，體現出連續的模式，「存有」的輪轉回合便不斷從一個生命轉向另一個生命。

佛陀關於業和輪迴教法的終極意義是：人類是自己命運最終的主人。我們發自貪、瞋、癡的不善行，造作了不善業，而造成受生惡趣、未來的苦難和繫縛之因。我們由於植根於無貪、無瞋和慧的善行，淨化了內心，而受生善趣。我們運用智慧深入挖掘事物的表相之下，可以揭開我們因預設成見而隱藏的微細真理。因此，我們可以根除繫縛自己的煩惱，獲得解脫的寂靜，超越業果輪迴而得解脫。

原刊於佛教出版學社社訊第46：3期，二〇〇〇年，第47：1期，二〇〇一年

# 45 什麼是正覺？

佛陀出現在印度的場景之前，「佛」一字已經廣知並且流傳。這個字意爲「正覺」，修行人經常討論這樣的問題：「誰是佛陀？誰是正覺者？」

一位年邁的婆羅門名叫梵壽聽到傳言，說隱者喬達摩是佛陀，而且來到他的城，於是梵壽準備去謁見他。梵壽到達時，佛陀正與多人討論，因爲梵壽相當受人尊敬，因此他一來到人群中，每個人都讓路，佛陀也知道他是受敬重的婆羅門，教了好幾代學生，於是他請梵壽到前面來，坐在他身旁。

梵壽說：「喬達摩尊師，我想請教。」佛陀請他說出想問的事，梵壽便以四句偈頌說出問題，基本上就是說：「如何才能被稱爲佛陀，正覺者？」佛陀也用偈頌回答：「應該被證知的已被證知，應該被捨斷的已被捨斷，應該被修習的已被修習，婆羅門！因此我是佛陀。」

## 正覺的三個特質

這個回答精確地告訴我們正覺者的三個特質，也是我們追隨佛陀教法的三個目標。如果有人問：「你皈依三寶的基本目的是什麼？你持戒的目的是什麼？你修止觀的目的是什麼？」你的答案應歸到同樣的三點：證知「應該被證知的」，修習「應該被修習的」，捨斷「應該被捨斷的」。這是佛法修行的目標，這三項的成就即是正覺。

如果你熟悉佛陀的初轉法輪，會馬上認出這三項任務跟四聖諦是一致的。第一聖諦是 Dukkha，通常翻譯爲苦、不圓滿或逼迫。苦聖諦必須達成的任務是什麼？苦聖諦應當正確證知、完全證知、完全理解。苦集聖諦，即苦因：貪愛，任務應當是捨斷。第四聖諦，道諦，應當修習，唯一沒有提到的聖諦，是佛陀的第三聖諦：滅諦。它也有自己的任務：應該被「作證」。但只要前三個聖諦成就，第四聖諦自然前來。

## 證知「應當證知的」

說我們的任務是「證知應當證知的」是什麼意思？我們必須認識、必須理解的，是跟自己最親近、通常稱爲自我的。我們一般指的自我，是身和心的複合體。我們大多數人從出生到死亡的那一刻，心都是向外的，不懈追求欲樂、擴張自我、確認自我感。停下來轉身想想這個問題的人，宛如鳳毛麟角。然而，你只要反思一下，就會發現這該是我們能提出的最重要的問題。如果從出生第一天到呼出最後一口氣，有人問你：「我稱的自我，是什麼？我指的我自己，又是什麼？」你能提出最好的回答，就是把駕照拿出來，或者給人看出生證明，卻不知道你是誰、你是什麼人，那麼你在生死旅程上算走得相當不好。

因此，我們遵循佛陀教法，任務就是觀察、檢視我們所稱的「（主體）我」、「我的自我」、「我是什麼」。我們往往會將這些詞語當作某種常存的實體、一個自我、一個擁有眞實身分的實質自我，但佛陀教導我們，這些想法都是虛妄，當我們尋找「（主體）我」、「（受體）我」和「我的自我」這些詞語的特定對象時，我們會發現這只不過是身、心體驗的組成部分。

佛陀幫助我們觀察，很善巧地將身心體驗分爲五類，稱爲「五取蘊」，因爲這是我們通常執取的想法：「這是我的，這就是我，這是我眞實的自我。」

我們遵循佛陀教法，任務就是理解這五蘊的實相，於是我們認識到自我是由什麼構成的。從出生，到成年，從老年，到死亡——整個生命過程只是五蘊向前推進。

於是我們發現，在「我」、「自我」的觀念底下，只是這五蘊：色蘊（構成身體的物質）、受蘊（樂受、苦受、中性受）、想蘊（識別事物的特性，識別、認識、記憶的行動）、行蘊（意志的各種作用）、識蘊（基於六入處而生起的認識）。

這是我們每個人以爲的「自我」的總稱，我們遵循佛陀教法的任務是：認識、了解這五蘊的眞實本質，這樣我們就會認識到這實質由什麼構成。從出生、長大成人、到老死，整個生命過程只是五蘊和合，成爲因緣和緣生法的接續。色蘊是其基礎，名蘊在這個基礎上生生滅滅。經由禪修，我們精密地聚焦，非常深刻地檢視五蘊生滅的本質，我們見到五蘊的生、住、滅，因此得到無常的觀智，無常故苦，也就是五蘊不圓滿的本質。我們然後證悟變動不居的五蘊是不可靠、不安穩、不可信，因此五蘊不可能是自我：五蘊皆空，或說五蘊無我。

## 捨斷「應當捨斷的」

佛陀教法所設定的第二個項目是「捨斷應當捨斷的」，該捨斷的是煩惱，即一切使生命痛苦和不愉悅的心所。佛陀教法詳述檢驗心的方法，讓我們了解心的運作，但這個方法並非現代心理學的客觀方式，佛教心理學非常清晰而犀利地描述其價值，劃出道德的分野，沒有猶疑，沒有曖昧，因為這些道德分野對離苦得樂的意願非常重要。

根據佛陀的教法，不道德的行為和不善心所永遠不會生起眞實而永續的快樂，相反地，不道德的行為和染污的心所只會萌生不快樂和苦。染污的心所，尤其是貪心所，伴隨著享樂，若非如此，世間就充滿了正覺的人了。然而，目前由於貪所伴隨的享樂，只是覆蓋壞種子的表層外衣，一旦這種子發了芽結了果，將會在今生或來世帶來痛苦。對比之下，善心所雖然有時會帶來現在的痛苦，因為培育它必須逆流而上，逆著心的紋理，但一旦善心所結了果，定會帶來快樂、平靜和內心健康。這含在同樣的法則內，即是道德因果律。

不善心所稱為煩惱，這個詞可譯成折磨，因為會帶來痛苦，也譯為汙穢，因為它們玷汙並腐蝕內心。佛陀分析了煩惱的本質，並美妙地解釋它們全可追溯到「三不善根」——貪、瞋、癡。

我們遵循佛陀教法、修行，任務就是克服、消除、捨棄貪、瞋、癡引起的許多分支煩惱。但究竟來說，貪和瞋是起於愚癡或無明。因此，為去除一切煩惱，我們必須消除無明。

無明覆蓋了五蘊，我們還以為五蘊是「我」、「我的」和「自我」，因此，克服無明的方法是通過第一項任務——「證知應當被證知的」。我們一旦知所當知，無明就會消失——然後貪、瞋和一切其他煩惱都會消失。然而，這不可能單靠願望就會實現。我們不能以為僅僅想著：「證知應當被證知的。」立刻就證知了。這就是佛教的整個修行之所以是行道的過程。佛陀送給世界的大禮，不僅僅是一種深刻的哲學，不僅僅是一種非常深刻、具有穿透力的心理學，而是一種實用性、系統性、次第性的道路，我們在生命的各個方面都可以循序培育。

## 修習「應當被修習的」

培育這條道路，意味「修習應當被修習的」。這是佛陀在他的四句偈中所說的第三個任務：「應當被修習的，我已經修習」。那麼，佛陀修習的，就是我們必須修習的。我們修道，以便「捨斷應當被捨斷的」煩惱，並「證知應當被證知的」五蘊。

修道如何做到這些？這條道路的結構不是突然而突兀的，而是次第、循序漸進地幫助我們攀登究竟的證悟。我們必首先藉著持戒來控管粗顯的煩惱。五戒或八戒控制粗顯的煩惱，因煩惱會以不善行的形式爆發出來。

持戒不僅是不造作不善行，還必須培育相對的善行。這會使心充滿純淨而且淨化的素質。我們必須以慈悲心對待他人，與人相處必須誠實，與人溝通必須眞誠，對家庭和社會必須有責任心，遵循正命，精勤，尊重他人，在困難下安忍，謙虛而正直。這些戒行次第淨化內心，使心明亮、潔淨、煥發。

「修習應當被修習的」，培育道德還不夠，還必須培育定。我們努力把心集中時，會深入了解自己心的運作方式。一旦了解我們自心的運作方式，便逐漸改變了心的形態。首先，我們開始減弱染污內心的不善素質，剷除已經種植了不善根的土壤。我們必須了解，不善根無始以來便種植在內心，這個過程既不快速，也不簡單，而是需要次第、持久和虔誠的努力。

只要持續不斷地修習，心最終會沉入堅穩的定。獲得了保持專注一境的技巧，不會動搖，這樣一來，智慧便有機會生起。智慧是需要發展的第三個素質。智慧必須通過檢驗、觀察而來。

智慧確定不是光從定生起的。甚至在日常誦讀佛陀的教法，尤其是培育智慧的經文，如五蘊、緣起、四聖諦，你便在探究法，創造智慧生起的因緣。你生起的是聞慧，已經開始剷除無明的根了，只要聞法、思法，你已經動搖無明的深根了。

但究竟智慧是親驗的，一旦定力強大，就用定心探詢五蘊。探詢親身的體驗，便直接見到其「眞實的相狀」。通常，首先會見到五蘊的生滅，因爲無常，無常故苦，因此不值得執取。而且就因爲無常和苦，我們無法認同五蘊的任一蘊爲眞正的自我。這就是五蘊皆空或無我。眞正觀智便產生了。

有了觀智，人們就會越來越深入無明的根源，直到完全理解五蘊的本質。這樣，可以說「應當被證知的，已經證知」，「應當被捨斷的」煩惱「已經捨斷」，「應當修習的」道「已經修習」。然後我們意識到「應該作證的」當下苦滅「已經作證」。用佛陀的話來說，這就是正覺者。

原刊於佛教出版學社社訊第55：1期，二〇〇六年

46

# 善友之誼

佛教初學者常將佛法視爲純粹的個人修行道路。他們想像，遵循佛法的唯一正確方法就是把自己鎖在房裡，熄了燈，全力禪修。然而，如果我們讀佛教聖典，會看到佛陀一再強調善友之誼能支持整個修行過程，非常珍貴。有一次，佛陀的侍者阿難尊者來到佛陀面前，他認爲善友之誼「是梵行的一半」。佛陀立即糾正他說：「不是這樣的，阿難！不是這樣的，阿難！這就是梵行的全部。」然後，佛陀又說到自己：「由於以我爲善友，生法的眾生從生脫離；老法的眾生從老脫離；病法的眾生從病脫離；愁悲苦憂惱法的眾生從愁悲苦憂惱法脫離。」❶

我將善友的類型分爲兩種：「橫向」和「縱向」。「橫向」指在修行層次大致相同的人之間的友誼，這是修行「夥伴」之間的友誼，他們結合在一起是因爲共同遵循佛教修行之道。

## 「橫向」友誼

人們出於各種原因而聚集在一起，結爲朋友。我們通常視人類群居爲理所當然，但我們若要了解友誼的本質和重要性，應反思人們聚集並結合的因素。這樣我們會有一個標準，來評估自己的友誼，看看哪些友誼有益，哪些有害。

佛陀說，因爲一種「元素」，人們聚集並結合在一起。此處「元素」指基本根性或性格特徵。因此，佛陀說，根性低劣的人會聚集並結合一處，而根性崇高的人也會聚集並結合一處。

所以，如果我們把目光投向世界，會看到在某個星期六晚上，有人去夜店跳舞，有人去酒吧一起喝酒聊天，有人參加運動比賽，有人會聚在一起觀看暴力情色影片，這是他們產生友誼的原因，也是根性低劣的人聚在一起的方式。

但另有一些人聚在一起，聆聽佛法開示、參加禪修、學習佛法。在這種情況下，他們聚會一處是出於對佛法共同的虔誠。因此，界定善友之誼的特徵是對同一教法的虔誠，即佛陀的教法。這可以說是對同一教法的虔誠、對同一修行之道的虔誠，基於類似理想和發心的虔誠，基於參與類似修行而俱會一處。虔誠地與他人致力於同一修行之道，可增強並振奮我們的修行。我們單獨修行時，感覺如同穿越沙漠，寂寞異常，周圍的景觀粗糙而貧瘠，沒有能提神的，也沒有其他人的加油鼓勵來補充能量。但是，只要我們與同一發心的善友聚在一處，能量就加強了。只要我們共走一條大道並共同修行，就會獲得鼓勵、力量和靈感，繼續修行。這就像在大篷車中穿越沙漠，有人幫著攜帶物資，我們可以停下來談談話，分享我們嘗試的經驗，待接近目的地時，我們可以一起歡慶。

我們只要與他人建立起善友之誼，不僅能轉化我們修行的方法，還能影響我們之間友誼的本質。

在世俗生活中，我們的友誼緊連著個人的執著，而這些執著又源於自我中心的需求。就算我們認爲自己深愛另一個人，但這種愛常是因爲他人多多少少滿足了我們內心的深層需求。萬一那個人無法滿足我們，我們的感受很快就充滿痛苦，愛變成怨恨，甚至敵意。

然而我們如因奉獻於同一目標而建立了善友之誼，這份友誼便有助我們轉化執著和自我中心的驅動力。更重要的是，有助於超越「把自我視爲實體」的觀念。我們發現，善友之誼不是爲了滿足我的個人需求，也不是爲了滿足對方的個人需求，而是每個人盡最大努力相互提升，並使彼此更接近佛法的理想。

在善友之誼中，我們關心的是對方，並非因爲他能滿足我們，而是因爲我們希望看到他在智慧、德性和理解上有更大的成長和發展。我們希望那個人善的素質成熟，能給他人帶來利益。這是「橫向」友誼的本質：熱衷於幫助朋友在佛法修行中成長並發展，圓熟他們慈心和智慧的潛力。

## 「縱向」友誼

善友之誼的另一方面是「縱向」之誼。這是在修道路上程度有落差的人們的友誼，也可以稱爲「不對稱」之誼，因爲兩者之間的關係不平等。這種友誼是老參和新學之間的連結，尤其是師生之間。

由於兩者的關係不平等或不對稱，在這種關係之下要互利，師生需要具備不同的素質。在佛法的人際關係中，理想的老師應該對佛教經論有廣博的學識，也在追隨教法時有豐富的修行體驗。少有老師能夠全方位都達到理想，因此大多數學生必須有心理準備接受老師跟自己一樣，仍未臻完美。但老師的兩個基本素質是：清楚理解佛法的基本原則和眞誠奉獻於正確的修行。老師除了學識和修行體驗，必須願意或熱心於教學。然而，這種意願或熱切不應出於個人的野心或自我主義，或成爲被景仰的、門徒包圍的優秀教師。相反地，老師應該視自己爲謙遜的弘法者，他的教學意欲應該出於對學生的慈悲心，而且眞誠期盼提升學生的學識和修行體驗。

學生若紀律嚴明並服膺教法，老師便應對學生慈心而溫和，但他不應過於寬容，應知如何維持適當距離，以保持老師應有的尊嚴。如果他是一位眞正的修行導師，而不僅僅是傳授知識的人，他應該在必要時告誡、指出並糾正學生的錯誤。

學生對教師應有正確的心態。佛教修行需要的心態和大學生的心態大不相同，需要在心態上指向修行的智解和證悟。學術研究上的成就可以跟學生的個人性格無關，但佛法研讀上的成功必和品格的淨化成正比。因此，學生自學佛開始，便需要有利於修行成長的素質。

學生應對老師具有信心，相信老師是能夠幫助他們的優秀人才，引導他們修行的開展。當然，這不是盲目的信仰，而是信任老師的修行能力、信任老師投入修行很長一段時間，因此足夠有資格引導學生，至少在佛法修行的最初幾步。老師和學生在一個共同的「信」之下結合，也就是信三寶，信佛法能讓我們究竟解脫。但是學生應該假設：老師之所以成爲老師，「信」必比學生更深刻、更堅實，因此教師的建議和指導應可信賴並接受。這並不是說學生必須認爲老師無懈可擊，接受教師的每一點建議，也不意味學生必須溫順地遵循老師的每一道指令。佛陀尊重成熟人類做出獨立判斷的能力，他不贊同許多印度宗教老師認爲門徒必須視老師的話語爲絕對定律。佛教的律指出，學生若看到老師從事不正當行爲或聽到他們對佛陀教法解釋錯誤，有權糾正老師。這項原則在兩千多年前制定，到今天依然有效，應該用以規範師生關係。

然而，學生得以評估老師的想法和行爲，並不意味學生可以不尊重老師。相反地，尊重老師才能在佛法中進步。一個人不應對任何人——尤其不應對一位我們認爲可指導自己修學佛法的人——執拗或驕慢。佛法修行旨在降伏自我，也就是降伏虛妄的自我感。如有自我感膨脹，根本不符求法的目的。

師生關係提供了理想的領域，來處理自我的糾纏。學生有機會培養尊重老師的態度，並表現出身行和語行的尊重。例如，老師進入房間時站立起來，禮貌地說話，謙虛的舉止。老師也可以利用這種關係來降伏自我：不用傲慢的態度對待學生，而用善意和體諒，與學生分享知識。

佛陀認爲夠格的學生必具備一種素質，巴利語稱爲 suvaco，意爲「易教」。「易教」的學生心理上已準備好聆聽並接受老師的建議，沒有怨恨、報復、反駁、抱怨。修行的成長是放棄錯誤並用相反的德性取代的過程。然而，我們經常對自己的缺點視而不見，無法或不願正視。

善巧的老師就像一面鏡子：他清楚、持續、無欺地顯示我們一直努力隱藏的錯誤。因爲只有願意看清錯誤，才能糾正。如果我們繼續否認這些錯誤，堅持自己是完美的，我們必將如泥淖中的水牛，繼續在其中打滾。然我們一旦向老師敞開心扉，並願意看到自己的錯誤，制伏自我意志，我們就跨出改正的第一步。這種持續去除錯誤、降伏自我中心傾向的過程，就是不斷朝著佛陀指出的方向前進，這是過去一切聖者所採行的方向。這樣，我們才能收集到聖德的珍寶，嵌入自心，照耀世間。因此，《法句經》說，老師指出學生的錯誤並糾正時，學生應該感到像是老師指出了寶藏一般。

原刊於佛教出版學社社訊第57：1期，二〇〇七年

❶相關內容見：相應部45．2經、相應部3．18經，又見雜阿含726經、雜阿含1238經、別譯雜阿含65經、增壹阿含44．10經

# 47 起步之處

如何正確選擇宗教？各個不同的宗教對人類生命的本質提出不同觀點，而這樣不同的修行路徑，實在找不出一種能夠調和對立主張的統一方案。然而一切取決於我們的選擇。大多數宗教都告訴我們，世界是由全能的上帝創造，如果我們想找救贖，必須在信仰上接受這個上帝，並以我們所有的生命去愛祂。然而，我們面臨的問題是，不同的宗教所描述的上帝，都無法相互兼容，我們根本不能確定那些描述孰眞孰僞；也可能一個都不能接受。有些宗教教導我們在地球上只活一生，然後根據今生的表現在另一個境域永生；另一些宗教又教導我們會在這個世界和其他世界中經歷許多生，直到我們從輪迴的鎖鏈中解脫。

佛教是一種非神論宗教，教導輪迴。佛教不接受任何造物主或上帝的概念，主張我們根據業力，也就是有意造作的行爲，從一生漂泊到另一生，在人界和他界流轉。我教佛法時，毫不猶豫便教導這些基本的佛教教義。佛教初學者往往向我提問：他們到底必須接受多少佛教教義，才能把佛教修行融入日常生活，必須相信輪迴嗎？必須相信天堂和地獄嗎？必須相信天神和餓鬼嗎？

我從不敦促別人輕易地全盤接受佛教教義和信仰。我認爲，這些佛教教義並不是教條，只消盲目接受就成。其實我通常更激賞有人向我表達誠實的懷疑和保留，這樣我就知道此人已經準備好認真審視這些教義了，一旦他們對佛法有了信心，這種信心將會非常穩實。

佛陀也沒有期望向他請益的人完全接受他，絕對服從他說的一切。在佛法修道的進展上，「信」至爲重要，因爲信是種子，促使所有善心善行成長，也是光明，引領我們穿過疑惑和愚癡的幽闇。然而，信心若要發芽並長出健康的根，必須植根在沃土中，而信的沃土，並不是因害怕教條的要求，也不是因害怕懲罰並希冀幸福來世而信。佛陀把前來詢問的人都視爲能做出明智決定的理性成年人，他不用威脅和賄賂，而是訴諸所有人都具有的兩種能力，這些能力能使我們找到合適的起點，來解決修行的疑惑。一個能力是能夠反思一己的體驗，能夠誠實而清晰地評估自己的體驗。另一個能力是能夠從自身體驗推斷，也就是從我們直接經驗範圍推論到與我們相關、卻無法直接觀察到的更廣大生命境界。

佛教中所有反思的出發點，都是在我們生命底層的普遍推動力：避免身心痛苦、尋求身心快樂的願望。要認識此一眞理，並不必同意任何超越我們自身經驗的教義。只需要檢視自己的心就會明白，避免痛苦、達到幸福的願望是我們一切思想和行動的基礎。這種意欲正形塑著我們的生活，表現在我們的計畫、願景和承擔之中。正是這種免於憂悲和實現幸福的願望，瀰漫在千千萬萬的希望和恐懼中。

從這個觀察開始，我們可以將基本目標轉譯爲兩個問題：⑴我們如何避免痛苦？⑵我們如何獲得快樂？提出這些問題的同時，其實可以看到，我們大部分時間都是爲了避免痛苦並獲得幸福而行動。然而，如果基於自發的本能，並算計自身的利益，而做出毫無方向的行動，這樣便自動保證得到我們嚮往的幸福，我們就不可能對俗世生活感到不滿或需要出世間的引導。我們的問題是，日常的自發行爲並不能滿足我們對深層、高層次快樂的渴望。相反地，它要不是令我們陷入沉悶、厭倦的例行公事，要不就是我們萬一行爲不夠明智，便陷入衝突和痛苦。因此，我們必須更準確地表達問題。其實眞正必須問的是：⑴我們如何避免長期的傷害和痛苦？⑵我們如何獲得長期的快樂和安康？

這一組重新擬訂的問題，與前一組問題有三方面的不同：首先，它廓清我們想避免的痛苦和想獲得的快樂是「長期」的，表明我們尋求的不僅僅是暫時的滿足，以致苦澀和遺憾很快就隨之而來，而是穩定、堅實、持久的利益。其次，它將「痛苦」和「傷害」連繫起來，表明我們想避免的，不僅是感到痛苦，而且還有人身傷害，包括品格上道德結構的損害。第三，它將「快樂」和「身心安康」連繫在一起，表明我們想獲得的，不僅僅是一種欲樂的狀態、興奮的高峰，而是一種內心安康的狀態，未來也不會失去。

一旦我們用這樣的話語來表述問題，佛陀就會要求我們用本身經驗來引導，找出正確的答案。他先告訴我們：不應到哪裡尋求答案。在知名的《卡拉瑪經》中，他建議我們不要依賴權威性的傳統、老師的傳承和聖典。這並不是說傳統、傳承和聖典無法提供有用的答案，也不是說他們錯了，只是意味他們不是不容懷疑。傳統一路嬗遞下來，無人置疑，但也可能有錯，經文被視爲神聖、天啟，但可能出自人類之手，教義亦可能遠非神聖。佛陀也告訴我們不要依賴抽象的邏輯和推理，同樣地，這並不是說邏輯和推理無用，只是意味它們給出的答案可以受質疑。一連串的推理由前提到結論都完美無瑕，但這些前提是公理，也就是一向視爲理所當然的，可能會有爭議，或者，推理從這一步到下一步的過程可能有錯。因此，邏輯推論雖有著最高技巧，卻也會導出矛盾的結論。進一步說，佛陀告訴我們不要著迷於動人的講者和魅力的老師，這並不是說我們不能向他人學習，也不是說心靈導師的指導都不值得信任，只意味不同的教師，同樣動人，同樣有魅力，卻可以教出不同的內容，他們一律聲稱自己講的是最高眞理，結果對最重要的修行問題，卻給出不同的答案。然而，我們始終在尋找一座不可動搖的平台來站立其上，因爲的確有眞理是超越疑惑和爭議的。

我們想找一處安全而且堅實的基礎，來「建立」信心，我們並不想從「要求」信心著手。因此，佛陀說，我們應該從自己知道的事情開始，以此爲出發點。只要我們知道什麼能導致傷害和痛苦，就會知道該避免什麼；只要了解什麼能導致幸福和安康，就會知道該追求並培育什麼。可以肯定的是，佛陀並沒有說只用自己的方法即可，也沒有只教導禪修技巧，說不必思惟更廣泛的問題，僅專注禪修業處即可。佛陀並不只把修行置於純粹的技巧之上，而是將技巧置於一個脈絡中。我們若要替這些技巧尋找合適的脈絡，必先澄清修行的目標。

佛陀爲了幫助我們確立目標，提出了一些特定的問題，將我們的思想引導到正確的管道。這些問題不致把我們帶入形而上學推測的迷霧中，也不會帶入有關世界起源和終結的理論，更不會信仰自己觀察不到的事物，佛陀反而會令我們審視自心，並反思自己的行爲。佛陀問的問題——或者說他希望我們問自己的問題——跟意向有關，也就是念頭、情緒和行動的基本動機。佛陀希望我們捫心自問，當貪、瞋、癡在心中生起，是有益，還是有害？答案當然是有害。它們有時帶來快樂，卻是一種短暫的快樂，隨之而來的，卻是長期的傷害。我們可以看到，貪、瞋、癡生起之後，我們的行動不但傷害自己，還給他人造成傷害和痛苦。這些傷害和痛苦也許在一個個案中不特別明顯，但我們想想，若在全球範圍內，行爲動機都是出於貪、瞋、癡，後果的危險就非常驚人了。經過反思，我們可以看出，貪、瞋、癡引發的行動具有極大的破壞性。的確，這種反思展示出每日映入眼簾的新聞所報導的世界：一個遭受愚蠢的暴力、痛苦的戰爭、魯莽過度開採自然資源的世界，進一步說，這個世間，造成最大傷害的人無恥地採取虛假的策略，來避免對自身的行爲負責。但是，如果我們看到全球觸目皆是如此的景象，就可回想自己以前生起貪、瞋、癡的時刻，於是認識到就是從這些小小的種子——也就是不善意業和身業的驅動力，才出現可怕的災難，並帶來眾多苦難。這時我們可以更進一步認識到，若要維護自己的安康和快樂，並提升他人的安康和快樂，我們必須節制並克服貪、瞋、癡，這是修行之道的首要條件。

佛陀提出的下一系列問題，揭示了心的另一面。他請我們想一想，當心生起無貪、無瞋、無癡，是有益？還是有害？這三個語詞以否定的方式表達，卻是慷慨布施、慈心和智慧的代名詞。我們若加以反思，便可看到，一旦生起慷慨、慈心和智慧，便得到安康和快樂。當我們關注他人的幸福，能夠自在地給予他人時，會體驗到輕快和平靜，也就掙脫了執著的束縛。只要內心超越憤怒和仇恨，散發慈心，衷心期盼他人安康和快樂，就會體驗到喜悅與和諧。只要我們的思想被智解之光照亮，只要我們看到並理解眞實的法則，就會體驗到光明和清明。我們可以認識到，如果要確保自己的安康和快樂，並促進他人的安康和快樂，就必須培養慷慨布施、慈心和智慧。這是修行的第二個要求。

因此，我們現在可以理解，貪、瞋、癡是傷害和痛苦的根源，而無貪、無瞋、無癡——或說慷慨布施、慈心和智慧——是快樂和安康的根源。在此一基礎上，我們可以肯定，無論我們從其他出世修行教法中得到什麼，無論它教導什麼其他原則，都必須以消除貪、瞋、癡爲主要目標，也必須尊重慷慨布施、慈心和智慧等等的價值。

從佛陀來看，這種理解還談不上正見圓滿，正見引領我們向佛陀教法的究竟目標推進，也就是從苦解脫。正見始於接受業力法則，也就是我們的行爲必然帶來果報，而這個法則必須接受其必然的推論，也就是輪迴的理念。然而，理解不善根和善根直接可見的業果，是一個起點，讓我們對佛陀有信心，相信他各方面的教義都是善法而且饒益，這樣就不致誤入歧途。一旦我們檢驗自身直接經驗範圍內的佛陀教法，對佛陀生起信心，就可以信任他忠實講出了超出我們個人直接經驗範圍之外的事物。基於這種信任基礎，我們便可以全心全意地修行他的教法。

但是，佛陀教法的究竟目標，就是延續我們在出發點所秉持的堅定信念。一開始，我們通過思惟，相信修行就是克服貪、瞋、癡。佛法修行的究竟目標是涅槃，在經中，涅槃恰好被界定爲「貪、瞋、癡永盡」。佛法的修行是逐漸消除貪、瞋、癡的過程，代之以更廣大的慷慨布施、慈心和悲心、智慧和智解。對佛陀的信心，就是必能徹底消除貪、瞋、癡的信心。憑著這樣的信心，我們相信修行會使貪、瞋、癡永盡，因而走上了修行之道。

原刊於佛教出版學社社訊第58：2期，二〇〇七年

# 48

# 佛教的新世紀社會倫理觀

新世紀來臨，總是讓人大爲激動，又大爲期盼；而這新世紀剛好又劃開了一個新千禧年的黎明，期盼就更加熱切了。人類天生樂觀，認定新的總比舊的好，只要新的一年或新世紀到來，美夢必然成眞。然而，生命沒有這麼簡單，不可能只是因爲時鐘指針的推移和更換一本日曆，就能瞬間解開過去幾個月、幾年、幾十年因倉促判斷或草率行事而把自己牢牢繫縛的結。

我們從過去的經驗中深切了解到，我們必須深究在事件表相下潛藏的趨勢，因爲它早已藏著傷害未來的潛因。只要回顧十九世紀至二十世紀的過渡，便能更加理解此一指導綱領的重要性。十九世紀末期的西方世界抱著一個意氣風發的理想，名叫「進步」，信念始終不渝，是熱情的樂觀時期，也是烏托邦的夢想時期，當時，引領這種文化理念的雙雄，正是「科學」與「技術」。當時人們的心目中，「科學」是新版的普羅米修斯，也是萬夫莫敵的普羅米修斯，奪來自然界所有的奧祕，傳授給充滿憧憬的人類。人類的知識領域一次又一次突破，而人類隨著每一個新理論的進展，更懂得爲一己之利而成功操控自然，因而造就了一日千里的技術發展，看來可使人類從最頑強的歷史桎梏中解放出來。

接下來的世紀，卻顯出這份樂觀心態有多麼短視。的確，只要看得深遠，便見到破壞的種子，早已藏在這些驕傲征服者的步伐底下。在一國之內，工廠、礦場和血汗作坊裡，成千成萬勞工被嚴重剝削；在海外，前往西方以外國家肆無忌憚建立殖民地，搶奪資源，鎮壓人民。各野心帝國之間爭奪全球霸權，衝突爆發。二十世紀前半期，緊張情勢兩度爆發，先後兩次世界大戰，死傷無數。這兩場戰爭和接下來的冷戰，徹底揭開了光鮮的西方文明表面下的原生陰暗面。不過最重大的，當是我們發現了自然界的奧祕——質能互換的原理，賦予我們自我滅亡的能力：無窮的力量和全面性破壞，相伴俱來。

我們今天站在二十一世紀的開端，世界已變成一個活生生的弔詭典型。世界的富裕程度驚人，赤貧程度也同樣令人震驚，因爲十三億人——全球人口的四分之一——仍然生活在匱乏的邊緣。今日醫藥和醫療體系都極其先進，每年卻有一千一百萬人死於一些不難治癒的疾病。每天有數以百萬美元計的軍火武器交易，同時每年卻又有七百多萬兒童死於飢餓，有八億人嚴重營養不良。不過，最大的警訊是，這世界在有限的地球資源迅速流失之際，經濟方針卻傾向無止境的增長。我們大步跨向未來之際，這世界還在遭受痛苦的創傷！因此，如果眞希望人類可以安全地活到這個新世紀的盡頭，現在就需要一個解決方案，也需要一個治癒方法。

我希望在本文中，擬出一套以上座部佛法如何回應現今世界療傷的需要。知名的世界宗教書籍大都描述上座部佛教只是爲了從出離和禪修以達到一己解脫。無可否認，上座部佛教的究竟目標確實以個人為主，但只要細心研究佛陀的開示便會發現：佛陀對人類社會生活上的種種問題，具有非常敏銳的覺知，而他指導這些問題並不少於究竟解脫。雖然這類聖典的數量遠不及有關個人戒、定、慧的修行，但已足見佛陀對社會問題清晰的見地。直至今日，佛陀的教法仍可提供一些切實可行的指引，也能依循它來建立社會道德，以對治當今的迫切問題。

## 三個原則

佛陀教法的第一個原則，是系統地回應這些問題——對任何事都不要驟下結論，而要探究事情潛在的各層次起因，不達最深層的根源絕不罷休。然而，現今一般人處理社會問題的態度卻非常不同。尤其在政治界和經濟界，把許多人類困境的深層根源，都當作技術難題來處理，以為只要用對了技術就可以解決。因此，如要解決地球溫室效應的危機，只需簽署條約，來減低溫室氣體的排放。如犯罪和暴力事件上升，只需更強大的警力。如青年吸毒驟增，只需打擊販毒。這些方法的確是減輕問題表象的權宜之計，但無論這些策略用在短期治標多麼奏效，卻始終不是長遠的治本之計。只能粉飾門面，卻無法根治問題的癥結。

從佛教的視角來觀察現今世界蒙受的傷害，會發覺這些創傷其實只是病徵：警示我們生活方式的基本面出了問題。我們會看到，這些表面的創傷，其實是從深藏的、更嚴重的創傷引生出來的，蠶食著我們的活力，把毒素散布我們的空氣、河流、海洋，乃至山林農地；又潛入我們的家庭和日常生活，甚至是社會關係和政治算計中。因此，佛教認爲要療癒我們共同的創傷，需要徹底的手術治療，也就是深遠改變我們的見解、心態和生活模式。今天，表達我們需求最流行的用語，就是「價值」。我們時常聽到：社會狀況敗壞是由於人們放棄了傳統的價值觀，因此只需重拾傳統價值，以解決問題。雖然，這會攪起關注社會道德敗壞人士的懷舊心理，但我們須謹記：僅僅呼喚回復傳統價值，並不能產生徹底的功效，除非大刀闊斧改革價值觀的基礎。而要眞正改革的著眼點，就是「生存目標和意義感」，這決定了生命的社會維度。若試圖在一個腐化的社會，恢復「以個人爲本」的價值觀，就等於在化學廢料堆上種植玫瑰花，希望美化河岸。結果就是，只要廢堆存在一天，長出來的玫瑰永遠是變質或畸形的。

因此，我們眞正需要的轉化，必得超越個人，一定要涵蓋人類生命的內與外，即個人與社會兩方面。其實在人生中這兩方面本來就互相牽纏、相互爲緣，於是我們的價值觀反映社經現實，社經現實也受到我們價值觀的影響。因此，雖說我們最能直接影響的是自己的生活，但個人生活方式的任何改變都會外延，影響人際關係、社會秩序、政治議題，甚至我們與生態環境的關係。爲免讓個人價值觀成爲一張美麗的面紗，掩飾社會的失序和腐化，我們必須嚴苛、甚至椎心地自我檢視。要坦誠不諱地審視自己的優先順序，看清自己和他人若在自我中心和自私自利的全球波潮裡隨波逐流，必然貽患。假使缺乏這種眞誠的自我批判，那麼，一切「回復故有價值觀」的呼喚，就算是回復佛教的價值觀，到頭來還是一番陳腔爛調——作爲個人的安慰或許還可以，但無力帶來顯著的改變。

只要我們開始從佛教的視角來診斷世界問題，便應認識到，正確的診斷需要看到不同層面的因果關係。佛陀最醒目的智慧是：世法非從一因生起，而是由無數不同層面、錯綜複雜的因緣條件所形成，其他專家研究都只從封閉而狹隘的框架範圍來處理問題，佛教則採取一套「全面觀」，探究不同層面、錯綜複雜的因果關係，這樣就可找到更廣泛的解決方法。因爲如果從有限的框架來看問題，解答都早已鎖定在框架之內，唯採取「廣角」，才能把握問題的不同維度，也因此看到解決問題所必須正視的多元成因。

## 要療癒世間創傷，從心開始

我們也需要注意到各種起因「特定牽引力」，也就是說，整體上造成問題的因素。佛陀說，人生最重大影響的因素就是「心」。雖然心看不見、沒有形體、沒有重量、無法丈量，但它卻是所有社會、政治、經濟等各式各樣因果模式背後的牽引力。「心」並不處於眞空狀態，它嵌在特定的歷史和個人脈絡之中，同時許多不同的影響又形塑心的觀點，並決定心的根性。雖說如此，這些對內心產生影響的力量，同時又是內心活動的示現。因此，影響心的其他因素——如社會、經濟、文化、政治——又可視爲「心」的對象化，體現特定的心態、觀點和心理狀況，並加以「外化」。因此，佛陀說：「一切事心爲前導，心爲主使，由心所作成。」（《法句經》的第一至

第二章）

我們只要認識到心對其他層次的因果影響深遠，便立刻知道，若要療癒世間的創傷，當務之急是先療癒我們的心。向來，尤其自西方的科學革命開始，我們便醉心於支配、主宰外在世界，但在這熱切操控世界來滿足物欲的過程中，卻忽略了生命中更爲重要的維度，也就是我們自己的心。

正因如此，我們的科技成就是向一面倒的。我們大踏步認識外在世界的同時，對自心的認識卻乏善可陳；我們開發大自然的隱藏力量納爲己用的同時，卻無法馴服大自然的操控者。單就這個原因，我們所自豪的科技發達，對整體人類的影響就利弊互見了。科技帶來物質繁榮，同時也帶給了億萬人慘痛和剝削、損耗和喋血、窮困和苦難。

人類的基本需要其實非常簡單，原則上，每個人都應該可以輕易得到充足的必需品，包括達標的資生物品、新鮮空氣和清潔飲水、營養飲食、舒適居所、醫療照顧、教育和資訊，以及足夠的空閒來發展一己的才華和專長。然而當前的系統卻是：一小撮人過著比古羅馬帝王還奢華的生活，而超過十億人——全世界人口的四分之一——卻活在貧窮線以下。我們精準發射太空梭到外太空的星球，卻餵不飽地球上所有的兒童，豈不諷刺？當一切指標都顯示：環境汙染升高和史無前例的氣候變化，嚴重威脅人類健康和生命時，對這危機最應負起責任的國家，依然過著浪費資源和奢侈的生活方式，豈不讓人警覺？我們無法滿足地球上每個人基本需要的原因，並非由於方法短缺，而是因爲缺乏意願，而這種缺乏，正根植於自私和貪欲。

佛陀教法中，「心的黑暗力量」導致人類的痛苦，稱爲「煩惱」，其中最強而有力的，就是「三不善根」——貪、瞋、癡。佛教經典中，佛陀教法的重點是：煩惱如何導致個人心理和生命的苦痛。然而，今日的世界已成爲一座整合緊密的地球村，我們若要分析並解決大眾的共同問題，需要移轉重點。各種機構和集團既形塑我們的生活處境，又決定我們的命運，關係甚鉅，因此，我們必須密切研究煩惱如何以集體的方式表現出來，點破經濟、政治結構的不利影響，找出國家乃至國際機構如何助長人心的貪、瞋、癡。這些結構不僅將人心的煩惱實體化，同時助長這些煩惱，更難以擺脫。集團的強力策略常在掩護和欺瞞之下隱藏起來，滋養並支持大量的邪見、不健康的心態和冒進的政策，在社會和個人生活中肆虐。

## 貪瞋癡的集體呈現

二十世紀最後十年間最觸目驚心的例子，也許莫過於全無規範的自由市場經濟體系的破壞力，現已遍及全球。主導整個經濟系統的龐大跨國集團，在商場利潤的驅使之下，體現了體制性貪欲。無論使出多漂亮的公關宣傳，它們的最終目的，不是滿足人類的需要，而是以最低成本來賺取最高利潤。利潤是企業成長的燃料，每一次達到盈利的新高，又產生另一個新高的目標。這種商業理念從來都不能達到穩定的平衡，而是以零資本來賺取無止境的利潤。

對那些集團文化的首腦而言，沒有比獲利更重要的事了。根據一些調查報告，企業集團爲取得更大的利潤，隨時準備犧牲員工的福利、顧客的健康、社會的安定、傳統的規範和價值、社群的和諧，乃至自然環境的永續。在他們看來，只要能擴大淨利，犧牲在所不惜。

這些商業集團不僅受本身的貪欲所主宰，它們的成功亦有賴於挑起他人的貪欲。一間公司要銷售、成長或擴充，必先要挑起大眾的購物欲，而這些產品多少都超出人類的必需品（大多如此），一定要靠特定的商業策略來刺激，因此，「市場研究」和「商業廣告」這對孿生法則各出奇招來推廣產品。電視和電台、看板和報章、圖像和順口溜、廣告用語和歌曲等等手法，大力宣傳：「買這！買那！」廣告行業心理伎倆之高超，著實驚人。他們完全不吝於玩弄人的弱點於股掌之上，無論是性的吸引力或身分地位的誘惑、傲慢和貪婪、惶恐和憂慮，以及傲慢和虛榮的心態——都全被視爲可以用作提高盈利的正當途徑。

在這些爲特定目標而設的招攬手法背後，隱藏著一個更爲概括的信息。雖然這信息沒有明顯提出，但在無數的圖像和廣告用語中，含意已明顯透露，就是：「消費乃快樂之鑰。」我們逐漸被洗腦：縱欲可以得到快樂。「快樂」就是財富的擁有和物品的享用，而且商品越高價豪奢，消費行爲越揮霍，保證越快樂。消費者眼中，「物質享受」與「善」不相上下，成了人們心目中終極的自給自足、不假外求的人生目標。

從佛法的視角來審視企業經濟體系及其衍生的消費至上文化，會發覺到：這種文化最終對主僕雙方都同樣不利。先讓我們採用佛教的分析方法，簡單勾勒出這種經濟體系內部運作活動。首先，這樣的社會模式是建立在「無明」和「癡」之上，也就是迷信物質的擁有、消費才是美好生活的眞諦。根據聖典，當無明透進我們的認知系統，會導致一連串的「顚倒」（vipallāsa），影響我們的「想」（saññā）、「心」（citta）和見（diṭṭhi）的層面。佛陀提出四顚倒：無常計常、無樂計樂、無我計我、不淨計淨。在最基本的層面上，我們都從這些顚倒的角度去認知事物。而一旦四顚倒全面接收了思維，我們也就開始附和，最後在顚倒的認知和思想的雙重影響下，形成我們對事物的見——信仰、學說和意識形態——使我們確立有關常、樂、我、淨的錯誤觀念。

現今的商業文化下，四顚倒——無明體現出的概念，支配著生產者和消費者的思維、心態、原則和策略。我們有關常、樂、我、淨等妄念，都被我們生活中特感親切的影像維持著。例如：快樂家庭使用特定品牌的香皀、最新型名牌香車旁邊必有大美人、粗獷的牛仔吸著特定品牌的香菸、自信十足的經理人喝著特定品牌的威士忌。所有的商業推廣，無疑都是以升高欲望和貪求，來助長社會和經濟的活動。自由市場經濟中，產品從來不是用來滿足人們眞正的基本需求，只是爲了擴張商業利益，也就是爲了增長利潤，必須微妙地操縱並擴張人類的欲望。

爲了奉承這系統的內部需求，物質的基本需求——即生活的基本資具——擴張成不斷追求地位、權力和奢華。商業鉅子極盡所能地讓我們感到永遠不滿足，引起支絀不足的感覺，刺激大家的需要，想買更多。結果羡慕和懊惱取代了滿足感，不安取代了滿意，虛榮感蛀蝕了生命價值。

「足夠」一詞從人類字典裡放逐。企業經濟體系要繼續蓬勃下去，就絕不容許滿足，只許渴求更多、更大、更快、更好、更新穎、更琳瑯滿目。

在新富的社會裡，最不敵商業廣告影響的人口，就是年輕人。推動消費至上文化者最知箇中三昧。他們懂得針對年輕人幼嫩的心理需要——如反叛和大膽、迫切和焦躁——來打造年輕文化，以特定產品來凸顯身分地位。他們知道如何控制時裝的潮流和款式，使年輕人一再購買衣飾。對於一向尊崇如簡樸、滿足、自制等傳統價值的宗教文化而言，全球性企業文化帶來了衝擊性的創傷，傳統價值代代相傳的命脈正在斷裂。

## 無明和貪愛帶來的衝突

總之，社會體系中以煩惱雙胞胎：「無明」和「貪愛」推動的社會活動，是利字當頭的。維護這種體系的專家，也就是推崇自由貿易和全球化的人，會告訴我們：全無節制的經濟體系，才是人類快樂的先決條件，即「最多的人獲得最大的快樂」，但佛陀教法正好相反。當社會秩序都受到無明和貪愛主宰，而廣泛的人類活動又都被貪念、無止境的成長和競爭心驅動，後果不免是痛苦和衝突。從四聖諦中，我們找到這樣的心理學式句子：「貪愛乃苦痛之源。」佛陀在其他經典中，也曾就社會凝聚力的瓦解，作出同樣的啟示：「緣於渴愛而有遍求，緣於遍求而有得到，緣於得到而有決定，緣於決定而有欲貪，緣於欲貪而有取著，緣於取著而持有，緣於持有而有慳吝，緣於慳吝而有守護，因爲守護之故而有拿杖、拿刀、鬥諍、異執、諍論、指責、離間語、妄語等種種惡不善法生起。」（長部2．55：大因緣經）

全球化經濟本應連繫世界人口，卻漸趨個人化，使人無能扮演合作而負責的社會一分子。這是因爲企業文化把每個人都簡約到不過是一名消費者，整個生命只關注自身經驗的強度和多樣性。消費者對美好生活的概念，微妙地在我們認知的門檻底下運作，切斷一切團結成爲整體社會的社群連結。爲了迎合自我中心和自私利益的價值觀，個人化的社會取代了社會的凝聚力，每個人都鎖在自我封閉的個人世界裡，各人自掃門前雪。社群裡很重要的自主、負責、節制的個人，讓位給「自戀文化」，每個人都只顧追逐自己的財富、名位和權力——顯示物質上成功的外在表徵。如我們不懂爲什麼今天的世界，已經很難找到社會紀律和責任感？審思以上種種，或可找到答案。

## 家庭觀念的瓦解

無怪乎在西方「先進」國家的文化下，社會最基本的單位「家庭」已瀕臨滅絕。主導「世界新秩序」的美國，約有半數的婚姻以離婚收場，近五成的兒童在單親家庭成長。就算所謂完整的家庭，氣氛也難及舊日的家庭生活。家庭已不再是從前以愛心、尊重、自我犧牲和互助合作所形成的和諧單位，只是共生和求存的組合，每個成員都想從中獲利，往往剝削或傷害家人。

前述談過消費至上文化的內在動力，始於無明或愚癡，也就是假設幸福快樂來自獲取和享用物質。這種信念造成貪愛，也就是渴望獲取並享用，最後的結果是挫敗、競逐和衝突，總之，就是個人和社會的痛苦。而以「法」爲本的社會（這裡的「法」字，不單指狹義的佛法，而是指廣義的普世法則和眞理），其內在的動力跟消費活動模式截然相反。在一個正直公道的社會，無明扮演的角色則由知識或智慧取代，這是對於良善生活的普世法則所具有的共識。在佛教社會，這些法則包括了業力、業果、布施和戒行的利益、四聖諦和三法印的部分了解。生活受到這些知見引導的人，倒不見得是完美的聖人，其實在大眾社會，很少人具備聖人的素質。但是，當人們以正法爲生活原則時，就必定知道眞正的幸福要到何處尋覓。而這種理解正可清楚分辨：什麼可帶來眞實的利益？什麼只是表面有吸引力，其實貽害無窮！

從實際的生活而言，這是很重要的分別。一個被無明障蔽的人，定會被貪愛攫掠，盲目追逐財富、權利和地位，爲自己和他人帶來痛苦。遵循正法引導的人，明白什麼是眞正的善，也就是明白生命的最高目標。雖然這種知見也會令欲望生起，但這種欲望和貪愛剛好相反。貪愛是盲目的欲望，也就是在自我中心驅使下，追求欲樂和權位。相反地，因喚醒了眞正知見，這是一種善欲，即經中所言的「有益之欲」（attha-kāma），或「善法欲」（dhamma-chanda）。人受善欲的推動，就會投入善行來體現善法，這些行爲必然會增進個人及社群的福祉。

佛教的究竟目標是涅槃，即從無明和貪愛解脫，從生死輪迴中出離。本文不打算從哲理解釋涅槃，只想從最實際的角度解釋正法，以凸顯正法以社會道德爲軸承。要達成這項任務，我首先來探討涅槃體驗的維度，我不打算單以佛教教理爲主，而採取一般方法的一個原因，是希望建立一個正確的社會秩序，讓其他的宗教信徒、根本沒有宗教傾向卻希望以健全的理念來取代消費至上主義模式的人，都可以採行。「爲世界療傷」的任務，並不是任何一個宗教能夠單獨承擔下來的。我們既然生活在現今多元世界中的多元社會，便需要人類不分宗教都能合作。雖然各宗教信仰和修行之道有其不同的視角，但每個表相各異的精神傳統背後，其實都同樣重視人類本有尊嚴的概念。這概念必須恢復並維護，免受自由經濟的衍生物——也就是消費至上文化——的影響所摧殘。

就生活經驗而言，佛教的究竟目標融合了四種主要因素：快樂、寂靜、自由解脫和安穩。巴利文三藏的用語中，涅槃（Nibbāna）是所謂無上的快樂（parama sukha）、無上的寂靜（anuttara santivarapada）、解脫、解脫束縛的無上安穩。雖然，這些因素看似與現時情況無關，但再想一想，它們其實與我們基本的嚮往有關，人類共同的基本嚮往，無關宗教信仰。我們只要審察自己一般行爲背後的動機，很快便看到，我們渴望的，無非是具備快樂、寂靜、自由解脫和安穩的境界。我們沒有達到這種境界，並非由於我們的心願剛好相反——因爲沒有人會特意尋找淒苦、困厄、奴役和危難——而是因爲我們誤解了它們，因此不懂如何去尋得。

在無明和愚癡的影響之下，我們用錯誤的方法去尋找善。就像一個人要從斯里蘭卡北方的康提到南方的可倫坡，卻走上馬特萊路一路向北：

一、我們不能辨別「眞正快樂」與「感官欲樂」是兩回事，因此，我們只懂得追逐短暫、墮落和導致焦慮的感官享樂。想從感官享樂中尋找眞正的快樂，就好比口渴時狂飲海水，越飲越渴。

二、同樣地，我們以爲「平靜」指「沒有衝突」。便以抑制對方和凌遲環境，來達到這目的，卻未察覺：這種行爲終將自取滅亡。

三、我們把「自由解脫」當作「放縱」，也就是衝動行事的自由，我們予取予求，任意妄爲，不計代價，也不打算承擔不負責任的後果。

四、我們又以爲「安穩」只是保護自己，不受外來的傷害。於是在家裡裝置了最先進的保全系統，然後再把自己的家園藏在高高的圍牆背後。到頭來卻仍無法覺得眞正安穩，活在內心滿滿的恐懼和焦慮的陰影裡。

佛陀明確教導我們：必須向內心觀察，才能達到我們嚮往的目標。他指出，一定要解開把我們緊繫的煩惱，才有機會獲致眞正的快樂、寂靜、自由解脫和安穩。這些煩惱正是心中的染汙：貪、瞋、癡，及其滋生的憤怒、敵意、嫉妒、慳吝、虛僞、固執、驕慢、自負、虛榮和懈怠。因此，我們想達到目標，就必須把探照燈轉照自心，將精力投入自我淨化的任務。

雖然圓滿的涅槃對身陷塵世的凡夫俗子遙不可及，但這並不表示我們根本無法到達。涅槃的意思是「貪、瞋、癡永盡」。這就意味著，我們可以在日常生活中漸次減輕三毒，直至息滅。在日常生活上應著重什麼？先要「回轉身來」或「探向深處」。我們要從目前的立足之地邁向涅槃，就必須減輕煩惱在身業、語業和意業的影響。要以不貪來取代貪，而不貪就是：布施、無執、知足和簡樸。佛法不主張蓄貨歛財，而強調施予。修行「布施」是消除貪心最有效的方法，同時他人也可受益。與其自己長養瞋怒和反感，倒不如對他人長養「慈悲」之心，繼而再互相扶持並達到共同的目標；身處逆境時，以「安忍」及「捨」對待。我們不要停留在癡心妄想的雲霧之中，應該積極增長「智慧」，去了解並徹見生命背後的必然定律。

## 踐行八正道

自我淨化的修行，就是走上八正道，承當其中戒、定、慧三部分的修行。以上的三個部分，都是爲了次第檢查並去除由粗到細的煩惱。戒的修習包括正語、正命和正業三方面，檢查我們煩惱所外顯的違犯行爲。定的修習涵蓋正精進、正念和正定，是爲防止內心染汙的生起，因而影響我們的心路過程。至於慧的修習，則包含正見和正思惟，主要是爲根除潛伏在內心最深處的細微種子。唯有直接觀到實相，煩惱被智慧連根拔起，無明才能滅盡，知見才能圓滿。就此體證涅槃，達到究竟的快樂、寂靜、自由解脫和安穩。

這裡要強調：八正道的修行，無疑非常個人，需要個人的努力和勤懇，但修行的成果則深刻而緊密地影響群體。我先前指出：「社會」並非抽象的存在體，而是每個人聚集的共同體。如果比之於一個有機體，社會的成員如同細胞；細胞的健康影響整個社會的健康。因此，社會上每個人的行爲、心態和價值觀，自然會影響到整個社會有機體的健康了。

我們不必奢望整個社會都修行八正道，連希望人們能過「得體、正直的生活，符合道德標準」都很難。物質和消費至上主義的黑暗力量那麼強大、誘人，以排山倒海之勢衝來，人們太容易誤信它的宣傳，說它是不可推翻的眞理。在全球經濟的趨勢下，商業文化的當權者已控制了所有的傳媒。因此，要消除消費至上的海市蜃樓假像，著實是艱鉅的挑戰。但這種體系的內部早已有毀滅性的種子在萌芽：貧富日漸兩極化、打壓一切不利於商業利益的、藐視人類基本價值等等，其中最重要的，當然就是肆無忌憚濫用地球的維生系統。

今天，岔路橫在我們眼前，前面有兩個方向可供選擇。選擇哪一條路，就是決定了我們個人及整個地球的命運。利潤導向、無限制成長的經濟體系，就是陷我們於目前困局的道路。我們進一步認識物質世界過程中，科學給予我們駕馭大自然的能力實在驚人，可惜我們戰勝外在世界的同時，卻忽視了也要戰勝自己。如果要執意走這條路，只顧外在發展，將危及自身的生存。這項危機非常眞切，可從一九九七年在日本京都舉行氣候變遷的世界高峰會來看，幾乎東西方所有國家都一致參與，即使未來空氣和水汙染會超過人類忍受的極限，未知的氣候變化也會帶來巨大的災害，仍堅持人類有權走無限制的經濟增長路線。我們感覺他們急著在所謂美好生活上分一杯羹，於是縱容自己的貪欲，寧願犧牲整個地球上生命賴以維生的系統。

另一途徑則是：並不需要捨棄科技，只要在人類的價值中，重新正確定位科技。科技的功能是服務人群、緩解匱乏、爲人類謀求相當的物質榮景，以追求文化、理性和心靈發展等目標。現在最迫切需要的，就是把發展的重點從外轉往內。這並非走向主觀的幻想世界，或逃避社會責任，而是希望能重新設定優先順序，完全實現人性中最深層的潛能。所有偉大的精神導師都告訴我們：人生的目標由其價值指標而定，具有最高價值的，就應該成爲最高目標。佛教的究竟目標就是修行八正道而達到正覺、解脫和涅槃。

雖然修行的法則一直確切不移，我們今天卻不可能不看到，明擺在眼前的事實是：人內心高度依靠外界的物質維度。從無數方面都可看出，我們共處的世界其實是內心的倒影。一切社會、經濟和政治架構，都是我們思想模式和價值尺度的反射。因此，我們的共同福祉，甚至人類的存續，均有賴心識的大規模轉化。這種轉化必須泯滅界限——不論東西南北——消除所有會自取滅亡的頑固心態和假設。如果要我來簡述步入二十一世紀的此時，佛陀所給予我們的訊息，那就是：我們需要認識到，世間的創傷就是我們內心創傷的外顯病徵。我們要共同解決的問題，從雛妓到生態摧殘，從政治腐敗到財團掛帥，全都在警示我們內心深處有破壞性的顛倒邪見和扭曲價值觀。佛陀訊息的光明面是：人類可以轉變。人並不是內心暗黑煩惱的無助俘虜，只要能認識自己的困境、苦惱和焦慮，便可著手針對這些問題的成因，展開艱鉅漫長的努力，從中解脫。

當然，社會公義、紓解貧困、止息族群紛爭和保護自然環境，都是重要的目標。但佛陀教法說：如果在個人生活上一味貪心妄想、粗忽失念、自私自利等，一再重蹈覆轍，我們不可能解決這些艱鉅的社會問題。要療癒世界的創傷，必得先療癒我們內心的創傷，也就是潛藏心中的貪、瞋、癡。無可否認，這個信息給了我們難題，因爲內在的轉化，遠比外在的成就需要更多努力，尤其第一步就是對本身的了解。無論如何，究竟剖析之後，這是唯一可行之道，所以絕對值得重視。

我希望提出佛教在亞洲的現況，作爲本文的結束。目前亞洲佛教國家的生活漸入佳境，正法卻日益式微。雖然許多寺院或巨型佛像從山頭和道路俯瞰我們，比丘在城鎮到處可見。但是，基於道德、慈悲和彼此尊重關懷爲原則的正法生活，正在加速衰微。若要防止正法滅絕，需要及時做出徹底和高瞻遠矚的行動。

未來的世世代代若想令正法住世，要緊的是讓年輕一代覺得佛法對他們意義重大。現今亞洲通行的佛教，往往只令年輕人覺得不過是一堆宗教儀軌，也許只是提醒他們從怎樣的文化和種族出身，卻與我們當代所關注的議題毫不相干。年輕人才能把佛法延續到下一代、讓佛法爲世界提供深廣的智慧和修行之道。年輕人若墮入物質享受和自我放縱的文化，我們就等於失去了佛教的未來；就算倖存，也只剩一層外殼，虛有其表，而非精髓。

要令正法久住，首先要把正法的核心意義從看似隘縮並癱瘓的佛教體制的外殼上抽出來。尤其要讓正法不再只是一種民族表徵或文化自豪，而是活生生的修行之道和個人轉化，可觸及我們最根本的心態、人生目標和價值觀。只有這樣正確運用佛法，才能療癒我們心中的創傷，也只有療癒了內心的創傷，我們才能承擔療癒世間的重責大任。

原刊於〈面對未來：佛教的社會面向〉《法輪出版》第438／400期，二〇〇〇年。原為「青年佛教徒協會世紀演說」中開示，可倫坡，一九九八年一月八日

# 49 佛教對經濟與社會發展的看法

本文將通過佛陀教法的濾鏡，來檢視當今對社會、經濟發展的通行看法。若是如我所主張的，佛教的發展模式與主流看法從根本上互不相容，那麼就應該了解原因何在，因此我將首先從佛教的觀點，來檢視目前主流經濟學家和社會分析家所贊同的發展模式。展示了這些模式的弊端之後，我會根據佛教教義列出另類的經濟和社會發展路標。我並非專業的經濟學者，對這方面認識有限，我的評論只能非常概括，然而，即使是泛泛之論，只要符合正法的修行和道德原則，相信也有所助益。

社會和經濟發展這個概念，現今已成為全球許多政客、商業領袖和政策規劃者的口號。因此，無論在個人層次，還是社會政策的決定因素，都影響人類甚鉅。雖然佛教聖典中曾提出特定的原則，來引導人類的社會和經濟活動，但目前形成政策制訂的主流經濟和社會理念，卻無先例可循。因此我們若要正確處理這個主題，不能僅僅聽從經典，應該擷取聖典中經濟、社會相關的理念，引用到今日的社經政策。這樣，我們便需要運用佛法所提供的深度觀點，評估並判斷這些政策的價值。

目前，發展中國家社經發展，都是以西方國家爲典範，尤其是美國。東西雙方的政治領導人和商業巨賈，理所當然認定西方國家的經濟體系是世界其他地區仿效的標準，更視爲靈丹妙藥，能解決長期困擾人類的社會問題——貧窮、暴力和不平等。「發展」一詞的意思，指成功達到這種理想的刻度：完全達成理想的，稱爲已開發國家；未能全面達標的，視爲開發中國家。這無疑假設所有國家都必須在這條單軌路上，往同一方向走去——西方國家在前面領頭，其他國家奮力追趕。

這樣說來，已開發國家的主要特徵，幾乎就全取決於經濟表現了。這類國家的經濟一般是把高科技應用在工業生產和商業服務上，發展的軌道由縱橫兩軸來界定：縱的科技發明和產品，以及橫的生產和分配。這樣的社會，爲了使經濟體系能運作到最高效率，往往把社會秩序置於經濟需要之下。這種社會組織形式的道理在於：只有高度效率的經濟體系，有大量的生產和廣泛的物流，才能增進大眾福利。倡議者一致堅信，只有不斷提高產量和流通，才會創造出十分豐足的財富，最後有福同享，每個人都分一杯羹。

這就是西方國家自工業革命以來，推行的無止境經濟成長策略的理論基礎，其他國家敬畏於西方國家巨大的科技發展和物質豐足，選擇要跟隨其步履。亞洲佛教國家的領導階層深深受到打動，一律以提高科技和工業生產爲國家發展經濟的方針。因此，這些有責任領導佛教未來走向的國家，有必要思索這種模式的各種後果。

要對這種社會經濟發展概念做出詳細的研究，非寫一篇長篇論文才說得清楚。但在這篇短文裡，我主要提出兩個簡單的問題：第一、世界其他的國家效法西方國家模式，是否可行？第二、就算可行，是否就應該遵循這一條途徑？第一個問題的答案並不需要宗教的解答，因此沒有必要從佛教的視角來探討。然而，第二個問題則有必要引進佛教的觀點，並探詢西方國家的發展方式，究竟是否與佛教精神相契。

## 所有國家都應當效法西方模式嗎？

我們可以很簡單地回答第一個問題。不只是其他國家跟隨西方國家的發展之路行不通，就是西方經濟體（以及「新進工業國家」）如果繼續循此一方向，說不危害每個人，是不可能的。追求高科技和工業化的經濟發展，嚴重威脅地球上眾生賴以生存的維生系統，已經替人類帶來了接近災難性的後果。

人類的經濟並非建立在無盡的資源上，可以無限擴張。相反地，生態系統是封閉、有限，而且極其脆弱。經濟擴張時，會吸取越來越多生態系統的資源，而且所產生的廢物使整個生態系統超荷。我們的生態系統只能供應百分之百，若超出限度，就再也沒什麼可消耗了。但在人類經濟尚未到達這個極限之前，會逾越一道門檻，也就是細密交織的生態系統受到太嚴重的殘害，再也無法支持高等生命體的生存。

雖然這是無法準確預知的事，但我們可能已十分接近這道門檻了。由於大自然系統從內崩解的速度非常緩慢，最後的大災難一時不會立即明顯。全球人口將會在下半世紀增加五成，這意味著，環境蒙受的壓力也將會上升到危殆的程度。如果再加上全球一味發展經濟，負荷之重就可想而知了。如果第三世界國家仍繼續走上擴增工業生產的途徑，不用說是不顧後果、不負責任，我們更應為物種存續不斷施壓北半球國家，大量降低目前超量的生產和消耗，採行新的經濟模式，使生態環境健康。

## 究竟要不要走西方世界的路？

我提出的第二個問題是：假設西方經濟發展模式在生態環境方面眞的可行（這自然與事實不符），從佛教的觀點而言，是否值得其他國家仿效？當然，如果已看到這個模式對生態環境所帶來的災害，這個問題根本毋須提出。如果人類眞的自認理智，自然沒必要提問，但我們的領袖和政策規劃者仍像燈蛾撲火一般，傾向以經濟發展策略來解決當地重大社會問題。因此，我有必要簡略探討這個問題。

要回應這問題，我會說明西方的發展模式不值得效法。因為根據佛教的觀點，它在經濟、社會和文化上，都難逃不良的影響。我們來逐一審察。

## 1. 經濟方面

全球資本主義的擁護者都認爲：持續的成長可解決貧窮並確保繁榮。他們的口號從「水漲船就高」的民間智慧而來。可是，歷經了五十多年全球持續經濟成長之後，我們發覺，貧富差距卻隨著經濟的增長而同步擴大。不但國家之間的貧富差距有增無減，連大部分國家內部的貧富懸殊亦趨嚴重。過去半世紀以來，經濟成長了五倍、國際貿易成長十二倍、直接外資成長二十四至三十六倍。但是，今天活在貧窮線以下的世界人口比例，是歷史新高。北半球佔世界人口兩成，吸納了全世界總收入的八成，而最低收入人口的兩成，卻只吸納總收入的百分之一點四。至於最高收入的兩成人口的總收入，是最低收入兩成人口的六十倍；一九五〇年只有三十倍，現在翻了一倍。簡言之，過去五十年間，經濟成長並沒有爲全球帶來預期的輝煌利益。相反地，在這段期間所有產生的財富，只是聚集在極少數的一撮企業和金融貴族，連西方國家也有越來越多人陷入貧困和缺乏保障的生活。

## 2. 社會方面

工業發展的經濟在社會上造成的後果，也同樣嚴酷。一個傳統佛教社會的特色，包括高度的社會凝聚力和強烈的群體意識，群體成員從家庭開始一層層擴大，關係網絡都很緊密，個人會感到有個定心錨。大部分人的工作都限於最基本的耕種、手工藝、小本買賣等，都能與顧客直接接觸。心靈生活則有賴僧團的比丘和比丘尼指引，僧團除對在家人弘揚佛法，更因展現成就涅槃所必備的德行，成了社會上備受尊崇的、活的標竿。

但自從市場經濟在殖民地時期開始潛入之後，維持社會緊密關係的網絡開始扭曲。小型農莊遭到拆毀，大型耕地取而代之，種起經濟作物，以供應全球市場。跨國企業摧毀了小型工廠。大量生產的低價貨品淘汰了工匠。連鎖商店和超市的普遍，小雜貨店被迫破產關門。

當人們的土地和生計被剝奪，失業人數自然攀升，大量人口湧入城市，希望在工廠找尋生計，住在日益擴張的貧民區。這些人的工時過長、工資過低，有時必須在危險下工作。社群的緊密結構受到市場經濟打擊，突然割裂。這是一記重擊，人們飄浮在缺乏信任的人海裡，傳統社會中親密的人際關係，演成陌生臉孔的冷眼相遇。環境驅使人們不再互助合作以謀求大眾福利，漸漸只會為生計明爭暗鬥，為了生存，只能利用他人謀取自己的利益。

家庭關係也瓦解了：首先，親密的大家庭解散，成為自我封閉的核心家庭，核心家庭又再拆解，剩下破碎的婚姻、孤獨的成年人和缺乏親情的兒童。今日普遍衰敗的病徵中可以證實社會體系的墮落：無論在北半球還是南半球，到處可見無家可歸的街友、犯罪率攀升、雛妓和兒童虐待、青少年犯罪、自殺、氾濫的酗酒和吸毒現象。

### 3. 文化方面

傳統的佛教社會認為，累積物質財富遠不及道德和精神生活來得重要。佛法是思想和行為獨一無二的引導，鼓勵簡樸、知足、慷慨布施和自我犧牲，眞正的智慧勝過世智辯聰，清淨的道德超過財勢名位。但工業化社會興起之後，一切隨之改變，驅動人們攫取、擁有並消費的力量，漸漸成了一名專橫的霸主，毫不留情。

全球資本主義的立論，本來就是要消滅佛教傳統文化所鼓吹的心態，因此，休想對商業集團直接灌輸佛教戒律，來期待他們改革。商業經濟體系的驅動力是需要增長盈利，為達此目的，就得系統性推翻不鼓勵消費購物欲望的傳統價值。企業領導人不必直接攻擊傳統，一般他們會採納道德價值。但在不知不覺中，從下意識操縱人們的觀念和思想模式，使他們生活在揮霍購物、盡情享用科技產品之間團團轉。最容易受影響的就是年輕人，他們被慫恿去發展自己的青年文化，特徵是以所擁有、所穿著的服裝、所聽的音樂及所吃的美食，來決定知名度和身分地位。

入侵傳統價值的蹊徑很多，包括電視、電影、影像和音樂等，建立起全球性的單一文化，消除了多元傳統文化。連鎖店和購物商場的興起，也在加強助攻，因為提供了地位象徵的商品。但最直接又強而有力的攻勢，仍是廣告業，在人們心中種下強烈的信念：生活的第一要務就是肆無忌憚、毫無節制地購物和享受。

## 佛教對「發展」的路標

要找到一個設計完妥、實用、公認有價值的社經發展藍圖，到目前爲止，史無前例。我們置身於第三個千禧年之始，正步入一個新領域，只能從試驗來解答目前的艱鉅問題。但非常清楚的是：全球工業經濟把世界推入災劫邊緣的此刻，我們也只能試圖另闢蹊徑。在世界各地，已有不少人積極尋求新的發展模式。以下，我將列舉幾則以佛教觀點爲主導的發展方針。

### 導正以經濟數據為主的發展模式

佛教需要承當的第一件事，就是翻轉工業成長模式核心的顚倒邏輯。只要從佛陀教法去觀察，便明顯發現：這模式是從現實生活經驗斷章取義。這個過程至少分爲兩個階段：第一個階段，就是讓原本在傳統文化的社會秩序中只佔次要地位的「經濟」凸顯出來，成爲衡量社會福祉的首要指標。

這還不夠，接下來，又經由一個國家或地區的生產總值（如GNP或GDP）爲主要指標，光從數量去評估經濟主體的健康與否。可是，這類指標只提供一個國家在貨品和服務交易上的金錢總值，完全沒有透露貨品和服務交易的品質，也沒有記錄經濟發展模式下所犧牲的社會及生態的代價，更顯示不出創造財富之後，如何分配給國內的人口。可是各處眼光短淺的地方政策規劃者僅聚焦於GDP，可以說每個國家都由它帶領制訂社會經濟策略。這種狹隘的觀點造成兩面寄生模式，經濟成了社會秩序中的寄生蟲，而社會和經濟又聯手，啃噬地球脆弱的生態環境。

佛陀宣示的四聖諦，給了我們一套最有力的方法，來診斷這種顚倒見的因果關係。「因」是無明，也就是無法如實見到實相，因而助長貪欲滋長，使整個社會都受到貪欲操縱。從四諦之中，我們知道貪欲必然導致苦惱，我們只要看奔向發展的全球競賽中所留下的殘渣遺垢，便得到充分的佐證。

## 建立以正法為準則的社經政策

以佛教爲本的社會經濟發展模式，基本理念一定來自「正法」，即佛陀親身證悟，繼而開示眾生的正確而眞實的法則。正法爲前導的意義是：社經政策自始至終都必須以道德爲規範。這裡的道德準則，不只是主觀判斷、個人的、相對的，其實是指生命意義中眞實不虛、不可更替的法則。這並非說有一種對所有人、在所有情況之下都一體適用、一成不變的社經體制，體制可以有不同的形式，一如自然景觀的多元，但體制若要爲人類帶來眞正的福祉，就必須扎根於健全的道德原則，鼓勵人們努力過道德的生活。一個與正法相悖的社會體系，也就是鼓勵並縱容不道德行爲的體制，必定給人類、乃至整個自然秩序，普遍帶來憂悲惱苦，今天的商業資本主義，已提供了鐵證。發展方針上，若以爲自私、貪婪和不加節制的消費才是進步的關鍵，那麼這整套勢不可擋的力量正一步步把我們推向全球性的災難。

## 知足和齊家

從正法的中心出發，一路走到社會秩序，跟隨著兩項輔助原則，一項與經濟領域特別相關，一項與社會領域特別相關。經濟應受「知足法則」支配，意味知道「夠了就是夠了」。知足法則既是個人心理衛生策略，使心理平衡發展，也是生態智慧，保育自然環境。知足法則在這兩方面都強調「齊家」必須有健全的經濟，「齊家」字面上的概念則是：明智地依序安頓內心的家，在推展到外在的家——自然環境。

知足法則是心理衛生紀律，洞察到人類的需求有其階次——容待下文解釋——也洞察到物質需求感到飽足之後，接下來的滿足感便開始有害。這並不是說：我們要採取苦修的生活方式，否定生活中無傷大雅的生活情趣。只是要知道，當人類追求物質擁有和感官欲樂，一旦超出自然基本所需和所能容納的程度，便開始犧牲其他需求，如社會秩序和心靈追求，這些需求的滿足也同等重要。這樣一來，便違反了人性法則，傷害了自己，也傷害了他們貪欲下的受害者。

## 正視環境的破壞

知足法則是生態智慧策略，它告訴我們，其實經濟成長本身有其極限，全憑靠生態系統中的有限資源。一旦越界，經濟擴張便成了寄生蟲，蠶食人類身心健康和自然生態環境的再生能力。

這個原則若用在今日的情況，就是說：經濟成長，不停擴大生產並沉迷於科技創新，恰是人類最不需要的。我們這些容易犯錯的人類，經濟已夠大，過大了，科技已太聰明、太強大、充斥太多道德風險。此刻在經濟發展方面最需要的是：精簡並縮小規模——削減軍火生產、因奢侈品而浪費資源的工業、以炫耀性消費來推動的經濟成長。我們需要在素質上改進現有科技，使其更爲謙卑，更爲人道，對整個生物界的效應轉爲良性。尤其是，我們需要更重視經濟上的公義和社會的平等，再也沒有人被剝奪應有的生活水準。

## 「六和敬」是合作與和諧的理想

引導社會活動的原則，應是合作與和諧法則，但合作必須注入道德動機。我們並不需要強權之間那種爲了私利而控制全球政治秩序的結盟，或商業上的合併和收購，或謀求掌控全球經濟的聯合壟斷，都與正法不符。我們目前的社會，崇尚競爭而非合作，到處的口號都是競爭。這樣的偏重必然引起衝突和仇恨，導致社會的惡性分化。依正法建立的社會，認識到每個人都應爲所屬的社會謀求大眾利益，至少絕不會爲私利而傷害他人。佛陀對僧團所教導的「六和敬」，正是美妙地將此一理想提綱挈領——見和同解、戒和同行、利和同均、意和同悅、身和同住、語和無諍。

## 經濟是社會體系的一部分，社會體系又是生態系統的一部分

從佛教來看社會經濟的發展，政策訂立的要件，必是社會成員的福祉，而福祉又必須全方位來看，考量各方因素。經濟要回歸本位，也就是廣大社會體系中的從屬地位。而社會系統，又是整個生態系統的一部分，生態系統自然就是一切生命不可或缺的基礎了。如此，經濟發展便會以提升社會秩序中的健康和福祉爲重，同時不會傷害人類社會所在的自然系統。佛教社會政策與當前的情況剛好相反，認識到了環保的重要，因爲自然環境不僅對人類經濟持續供應資源，而且它是本然的善，同時豐富了人類的美感，健全了人類的心理。

「社會」指眾多個人組成的社會秩序，是一個抽象概念，因此，當我們說要增進社會的福祉，其實是要謀求一種增進每一個成員福祉的社會政策。這方面如何提升，端賴我們對人性的見解。如果我們對人性持唯物看法，就會努力滿足人類物質需求，毫不覺得有必要注意其他因素。然而，如果對人性抱持修道的觀念，就會認識到，人類在物質繁榮之外，還有其他方面有待滿足。

佛陀的教法對此提出範圍廣泛的概念，說每個人都非常複雜，有許多不同的需求必須滿足，才會感到快樂和幸福。這些需求依重要性又有清晰分明的階次，大致可分三層。最基礎的層次是維持生理的基本物資——如衣、食、舒適的住處、醫療照護、交通、能源、工具等等。再上一層是社交需要——如教育、家庭、友情、親密關係、群體參與以及有意義的工作。最高的頂層是修

道的需要、正確的道德觀、心智發展和了解生命實相的智慧。

以佛教爲準則的社會秩序，能使人類需求都獲得滿足，不會因爲沒有滿足的生活而抱憾。佛教社會首先確保每一分子都得到物質上的需要，但由於佛教看各種需要有階次的高低，因此不鼓勵現代文化中只著重物質獲取和感官滿足的特性，明確指出追求奢華和豐足是苦之根源。同時，佛教鼓勵節制、簡樸和知足，頌揚慷慨布施是基本美德，也是崇高人格的標誌，同時，佛教也提倡基本民生必需品要廣泛流通，所有人都不再遭受貧乏的痛苦。

## 以佛法為主導的大家庭社群

就佛教而言，滿足物質需要，只是追求更高目標的起點。由於人類是社會生物，自然趨向因共同目標而群居，這就是說，社會秩序若以佛教原則爲主導，基本上以小群體組成，其中每一成員都可切實貢獻一己之力。只有小規模的社會組織，才可以拯救人類在現代城市生活下無意義感的深淵。從佛教的視角看，我們這個時代特有的大規模汙染的超大城市和疏離的官僚，是悖離了給人類帶來幸福的自然秩序，這扭曲了人類本然參與群體的需要。與佛教相應的在地群體，會以數代同堂的大家庭爲社會基本單位，依循佛法的觀點和價值，世代相傳。

社會關係網絡，將會依循偉大的《教授尸迦羅越經》（長部31經）作典範，在這部經中，佛陀細膩界定父母和子女、雇主和員工、夫婦、朋友、師生乃至僧俗間應有的義務和關係。

## 以促進社會幸福為前提的小型經濟

最能與這種社會組織模式配合的經濟，是小規模而且地區性，技術簡單，不耗自然資源。這樣的經濟環境下，生產主要是滿足在地居民的消費，生產者和消費者能夠直接面對面接觸。同時應建立機制把小型經濟融入全國和全球的經濟體系，但整個系統的動力，應是提高物資供應並促進社會福祉，而非以商業利潤和無限制增長爲目標。

## 以提昇個人境界為價值的精神生活

即使是經濟蓬勃而且和諧的社會，也未能眞正滿足人們內心深處的需要：生命需要意義，需要一個究竟歸宿，以及一個行爲指南，以穿過重重的困境。這個問題只能靠宗教來解答，並不是說要利用宗教來凝結群體，也不是承續傳統信仰和儀式，而是個人轉化，開啟超越之道。因爲超越在本體論中具有最崇高的地位，所以，在價值觀的階次中，修道生活是最受尊崇的的價值。

修道的眞正價值並不存在於一個封閉的領域，與日常生活割裂。相反地，它會滲進生命的每一層面，以統一的知見來維持著我們的生命，引導我們朝向最高的善。在健全又健康的社會，以修道的知見來擬訂社經政策，不會停留在世間層次，而會帶領我們超越。佛教社會中，最究竟的善就是涅槃，而一切社經活動，都是爲了促進人們走向涅槃這個目標。雖然最終也許只有走上出離之道的人才能抵達終點，但佛法也能深入日常生活，在塵世的泥淖中爲我們清晰精準地指示邁向涅槃的步驟。因此佛教社會認為：人生不斷掙扎在世間求存的過程，是一個培育心智，導向究竟的機會，絕非只是解決一連串技術性問題，找尋科技解方。這是建設佛教社會的終極意義：培育戒、定、慧，終至正覺，解脫痛苦。

## 僧俗共榮的社會

一個眞正的佛教社會，必會護持僧團，以達到以上目標，也就是全力支持以出離爲志業的比丘和比丘尼，並供養資具。而這些僧眾又會以佛法引導廣大社會，同時以身作則，使大眾目睹脫離生產和消費的輪轉、全面投入聖道的典範人物，而受到激勵。

最後需要說明一點，我在紙上描繪出一份殊勝而有力的藍圖，看似太過理想而不切實際，對這一點，我只有部分同意。要實施這樣的模式，固然困難重重，有財有勢的強權分子會頑強抗拒。但我們要認識到：世界漸趨全面民主，最終能決定社會組織形式，然後決定我們生活方式的，仍是你我這樣的「人」。若一個體系採行的形式，只能利益少數人，多數人卻受苦受難，就沒有充分的理由繼續運作下去。能讓它延續下去的，只有那些掌舵權貴的赤裸裸野心，以及他們為一般大眾編織的詭騙之網。

今天，詭騙之網已從多方面開始崩解，如生態浩劫、失業上升、經濟不公義，到處可見的潮湧的罪行、剝削和社會墮落。尤其在大部分人口所居的第三世界更顯著。大多數能看穿科技掛帥和全球資本主義幻象的人，都明白這種經濟運作模式無法永續，這種體系不但傷害受害者，最終也會殃及受益人。在世界不同的角落——草根團體、反文化運動或另類智庫等——都希望在新世紀能找到保護地球的方法。對這些人而言，佛法所提供的信息，乍看崇高，其實正可爲時下艱鉅的社經問題獻策。佛教徒爲利益一切眾生，有責任以修道的高度和腳踏實地的應用，宣揚這個訊息。

原刊於〈面對未來：佛教的社會面向〉《法輪出版》第438／400期，二〇〇〇年。原為「正等正覺的訊息國際佛教會議」中演說，可倫坡，一九九八年十一月十日

# 50 佛教的面目正在改變

## 缺乏生命力的佛教現況

我偶爾會造訪斯里蘭卡市區的佛教寺院，一再注意到寺內的信眾大都是老年人，有些由孫兒陪同前來。城中的精舍，很明顯看不見年輕人、甚至壯年人的蹤影。這個國家有七成人口是佛教徒，這樣不均衡的現象實在不祥。佛教要世代相傳，信心的薪火必得跨越世代。然而，如果正法、律的未來眞的要操在這些沒有出現的年輕人手中，那麼，前途可能不見得光明。年輕人在佛寺銷聲匿跡，或許正是個警訊：正法的弘揚並不成功，弘法者沒能讓最需要佛法引導的青年人聽懂正法的訊息。若持續下去，不出數代，佛教便可能成爲斯里蘭卡的遠古遺跡：極美卻缺乏生命力，一如阿努拉德普勒（Anuradhapura）的廢墟。

從外表看來，斯里蘭卡俯拾皆是佛教的痕跡。比丘仍擔當重要的公眾角色，巨形的佛像從山上俯瞰，市內的播音器每天兩次傳來唱誦聲。然而弔詭的是，這些信奉佛教的外在標誌，卻與另一股惡意的心靈疾病所產生的緊繃氣氛同時存在，已遍及斯里蘭卡社會的各個階層。自我殘殺的內戰漫無休止，荼毒整個國家。民生基本的服務行業罷工頻傳，使窮困無助的人成爲受害人質。

謀殺、盜竊、強暴、販毒、推逼兒童賣淫——猖獗到最駭人聽聞的罪案都難以激起我們的義憤。最常見的逃避方法，就是酒精、毒品和自殺，通常走上這條路的，大多是窮人。這些現象觸目皆是，難說佛教有蓬勃之象。

如果我們自認為是佛教徒，而佛教不能深入人心，便需要自問：「為什麼？」也要問：「如何才能逆轉現況？」想要解答這些問題，我首先想問：「我們打算讓佛教在生活中扮演什麼角色？」要解答這個問題，我把佛陀原始教法衍生出來的正法分為兩支，分別稱為「解脫」和「方便」的佛法。

## 解脫法

解脫的這支，是指佛陀重要而獨特的發現，即直接的離苦之道。這一支一開始就必須了解：「苦」乃源於我們自身的貪、瞋、癡，尤其是我們自有自成的「自我」妄念生起，和眾生對立起來。佛陀徹底解決苦的方法，就是全面消除自我的妄念。這會帶來一種全新的生命模式，佛陀稱為「涅槃」，即貪欲的熄滅，自我中心的意識也隨著貪愛之焰熄滅而止息。

## 方便法

可是，要達到這目標，必須以徹底道德節制為基礎，實行嚴格的禪修——這代價大多數人都難以承擔。由於佛陀是善巧的導師，他調整教理，納入另一維度的修行，來適合無法踏上出離這條難行道的人。這就是方便的佛法，一條多生多世、漸進轉化的道路，修福行，廣修善業，打下基礎以證究竟涅槃。有一點必須強調，這一支教法並非只是權宜之法，絕不是佛陀爲了安慰我們，或借以灌輸道德觀念而編造的美妙寓言。相反地，這些都是佛陀原始教導的一部分，來自他對有情眾生的多元型態和生生世世輪迴的知見。然而這在佛陀所教導的修行系統中，功能只是權宜，而非究竟，只是世間，而非出世間。

我稱這方面的佛教爲「方便法」，有兩個原因：第一，讓解脫教義適應根器和需求無法以禪修直入涅槃的眾生，第二，對於流轉世間的佛教徒，這提供了有益的引導，免於更強烈的世間痛苦，尤其是不致墮入惡趣。佛教有廣闊的世界觀，能讓一般人在大宇宙中找到生命的意義。同時，它也倡導一套崇高的價值觀，包括一些道德規律，幫助我們在跌宕起伏的日常生活中活得快樂，也與他人和諧相處。

雖然佛法的基調是解脫法，但自從佛教傳遍印度，又遠播亞洲之後，這兩支原先平衡的佛法，便從解脫法擺向方便法了。因爲教法中的解脫核心思想，只適合出家人，一旦普及成爲全國的宗教，如斯里蘭卡和其他亞洲國家的情況，這種發展就成了必然。但方便法不應受到輕視，或與解脫法互相較量，其實兩支都是達到佛教目標的必要因素。解脫法這一支向來都只適合少數人，就是在僧團中也不例外，對大多數人，方便法非常必要，既是世界觀，也是解脫法的基礎條件。

數百年來，方便的佛法為我們展現一個有秩序的宇宙，其中佛陀是本師，重重天界中有善的天人，道德的因果法則連接今生的行為和未來世的果報。這一支佛法藉福報的教義，給予人們行善的動力，因此傳統佛教社會顯然處處充滿為善的精神。

## 殖民的強權

自古至今，方便法所描繪的宇宙，已成佛法弘揚和修行的基石。然而自十五世紀末期，天外飛來的挑戰，粉碎了原來自信滿滿的世界觀。這項挑戰是來自歐陸崛起的殖民主義，一波接一波強取豪奪以佛教為主的社會政治體系，外國強權的征服、基督教會的傳教、教育的世俗化並附屬於殖民統治等，種種現象重擊當地佛教徒的自尊和正法的主權角色。

## 科學抬頭

上述的潮流因科學的世界觀抬頭而如虎添翼。雖然科學的基本原則和佛教自由尋求眞理的精神相應，但科學以偏重物質的成見來理解世界，卻跟佛教傳統的精神願景相違。佛教經典說：眾生根據不同的業力，受生於不同的趣，不斷輪迴於不同的界，科學的自然主義❶卻認為生命純粹只是物理過程，肉體死後，生命便灰飛煙滅，肉體滅去，便沒有個人實體存在。而佛教思想以「心」為主，「物質」為輔；自然主義則視「物質」為基礎，「心」為其衍生物，或只是物理過程的副產品。佛教主張經由道德和修行，達到出世的實相，自然科學則相信：現實世間之外，一無他物，而且，一切道德和宗教規範只是人爲。西方國家在科學抬頭之際，理性和道德解放的要求同時出現，驅逐了基督教在西方人心目中的主導地位。

## 自由經濟帶來的物質文化

然而，不僅是現今科學強而有力的理論力量，威脅傳統佛教的世界觀及其價值。其實，早在二十世紀初期，佛教的思想家大可與科學結盟，以與佔盡上風的基督教奮鬥。但令佛教的傳統價值失勢的因素，並不是理論，而是形勢——自由經濟體系爲擴大盈利，而操控科技。

科技與自由市場結合之後，一種強取豪奪的消費至上文化便誕生了，這種文化的前提是「物質富足和感官欲樂是生命最值得追求的目標」。今日，消費至上文化又受到廣告和傳媒的鼓動，以修心爲重的傳統正遭受最大的挑戰。在城市，這種文化簇擁著富有的精英，縱情於享樂主義的雲端。在市郊和偏鄉的窮人——受到電視、電台和電影傳來花花世界的震撼——產生嫉妒、反感和絕望。在這種情況之下，我們又何須對酗酒、毒癮、自殺和暴力罪行直線上升感到不解？

## 寺院佛教的邊緣化

這兩種世界觀和價值體系的衝擊，說明了爲什麼在年輕一代的心目中，寺院佛教逐漸邊緣化。寺院佛教所使用的語言——教學的氛圍、風味和走向——都是根植於中世紀的方便法，儘管美好、崇高，甚至眞實不虛，卻難以傳遞給現代文化所孕育出來的人們。寺院佛教所札根的文化已一去不返。在那個年代，每一角色都有清楚定位、每一物都有一席之地，都在一個友善而且易懂的大環境中各適其所。然而，我們在現代世界之路上活著、呼吸、摸索著，環境高速變換，在這裡，各種聲音競逐我們的注意力，每一個理所當然的假設，都被無情詰問。在這樣的世界裡，人們奮力找一塊可以立足之地，自信十足的寺院佛教，已不再是他們心目中能夠喚醒修行和灌輸光明的「正法」了。這樣的佛教只是過去古色古香的記憶，偶爾也可勾起一些虔誠的情操，但跟我們日常生活所面對的艱難選擇，完全格格不入。

面對這種世界觀衝擊的一個策略，就是防衛性引退，死守過去，努力保留古代文化和宗教遺產，來抵抗現代文明的劫掠，繼而標榜佛法比現代事物優越，這是基本教義派的立場，它不一定激進，但選擇懷舊，不針對眼前而做革新調整。從這種觀點看來，現代文化自然是佛法的威脅，爲了保衛珍貴的教法，唯有排斥現代文化，盡量維持傳統不變。

可是，有機體要生存，就必須適應環境。排斥新環境而奮力保存過去，有其危險性，容易把佛法變成一種過時的古董，與現今完全脫節，只能激起一份虔敬之情。這種態度屬於比較傳統的佛教圈子。這種倔強的保守主義，又與一些特定社會文化結合時，多少會使年輕人認爲佛法事不關己。

其實，退縮到過去，並不是保存佛法住世的唯一途徑。誠然，這種虔誠的守護，可以保存其外殼——佛教的形相，但反而會使內在的活力化為烏有。我們可以採取另一種較樂觀的心態，也就是不必認為現代的到來，敲響了佛法的喪鐘，從這個角度看，或許現在的佛教危機，正能夠讓我們做出一番淨化，去蕪存菁，重新探索佛陀的眞義。這就意味著：重點可能要從過分強調「方便法」，回轉到「解脫法」了。

## 親證離苦的方法

我強調弘法的重點需要扭轉，並不代表傳統的佛教世界觀有誤，一定要屏棄這個觀念來迎合現今科學純粹自然的觀念。其實，我認為傳統佛教中的神祕成分無可避免，但是，在探討哲理方面，佛教確認「心的重要性」和「了解深廣的實相」的世界觀，遠比肆意錯用科學方法於科學領域之外，而產生的扁平世界觀來得優勝，哲學的反思也更豐美、更恰當。無論如何，佛教最令人信服之處，就是在於佛教核心的解脫法，根本不需要依靠任何學說來立足。無論採用如何的宇宙觀，佛法都直接道出根本的人生問題，繼而讓我們直接、親身去印證。就目前的處境而言，所謂物質進步或消費夢想的實現，已迫使我們認識到：物質富足之後，我們並未獲得眞正的快樂，只會感到空虛，而渴求更深層的滿足。正因如此，我們看到了嚴峻的眞理，就是解脫法所說：「貪欲是苦因」。又看到：無止境地滿足自己的貪欲，決不可能離苦，而必須依法修習，來認識自己、轉化自己，最終成爲自心的主人。

縱然我們甚難預測佛教的體制在未來數十年間整體的走向，很清楚的是，現存的一些重要趨勢，可導致正法的復甦。其一，人們再不相信物質消費會帶來幸福。人們發現在商場狂購並不等同眞正的快樂，這時，內心便會熱切渴望找到生命眞正的意義，也就是不受外在條件影響的平靜和快樂。雖然艱苦的修行，以往只是出家人的專屬工作；但現在已可看到越來越多在家人致力於禪修。這些人不認爲佛教只是傳統的禮拜儀軌，而是一種個人的內心修行，或三五同參道友的共修。

## 重視當下的受用

在物質主義的影響下，我們再回到數百年來湮沒在「方便法」之下的「解脫法」。不同的是，過去的訊息主要是解脫生死輪迴，而現在需要著重的，是佛法在當下的受用：從認識自我和主宰自心，獲得快樂和知足。這種說法，並不是質疑輪迴的教理以及出離生死的究竟目標，只是認定這目標必須更有意義、更切身，這就必須藉著了解自己和主宰自心，將目標落實在日常生活中。不然，這目標便很容易成爲我們心目中虛構出來的烏托邦，這是現在「方便法」常見的現象。

然而，追尋個人內心的寂靜，並不是未來正法全部的承諾。我們正活在歷史的決定性時刻，因爲人類、甚至地球上這個生態體系的未來，都繫在微妙的平衡上。我們擁有立即傳遞訊息的傳媒和快速的運輸系統，讓散居各處的人們成為一個大家庭，每一位成員都影響著整體的福祉，不只是整體人類，還有一切眾生。雖然科技賦予我們能力來打造良好的生活環境，但許多嚴重和廣泛的問題仍有待解決——貧窮、戰爭、飢饉、欺壓和不公義的陰影，仍籠罩著未來，造成太多無法為自己發聲的受害者，更別提解決問題了。

政治、社會、經濟、生態等等問題，都迫切需要解決，今天各大宗教的主要任務，就是從人類良知發聲。若以為這些問題只是暫時，可以輕易透過政治和社會改革來解決，那就是沒有切中要點。種種現象的背後元兇，都是盲目和固執的自私，及其後果的流毒。這正是宗教的角色：從內心最深處，指出並矯正惡法。在過去，宗教屢屢是割裂的力量，而非團結，至今一些宗教基本教義派仍在全球擴張這種現象。但所有偉大的宗教傳統的核心，都有世界大同的理念，也就是以慈悲為生活指南。在立即可見的未來，我們要培養的，正是宗教的這一面，而非分化面。

在日趨全球化的世界，佛教的首要任務，就是要發展一種兼顧解決現今社會、經濟和政治問題的全面願景。這並不代表將宗教和政治混為一談，而是敏銳地診斷出：哪些心識中的破壞性執著引起了問題？這診斷過程必定在於人類的煩惱——導致個人之苦同樣的貪、瞋、癡——如何成為集體現象而鑲嵌在整體社會的架構裡？我們不只需要揭露結構中迫切、有害的因素，更要展望並努力採行另類的政策：要在社會組織和人際關連上，採取新的視角，以求政治、經濟和社會的公義、保護自然環境，並實現人類心靈潛能。

雖然這個計畫規模龐大，將是佛教的新挑戰，但這項挑戰一部分可以從佛陀對「苦的起因和滅苦之道」的洞察力找到答案，只有一部分需要以我們的想像力，將佛陀的見地套用於現代獨特的問題上。換言之，就是擴展佛教的解脫法，應用於集體生活，甚至全世界。在這個行動中，佛教徒一定要與目標相同的其他宗教領袖聯手。其實所有偉大的宗教在必然的分歧背後，都一致看到：一切嚴重的社會問題，皆源自深植內心對自我妄見的盲目執著，無論小自個人，還是大至民族、國家的我見。

從所有偉大的心靈傳統的角度看，如要救贖自己並保護人類在地球上的一席之地，就必須棄捨我們一向執著的狹隘自私的目標，與宇宙的基本法則一致，也就是歷久彌新的正法。佛陀教導我們，首先要超越我見，內心關懷大眾的福祉，才能成就真實的善。這原則並不屬於任何宗教，每一個心懷善意的人都可理解。佛法所給予我們的，是一條清晰明確的道路，來嫻熟地掌握自己，並且培育出新千禧年最需要的智慧和慈悲。

原刊於〈面對未來：佛教的社會面向〉《法輪出版》第438／400期，二〇〇〇年。原刊於《島報千禧年補刊》，二〇〇〇年一月一日

❶這是十九世紀的科學觀，由上半期的自然神學，轉變為下半期的科學自然主義，服膺經驗和實證主義，相信唯有建立在理性和經驗的知識，方為真實，駁斥其他一切傳統方法，如聖典、宗教權威、內在良知或直覺，建立起一套機械論的宇宙觀。

# 51 十字路口的僧團

佛教在今天的斯里蘭卡，無疑正站在十字路口，未來更是充滿問號。它面對的挑戰倒不在於（信徒的）數目多寡或（僧團的）權力大小，而在於它與這個時代有多少關連。這倒不是說佛法本身與時代脫節，無論歷史有多麼戲劇性，或文化有多少跌宕起伏，都不能埋沒歷久而彌新的四聖諦和八正道。眞正的問題不在教法，而在於有責任在生活中體現教法的人。

現今最爲缺乏的，是以下三種技巧的組合，簡單說就是：理解、承當、傳譯。理解是：在一個社會和世界上，過去的確定生活模式已如暴風前的落葉四散紛飛，面對這樣的社會，清楚理解如何運用教法來解決今日人類生活的嚴峻現實問題。承當是：願應用教法的本懷，縱使所用的方法會違反固有的傳統。傳譯是：不用固定模式弘法，不用甜蜜的安慰，不用宗教的搖籃曲，而扎實又莊嚴地闡釋歷久常新的正法如何能解決現今世界的獨特問題和困境。

我們正站在十字路口，面對未來，眼前有三個選擇。第一個選擇是任由正法壞滅，接受這歷史鐘擺向後擺動——很悲哀，卻無可避免。第二個選擇就是痛心疾首地埋怨，將責任推到他人身上——政府、比丘或少數民族。第三個選擇就是問問自己該如何力挽狂瀾。假如我們採行第三條途徑，應該一開始便要提醒自己：正法並不獨存於一個理想世界中，只體現在成千上萬自許爲佛教徒，並皈依三寶的人。

這個說法也許太顯而易見，甚至多餘。不過如果我們略爲反思，便發現這句話雖然顯而易見，卻意義重大。因爲它意味著，歸根究柢，我們才是眞正肩負佛法興衰責任的人——我們的見解、心態、行爲，都能決定佛教的盛衰。認識了這一點，才會看見佛教興亡的責任並不落在國家部門或僧團，而在自己的肩上。正如身體的健康，靠體內細胞的生命力，佛教的力量終究是我們的責任，因爲我們就是佛教機體內的活細胞。

本文只集中探討今天斯里蘭卡佛弟子中的一眾，那就是比丘僧團。我將簡要探討僧團未來面臨的問題和展望。這非常重要，因爲僧團的核心角色是引領佛教的命運。我們很清楚：如果僧團不學會應付眼前襲捲社會的巨浪，將來終難逃邊緣化的命運。

## 僧俗關係的轉變

傳統佛教很明確地界定出家人和在家人的相互責任，形成正法的經緯線，比丘的責任是研讀、修習、弘法、以身作則嚴守戒行，來護持教法；在家信眾則以衣、食、住、藥四資具供養比丘。數百年來，因僧俗二眾密切的關係，維繫了正法住世的穩定基礎。雖然斯里蘭卡的佛教在歷史長流中有起有伏，有時甚至連一個像樣的僧團都沒有，但每逢興盛之時，僧俗二眾的關係就是佛教命脈之所繫。然而，這種相互馳援的關係，基本上需要建立在安定的農業社會，人們因共同的宗教信仰和道德觀念，界定了各各的社會角色和生活方式。這就是今昔相異之處。全球化的文化，在科技創新和市場經濟不斷的推進下，影響無孔不入，挑戰所有阻擋它統治的路障。結果是整個社會秩序動搖，從政經權力的大廳直到最偏遠的農村和寺院，無不動盪。

## 佛教的新難題

這波來勢洶洶的襲擊，不但在外在生活取得勝利，甚至穿透了生活中最私密的領域——我們的價值觀、世界觀，以及我們的個人認同。結果一般佛教徒感到極度迷失，如同困處陌生地帶，從前熟悉的地標，到此都不管用了。回望過去，只見安穩難以再現，往前眺望，前途又迷茫難料。然而，我們雖身處眼前的混沌之中，佛法仍是穩定的參照點，能夠回答我們迫切的問題，並解除生活的壓力。

這就說到我們的難題了：佛法跟當今有什麼關連？如何把佛法歷久彌新的理則，針對後現代世界中困難、獨特、複雜的問題，以時代的語言弘揚？今天的「新世界秩序」裡，佛教面對的最大挑戰，並非只是名稱和形式的體制式的存在，而是幫助無數的男男女女，走出理性和道德的深淵，找回普世的人生價值。此時此刻，僧團的角色最爲重要，因爲比丘僧（容我也包括尼眾）最能給予這個「瘋狂的世界」一個可靠的皈依處——在這貪欲、衝突和暴力的風暴中，提供清醒、無私的善意和平靜。但就在這一點上，我們面對著一條鴻溝，也就是說，今日的僧團，似乎並未做好準備來回應挑戰。

## 僧伽養成教育的革新

我認爲現在最迫切的，並不是鞏固佛教的宗教地位，或推行政策賦予佛教的「優先地位」，也不是大建佛像，或每天用擴音器播放更多的祈福唱誦，給佛教注入新血。眞正需要的，是一些有才智、洞察力和敏銳度的僧眾，藉由生活和品格，展示佛法能使內心高潔的力量。要培育這樣素質的僧眾著實不易，但總不能因此擱置。目前的要務，是整個僧眾招募和教育體系的徹底革新，因此必須動員僧團長老從長計議。我們絕不能小覷這項工作，說實話，在這個國家，沒有什麼比佛教的未來更重要了！

正如斯里蘭卡政府最近爲改革教育政策，而在國內推行全面的世俗教育改革，同樣的改革也應在僧團推行。如果比較僧團和基督教神學院的課程，兩者是截然不同的。神學院裡的傳教士和修女不只學習拉丁文、神學和經典，更兼修現代知識，有助於在今日世界扮演領導人，其中還包括宗教的評價和比較。反觀佛學院，只見年輕的寺僧（從不見有比丘尼！）被訓練成村里弘法人，負責保存佛教文化，與十六世紀並無不同。我們可以想像，如果這樣訓練出來的寺僧要弘法，聽法的人當中恰巧有天文物理學家、精神病學醫師、電腦分析師，或經嚴格訓練的在家佛教學者，那麼聽眾或是無聊地望著天花板，或彼此無奈地一笑，就不足爲奇了。

以下我只提出幾項零星建議，因爲有系統的計畫，還有待直接管理僧團和培育僧眾的人來制訂。我的建議以比丘爲主，而非比丘尼，因爲我較熟悉比丘的生活方式和訓練。但是，當今比丘尼的地位、教育水準、功能均需大幅提升。如果佛教要在性別日益平等的世界上受到尊重，比丘尼的教育也應有相對幅度的改變。

比丘的招募，從一開始便應徹底改革。目前僧團一般都是引入還不足以成熟到可以自己作主的年輕人，而且往往是父母「奉獻」給僧團來作功德的。如果那些父母眞能獻出有宗教根性的子女，終極的影響無疑是正面的。的確，過去獻給寺院的少年，都是「最優秀、最聰明」的，而今日送到寺院的，卻是那些刁鑽古怪、標新立異或駑鈍難教的少年，在世間也難有成就。

我明白這種年少剃度的體制，早已深植斯里蘭卡的佛教文化，我不會倡議廢除。這種制度雖有弊端，卻不無優點，至少它讓年幼者暴露在世間誘惑之前，及早踏上出離之道。若從幼年便保持內心清淨和離執，便有助於日後接受嚴格的養成訓練。另一個有利的是，年輕比丘可在內心清新、開放、容易接納並記住新知的年紀，有機會學習正法和經教語文（巴利文和梵文）。這都有利於日後成爲博學之士，這正是優質僧材的傳統標誌。

雖然我不會建議廢除年少出家的制度，卻認爲僧團應該更嚴格地修訂沙彌的條件。其中一個立即可行之法，就是延長正式受持沙彌戒之前的觀察期。或可以嘗試讓有意出家的男青年，先以在家戒子的身分，在培訓中心待上兩、三年，再考慮是否正式受戒。這正好讓僧團長老有機會在各種情況下詳細觀察，然後淘汰不適合僧團生活的人選。如行不通，也可用其他類似的程序替代。無論採取什麼方法，篩選準則都需要較為嚴格——卻不是不合人道——長老們也不要猶豫去拒絕那些不適合的申請人，因為無論是關切佛教的佛教徒，或看僧眾行為來評估佛法的非佛教徒（包括斯里蘭卡本地人及外國人），大家都很清楚：太多年輕人身著番紅色袈裟，卻根本沒有資格披起僧袍。這種不合適，到頭來只會玷汙僧團和佛教的好聲譽。

不過，再嚴格的篩選程序，也只是不讓不適合出家的人進入僧團。同樣重要的是，提供學僧戒子最適當的培育，以提升良好而平衡的發展。這是非常重要的一步，因為如具有出家潛質的少年，得不到適當的訓練，他們肯定不會滿足於寺院生活，僧途也因此險阻重重，他們若不是對僧團失望而還俗，就是畏懼世人歧視還俗之人，而勉強留下，繼續過著充滿挫折感而且不滿意的生活。這也許是不少年輕僧人投入與初心毫不相干的政治、商業或其他活動的背後原因。

因此最重要的，還是要讓年少的比丘在這條自己選擇的人生道路上，找到意義和快樂，這一條路不可能提供如同他們在家同儕所感到的即時滿足。現今只有少數的比丘對佛法感到眞正喜悅，我推想，原因在於正法沒能適當地展現，不能給人歡喜。當知佛法如果要能攝服年輕的僧眾，使他們更深入出世生活的核心，首要的條件就是，從內心深處滿足他們的需要和意願。換言之，佛法一定要能激起他們直接、誠懇、油然而生的回應。

一些在家信徒時常投訴僧團缺乏紀律，要求長老嚴加管教弟子。我絕不輕視紀律問題，而且非常認同嚴守戒律的重要性。但我主張，僧團綱紀不振只是症狀而非原因。要重振僧團長遠的生命力，首要任務並不是重整綱紀。眞要振興僧團，不是更嚴格的綱紀，這樣有時反倒弄巧成拙。如要根本改變僧眾教育的品質，卻沒有配套的對策，寺院反而變成大門開放的監獄，其中的僧眾生活，反而像終身監禁，而不是走在解脫之道上了。眞正的紀律，應該是自願受持，有著理解和讚賞。要達到這樣的效果，只有受訓者看到箇中喜悅和內心自由，而非恐懼和沮喪的箝制。

僧團要重振力量和生機，僧眾必須找到出家的生命意義。這樣的角色必須解決兩種相悖的要求：從一方面來說，他們要忠於佛陀當年對僧眾宣說的正法中，有關僧眾這個專業的大義要旨。另一方面，又要回應現代流動變遷的世間，使比丘在廣大的社會中，與大眾眞正息息相關。

最後一點特別重要。一如前述，今天的斯里蘭卡在各方面都正值巨變，後果之一，就是比丘的地位變得曖昧，幾乎是「兩面不討好」。他要是從正法的角度來看自己的地位時，會發覺：自己至少理論上是佛教精神的典範，活在世上的僧寶和「世間福田」；而要看待自己與社會的關係時，又會覺得自己不合時宜，是早期佛教的遺跡，因而對自己的地位和功能深感困惑。這些矛盾的信息，會引起難以忍受的內心糾結，其中的一個宣洩渠道，就是徹底歸向傳統的古老地位，扮演僵固保守派的發言人，堅拒改變。另一條出路，剛好相反：對所有的傳統權威進行叛逆，包括正法本身。

我相信，這正是許多年輕、能幹和聰敏熱誠的僧眾，畢業後眞正承當僧伽生活時所面對的矛盾。他們雖未明白表達出來，然而我們只要用心聽，也必定會聽到這樣的疑問飄盪在空氣中：「我們從此要過的生活，難道就是在這個盲目追求經濟成長的俗世裡，被推到社會邊緣，當作僅供人們表達虔敬的象徵嗎？我們每天就只是過著邊緣化的日子，不斷接受供養、主持唱誦和供奉儀軌，成爲人們生活中無關痛癢的宗教裝飾，卻遠離『眞正的行動』嗎？我們眞要一再宣說他們已聽了不下幾百次的講題，只爲了打動他們的一點虔誠嗎？」我相信許多年輕僧眾叛逆的行爲，其實都是對命運的沉默抗議，像是在訴說：「我們不要再被塑造成一些人心目中既定的形象；我們不要把自己不可剝奪的人性，犧牲在社會期待的祭壇上。」

如果我們接收這些信息無誤，便會知道：最適當的反應並非憤慨，而是慈悲，並全心去協助他們。想幫助僧團，首先不應驟下批評指責，應該眞誠了解年輕比丘的發心，爲他們找出生命意義和價值的架構，肯定他們出家的決定。最重要的是，僧團長老要重新審視整個僧格養成的過程。不過必先了解一點，比丘絕不能用「要在今日社會中找到有意義的崗位」爲藉口，過著背叛了初心的生活。比丘不應爲了名氣，而成爲政治活躍分子，捲入黨派政治，也不該變成一個剃度了的社會工作者，或俗世中的專業藝術家或科學家。比丘生命最鮮明的特點，就是出離，這絕不能被社會地位破壞。只要是正確修行，出離的生活便足以影響社會：因爲這將不斷提醒大眾，人類在哪裡才能找到眞正的善法。

或許要深入了解如何變革比丘的養成制度，必須要問：「比丘一旦臻於成熟，應該擔任什麼樣的角色？」這又會帶出下一個問題：「比丘生命中正確的目標和意義是什麼？」上述問題的解答應是：建立一套意義重大的僧伽教育計畫，同時也是僧眾養成的計畫。

環顧斯里蘭卡僧團的整體狀況，可以見到，除一兩個特殊的例子，其餘一般僧眾教育都有諸多不足之處。不足的原因，是對僧人這種獨特的專業欠缺理解。無可否認，在一個人口總數七成是佛教徒的國家，僧人必需滿足信徒的宗教需要。但我們要問，這是否表示：完全不顧佛陀原爲僧團所設下的修行？佛陀的原意，難道是要僧眾全成爲儀軌專家或保存文化的專才，好讓他們來世才修行解脫之道？我們爲了對僧人養成目標有正確的觀念，必須洞察主導僧團生活的現存社會準則和普遍傳統觀念，不存一絲懈怠，直至重新體會佛陀對僧團要求的本懷。我們必須從龐大的經典中找出這個理念，注入一絲新鮮空氣，把僧眾這種專業爲何存在的眞正理由，擺在比丘的心底。

## 個人成長與內心轉化

僧眾的培育，就是朝著實現這個理想的方向走去。要落實各方面的細節，必須有審愼而智慧的思考。在這裡將只能略談梗概，而全面的先決條件，就是要認同僧途背後的最終目的，是依佛陀指示的方向達到個人成長和內心轉化：成長方面是向著涅槃——從苦惱中究竟解脫，轉化方面，則要依遁八正道的清晰次第。這樣描述目標，也許對初修行的年輕比丘的關注和性向來說，太抽象，也太遙遠。那麼我們就用較直接而具體的言語再說一次：比丘的生命目標，是培育內心、淨化內心，從貪瞋癡解脫來形塑內心，深植離執、慈心、悲心和智慧種種清淨素質，進而與他人分享。用什麼形式表達，居於次要，最要緊的是：能明瞭比丘生命的大前提，是每一位比丘內心成長和自我轉化。其他的培訓項目，都是爲了達到此一目的。

若要沿著這樣的建議走，僧團就需要重拾一種幾乎遺失的紀律，那就是禪修。禪修這個止和觀的系統修行方法，本是出離生活的命脈。可惜今日大部分比丘視禪修僅僅是一個名詞，也許只是法會、討論會或每天日課中的十分鐘靜默。以我個人所見，僧團的生活如果不以禪修爲中心，就只是眞正發心出家的暗影，也只是逃避正覺的佛陀託付給僧團的重責大任。

我相當清楚：不是所有比丘都有能力過全時禪修的生活，我也不是建議所有比丘都必須過這樣的生活。其實少有人可以從純粹禪修的生活中得到喜悅。因此，在僧團長遠的歷史裡，比丘都根據本身不同技能和根性，靈活擔任各種角色。僧團中需要行政人才、學者、教師、弘法師、社會問題顧問、輔導員、儀軌專家等等，僧伽養成教育必須培育出各方面的僧材，履行基督教傳統中所謂的「主動任命」（Active vocations）。傾向理性思考的比丘，必須有機會接觸多方面現代知識，讓他們在正法與人類文明進步之間建起橋樑，如哲學、心理學、比較宗教、歷史、文學和藝術。但在僧團生活方面，仍需忠於初心，把禪修重新歸位：不是外圍，而是核心。

話雖如此，但禪修的生活應融入廣義的正法那普世的、社會的訊息，不然僧團就會變得故步自封、停滯不前。在上座部佛教的歷史演進過程中，最遺憾的莫過於僧團被截然二分爲禪修的森林比丘和不禪修的村鎮比丘。雖然這個現象並不限於斯里蘭卡，但在此地甚爲常見。這種分裂令雙方都達不到健康的平衡，使正法無法成爲這個國家、甚至全世界的內心滋養力量。森林比丘遠離社會，除了默默的身教，其實難以禪修的洞見和道德的敏銳判斷，爲人類社會解決深刻的道德和心靈的困境。於是，維持佛教生活的社會責任，自然落在村鎮比丘的身上，他們很容易成爲特定社會或種族心靈的維護者。

今天，不單斯里蘭卡的佛教正處於十字路口，整個僧團也是同樣的處境，而僧團的選擇，將決定正法未來的前途。這個時代面臨的挑戰，非常獨特，前所未有，需要用佛法深廣的觀點，智慧地來回應。機械性重複過去的慣例，再也行不通了。如果僧團繼續墨守成規，靠現有的頹廢架構，不思內部的批判和革新，那麼，僧團本身，甚至斯里蘭卡的佛教，終必與人群脫節。警覺性高的在家佛教徒和各地大眾將視佛教和僧團只是另一個掙扎求存、一味想保留特權的過氣體制。今天，人類頭頂有一團道德和心靈迷惘的雲層覆蓋，越來越黑暗，越來越濃密。僧團和佛教的眞正要務，是要用佛陀的慈悲和智慧，幫助人類驅除迷惘。如果僧團眞要面對這個挑戰，首先便得徹底革新現存的僧團招募、培育和修行系統。這無疑是艱鉅的任務，卻非完成不可。

原刊於〈面對未來：佛教的社會面向〉《法輪出版》第438／400期，二〇〇〇年。原為「正等正覺國際佛教會議」中演說，可倫坡。

# 52 在歐洲弘法

## 序幕

我個人和 Dhammanisanthi 大長老❶熟識的程度，只限於幾次會議，大部分在一九八〇年初期，但我一直感到，因爲他生命的指導目標——也就是在德國弘法，使我跟他有一種親近的連繫。雖然我不是德國人，但有二十年一直跟偉大的學問僧向智大長老非常親近，我一直住在他的老師三界智大長老所建立的隱居林，三界智大長老也是德國人，兩位傑出的長老都非常有興趣將佛教傳入母國，雖然他們離開了德國，在斯里蘭卡過著出家生活，但他們一心致力讓全世界都認識佛陀的教法，從他筆下流瀉出的許多寫作，至今仍給眾多的西方讀者帶來佛陀智慧和內心寂靜的訊息。

在這一方面，他們與 Dhammanisanthi 尊者有共同的願景，都表達了支持德國弘法使團（German Dharmaduta Society），Dhammanisanthi 尊者早先仍稱爲阿索卡．維拉拉特納（Asoka Weeraratne）、任職於使團祕書的時期，三界智尊者是第一位贊助人，向智長老是顧問。我仍記得當 Dhammanisanthi 尊者一九八二年去德國住在柏林佛教寺院（Berlin Buddhist Vihara）之前，來到隱居林謁見向智尊者，談了數小時有關在德國弘法的事宜。在 Dhammanisanthi 尊者熱情洋溢的樂觀和向智尊者慣有的節制和務實之間，這番討論顯出有趣對比。

本次研討會的主題「歐洲弘法之必要」，非常及時，因為今天在西方弘法的機會遠大於五十年前德國弘法使團誕生之際。然而，我們切勿以為佛教在西方不為人知，必須從頭開始。相反地，在過去的二十年間，西方公眾加速認識佛教，而今天在許多西方國家，佛教成為發展最迅速的宗教，在北美、西歐、澳紐、幾乎在一夜之間就樹立起數百座佛教中心，提供教法和禪修，連偏遠地區也有。因此，我們面臨的挑戰，並非討論歐洲對佛教完全陌生，應如何引入當地，而是探索佛教既已扎根於歐洲土壤後，如何健康地成長。

我將分三個主要的部分來討論這個主題。首先，我會簡短介紹佛教在歐洲的歷史發展。這一定是過分簡化而且不足，但我的目的並不是把所有事實列出，以顯示佛教如何達到西方現階段的發展。其次，我想問，為什麼佛教在這個特定時刻對西方人具有強烈的吸引力。第三，我將簡要討論我們努力使上座部佛教提供西方人的一種活生生、跟自身相關的傳統時，所面臨的一些特殊問題。

## 一、歷史概況

### 第一階段：學術發現

我將西方接觸佛教的歷史分爲三大主要階段。這些階段並非各不相涉，因爲它們相交並重疊，但三分法有助於確定大勢所趨。

第一階段包括佛教聖典的學術研究，旨在辨明佛教歷史和教義的大輪廓。這項工作發生於殖民時期的高峰期，那時歐洲國家正忙著征服亞洲民族並將這些國家納入他們蠶食鯨吞的帝國。在大多數情況下，歐洲人對佛教的興趣跟基督教傳教事業有關，也就是將原住民轉變爲基督教信仰。

雖然報告顯示自十三世紀起，亞洲佛教信仰就漂回歐洲，但一直到十九世紀中葉，大約一百五十年前，佛教都沒有呈現一個清晰的整體圖像，各種到達歐洲學者手中的報告，如果不是全然的荒誕，就是偶然、不精確、臆測事件。第一位理解佛教整體傳承、建立其歷史來源的，是傑出的法國語言學家布諾夫（Eugène Burnouf），他研讀過從東方傳送到巴黎給他的巴利文、梵文、西藏文手稿，根據這些聖典，沒有其他線索，他寫成了六百頁的大部頭《印度佛教歷史概論》（*Introduction to the History of Indian Buddhism*, 1844），其中他追溯印度佛教歷史，研究教義和聖典。雖然後來學者大幅擴充了布諾夫的著作，加入很多失落的訊息，他們仍認爲布諾夫在其突破性的著作中，精確無誤地勾勒出印度佛教。

布諾夫之後，在歐洲出現了一群才華橫溢的學者，他們開啟了鎖在佛教大、小乘佛教各分支中的寶藏。這些學者屬三大主要學派：「盎格魯—日耳曼學派」專精巴利傳承，他們的努力發祥自巴利聖典學會，這學會係由李斯．戴維斯（T.W. Rhys Davids）創立，人員有卡羅琳．李斯．戴維斯（Caroline Rhys Davids）、歐旦堡（Oldenberg）、伍德沃（Woodward）、海爾（Hare）和侯納（Honer），丹麥學者柴可納（Trenckner）、佛斯堡（Fausboll）和安德森（Anderson）、瑞典學者海爾默．史密斯（Helmer Smith）。「法蘭西—比利時學派」研究印度佛教，包括梵文、藏文和中文中的大小乘，顯赫人物有蒲仙（de la Vallee Poussin）、薛尼溫．萊維（Sylvain Levy）、拉莫特（Etienne Lamotte）。「俄國學派」的代表性人物有契巴斯基（Stcherbatsky）、羅森堡（Rosenberg）、奧伯米勒（Obermiller），集中研究印度佛教，特別是保存在藏文中的學術資料。雖然這些學者對自己的信仰守口如瓶，但在收集亞洲手稿，出版這些聖典的現代版本，並提供佛教思想的翻譯和學術研究之後，奠定了佛法西傳不可或缺的基石，也就是通向原始佛教資源的入口。

由首批開拓先驅發起的佛教學術研究一直持續至今，雖然中間經歷兩次世界大戰，經費往往短缺，但學者在西方的大學和研究機構，繪出更精緻的細節，更廣泛理解整個佛教傳承——從斯里蘭卡到蒙古，從犍陀羅到日本。因此我所謂西方佛教歷史的「第一階段」並非只是在西方背景之下為佛教進一步演化而做準備的暫時階段，然後卻由繼承者全面替代。

## 第二階段：精英挪用

歐洲接觸佛教的第二階段，我稱為「精英挪用」。此處的意思是越來越多的知識分子、作家、藝術家和專業人士視佛教為一種活的教義。在德語世界中，從佛教的學術調查到積極挪用之間的過渡催化劑是哲學家亞瑟・叔本華（**Arthur Schopenhauer**）。叔本華在未接觸過可靠的佛教思想之前，於一八八九年出版了他哲學經典的《作為意志和表象的世界》（*The World as Will and Representation*）第一版，然而，幾十年以後，他接觸到準確的佛教資料，他的哲學直覺顯示卻與佛法驚人地相似，他馬上體認到自己的思想和佛陀教義的近似性，於是，他在第二版讚揚佛教是是一切世界宗教中「最完美」的。他在外套上有小小的佛像，和一個他的哲學英雄伊曼努爾・康德（**Immanuel Kant**）的頭像，以示對佛陀的仰慕。

叔本華並未成為佛教徒，在當時歐洲是不可想像的，但他的著作在十九世紀末期對歐洲知識界影響極大，引導許多有思想的讀者進入佛法。至少有許多主要人物對佛教的發現都受叔本華的影響：奧地利佛學家紐曼（**K. E. Neumann**）翻譯《長部》、《中部》和其他巴利聖典成為德文，巴伐利亞法官喬治・格林（**Goerge Grimm**）和柏林順勢療法專家保羅・達爾克（**Paul Dahlke**）兩人從著作和宣傳資料，在二十世紀初期成為德國主要推動佛教的人物，他們的著作不但客觀公正地分析佛教，而且努力從內在來解釋，如同一個有高度信心的人所體驗到的。

在英語世界，西方知識分子接受佛教的主要推動力來自愛德溫・阿諾德爵士（Sir Edwin Arnold）鼓舞人心的詩作〈亞洲之光〉（The Light of Asia），描述佛陀的生平，將佛陀描繪成一個英雄人物，對全人類有深切的慈悲心，又有高妙的理性思維能力。這兩個特點與當時的理性社會背景完全吻合，激起讀者對佛陀的尊敬和對佛陀教法的興趣，保守的基督徒對該詩作的成功非常激憤，但那段時期英國的知識界足夠自由開放，就算基督教宣稱擁有唯一的眞理，也不會爲其所限。海倫娜・布拉瓦茨基（Madame Blavatsky）和亨利・斯泰爾・奧爾科特（Henry Steele Olcott）所創立的神智學運動（Theosophical movement）❷也在英美世界給了佛教一個地位。他們雖然將佛教詮釋爲神祕智慧的通俗表達，幾近妄想，但在傾向另類思想的人群之間，神智學運動使佛教非常風行。

少數具有冒險精神的人，受到佛法的啟發，不滿足於書本知識，離開家鄉，前往東方學習佛教的源頭，其他人如契爾德（Childers）和李斯・戴維斯，爲亞洲殖民地行政當局工作，已經接觸當地的佛法權威。在二十世紀之初，有些西方人決定到東方加入僧團，先驅如英國人艾倫・貝內特（Allen Benett）——後來在緬甸出家，成爲阿難陀・彌勒尊者（Ven. Ananda Metteya，在一九〇一年），以及德國人安東・古斯（Anton Gueth）——後來成爲三界智尊者。雖然阿難陀・彌勒尊者短暫返回英國後便還俗了，三界智長老則一直留在斯里蘭卡，創建西方比丘的寺院隱居林。

在歐洲，二十世紀早期，佛教社團開始萌芽，佛教期刊開始出版，許多眞實性不等的佛教書籍，試圖彌合佛教經典和西方知識遺產之間的鴻溝。在這「精英挪用」的階段，大多數佛教支持者都傾向巴利傳承，因爲它比令人困惑又富裝飾性的大乘經典更接近佛陀的原始教義。這些思想家重視佛教的理性和現實性、道德純潔性、寬容性、非教條式探索眞理，以及與現代科學兼容的特性。在這個階段，除了少數的例外，佛教的禪修、社群公有和信心方面都被靜置場外。換句話說，理論勝過了修行。

## 第三階段：佛教的普及

佛教在西方傳播的第三階段大致始於一九六〇年代，持續至今。這一階段是佛教的普及，佛教對各種生活型態的人產生了越來越大的吸引力，信奉佛教的人迅速增加。雖然這個階段的佛教大體是一種反文化現象，反叛現代社會粗俗的物質至上主義，以及對科技的執著，如嬉皮、嗑藥者、不滿的大學生、藝術家、作家、無政府主義者。但隨著時間，年輕叛逆的佛教徒逐漸進入主流，把佛教也一起帶來了。

今天，佛教不僅受到另類文化中人的支持，還得到商人、物理學家、電腦程式員、家庭主婦、房地產經紀人，甚至體育明星、電影演員和搖滾音樂家的支持。也許有幾十萬歐洲人和更多的美國人以各種形式接受佛教，默默地把佛教融入日常生活，西方的大型亞洲佛教社群也增進了佛法的可見度。現在有成千上萬的佛教書籍，內容包括佛陀教法的學術和通俗層面，同時佛教雜誌、期刊的發行量每年都在擴大。佛教的影響力不知不覺瀰漫到其他學科：哲學和生態學，心理學和醫療照顧，藝術和文學，甚至基督神學。的確，三年前，時代雜誌以全長的封面故事介紹佛教在美國的傳播，至少有五本這類主題的書出版了。

## 重視修行

西方佛教第二階段過渡到第三階段，受益於兩個因素，一是由於大量的亞洲佛法老師跨海西來——上座部比丘、日本禪師、西藏喇嘛——或開示，或帶領禪修，或永久居留，建立佛法中心。二是在一九六〇和一九七〇年代到亞洲訓練的西方年輕人回到母國，弘揚佛法。自一九八〇年起，我們看到第三階段的次階段，或許可說是第四階段的初期：西方佛法老師的世代出現了，他們從未去過亞洲，卻在西方受到完整的訓練。

第三階段的西方佛教特點是關注修行，跟早期的兩個階段截然不同，尤其是禪修。這個階段，不是佛教聖典和教義的學術研究（如第一階段），或通過西方思想的稜鏡來解釋佛法（如第二階段），而是佛教挪用為一種修行，可在個人內心和日常行為中帶來深刻的轉化。這不必然意味佛教修行根據經典或傳統亞洲模式進行，也不是如古典佛教教義以證悟涅槃為追尋。西方佛教徒往往提出自己改編的佛教觀念，有時與經典標準大相逕庭，以亞洲觀點來看，已經鄰近異端邪說。但在第三階段，佛教被視爲覺醒之道，深刻理解內心、進入個人生命的新維度，因此這一階段的佛教成爲一種內心轉化的方法，經由直接體驗，也經由不只是概念思維而來的洞察力。

在第三階段，我們也看到各種亞洲佛教的學派來到西方，和平共處，各自追求成長並相互合作以實現共同的目標。從第二階段到第三階段的過程中，西方佛教徒普遍採用的佛教類型明顯轉變了。在第二階段，巴利佛教佔主導地位，雖然我必須強調這樣追隨巴利傳承，並未帶來亞洲各國所修行的上座部的任何形式。事實上，精英佛教徒經常視亞洲上座部退化到了古代的聖典教義，相信這教義是他們自己獨一無二的所有物。但隨著第三階段的興起，焦點從巴利傳承轉移到：一九六〇和一九七〇年代的禪宗，然後是一九八〇和一九九〇年代的西藏金剛乘佛教。繼而佛教的新形式進入人們視野，如一行禪師的相即共修團（Thich Nhat Hanh's Order of Interbeing，以法國爲基地，但美國分部非常強大）、聖彌勒壇城教團（Arya Maitreya Mandala，以德國爲中心）、西方佛教教團之友（The friends of the Western Buddhist Order，以英國爲基地，有幾個歐陸分部），這些團體隨順西方人的根性，嘗試創造新式的佛教修行，部分融合、部分創新。

此外，佛教信徒的年齡範圍因傳承而異。今天在德國，大多數巴利傳統的信徒都是五十和六十多歲，而禪宗和藏傳佛教信徒則是三十和四十多歲。我個人是上座部的信徒，這一發展對於我們至關重要，稍後再行說明。

## 二、西方接受了佛教

在這一點上，我想提出一個問題：我們如何理解近年來西方人對佛教興趣的激增？我們如何解釋今天許多人熱望探索並擁抱佛法？這個問題有必要解答，這樣，我們努力為佛法傳揚歐洲獻出一己之力時，才能看到我們必須滿足哪些需要。

### 佛教填補真空

我認為這個問題的答案，大致可分為兩個不同的階段，分別對應於剛才談到的西方接受佛教的最後兩個階段。在第二階段「精英挪用階段」，知識分子被吸引到佛教，因為它塡補了歐洲自十七世紀以來越來越大的眞空。這種眞空就是缺乏全面的智慧教法，為人類「生命存有」的深層意涵提供鑰匙。傳統上有賴哲學來闡明生命的意義，但自十七世紀以降，哲學背棄了這項任務，開始關注其他的課題。此外，哲學提供的指導通常鑲嵌在思想系統中，如史賓諾沙的《倫理學》，非常微細而複雜，知音甚少。

當然，基督教也宣稱自己持著生命之謎的鑰匙，但正統基督教並不是要展示通往智慧之路，它的主旨是經由信奉上帝和救世主基督，提供天堂永生的展望，這信仰正是問題所在。進一步說，基督教捍衛人類價値觀的成績，令人不敢領教。基督教在十字軍、宗教法庭、強迫轉變信仰、非兼容並蓄的傳統，推開了——而非吸引——對倫理道德敏感的心靈，同時它與殖民政權聯盟，更坐實了它是爲帝國主義而設計的嫌疑。再加上，當科學果敢跨向一個個知識領域，常遭遇教會的死命抗拒，因而抹煞了基督徒宣稱天啟絕對正確的信仰，於是越來越多的獨立思考人士看基督教是個事不關己的宗教。

佛教聖典和佛教思想的翻譯在十九世紀後期出現，正好補西方之不足：一種修行智慧系統，能夠啟發心智並引導道德，卻不需要神學教條中絕對服從的信仰。相反地，佛教的教義是靠人類對基本眞理和普世法則的理性以及個人洞察力。但在這個階段，佛教衝撞西方心靈，於是西方心靈深刻而清晰地瞭解佛教教義，在著作中表現出十分令人信服的洞察、論理和辯才。短處在於西方理解佛法，仍是理性和構思的系統，僅爲代替搖搖欲墜的基督教會。另一局限是，此一階段的佛教只受到精英知識分子的青睞，因此僅吸引聰慧得足以跟文化和宗教主流分道揚鑣的人，然而主流仍是基督教。

## 普及的條件

能夠過渡到第三階段，也就是佛教更廣泛地傳播到一般人，必要有一些額外的條件到位，而這些條件只有到二十世紀下半葉才十分普遍，包括：自由民主制度從專制政體脫穎而出，在民主的方向下，除政治上的民主，還有心智的民主，對新思想方式的開放，以及寬容與本身理性傳統完全不同的觀點。這份開放是因爲基督教會對其他宗教的態度有部分改變，在西方，第二次梵蒂岡會議（一九六三至一九六五）傾向對非基督宗教更加尊重並寬容。

其次，第二個前置因素是經濟相當富裕，歐洲人不再過分擔憂物質的安全感，游刃有餘去探索新思想。消費至上社會的出現，也讓歐洲人看清物質發展當作追求快樂的解方有其局限。

第三個前置因素是一九六〇年代有高標準的開放教育，大部分年輕人可以接受大學教育，高等教育讓他們接觸人類一切知識領域的各種觀點，可訓練他們既具批判性又富含深度地思考自己的新想法。

第四個前置因素是交通和通訊方式的改進，有助東西方交流。如今，好奇的西方人可輕易前去東方，在與母國差不多的條件下，第一手體驗佛教，亞洲佛教老師也可來西方弘法。

第五個前置因素，自然跟著第四個因素而來，亞洲老師實際到了西方，接受亞洲訓練的西方老師也回來了，這些教師在多年的嚴謹訓練之後，佛教是活生生的信心，體現在他們的生命之中。

## 敏感心靈需要行動方案

雖然上述五個因素構成了大量歐洲人接觸佛教的必要條件，卻還不能充分解釋西方何以對佛教的興趣迅速升高。為了找出造成這種現象的決定性因素，我必須回顧一下在歐洲文明腳下展開的眞空或空洞，也就是說，歐洲缺乏一種堅實、權威的心靈傳統，來引導人們如何掌握生活。在十九世紀末和二十世紀初，只有較具辨識力的西方心靈才能感受到這種空虛，對教條主義的基督教和經濟上的物質至上主義都不感興趣。一般人則多少可用光明樂觀的心態，迎接即將來到的科技造成的黃金時代，來平衡祖傳的基督教信仰。

然而一九五〇年代後期發生了翻天覆地的變化。經過兩次世界大戰和以熱核武器毀滅世界的長期冷戰，無數人對人性本善的信任瓦解了。像納粹大屠殺和廣島原子彈這樣的恐怖事件，不但瓦解了愛世人的造物主上帝，更揭示了僅僅依靠理性，卻沒有更高的智慧，也沒有對道德的堅定承擔，有多麼危險！西方最聰明的頭腦，靠著理性的知識，兩次使整個世界陷入野蠻的非理性狀態，死亡人數高達數千萬。現在，他們手頭上握著更多致命的毀滅性武器，而且語帶威脅說，他們會再度發動戰爭。因此，十九世紀敏感的思想家看到空洞繼續擴大，吞噬了每個人。它不僅擴展，而且許多人已感到它已經累積了一種尖銳而進逼的緊迫感，無論多麼神聖的思想系統都無法解決。人們需要的，是一個行動方案，往往意味著個人更深入的心靈探索。

與此同時，對核戰爭的恐懼在全球投下一道長長的陰影，西方前所未有的物質富裕，使人輕鬆獲得了前幾代人夢寐以求的舒適、便利和感官享受。然而，雖然這個消費至上主義的天堂讓許多人著迷（而且依然如此），但至少有一些「眼中微塵少」的人，意識到這種世俗的快樂不會給內心帶來永續的寂靜。在這一點上，對於這些心靈敏感的西方人來說，四聖諦中的訊息不再是一個卓越的思想體系，可坐在舒適的搖椅上欣賞。相反地，它已成爲治療可怕疾病——也就是苦病——的良藥，跟任何藥物一樣，服用它才明智。

因此，對於西方佛教第三階段的佛教徒而言，佛法是一種訓練和掌握內心的修行之道。隨著教師和佛法中心的出現，越來越多的西方人開始熱切地著手修行，跟隨佛法的引領。

## 重新帶來社群感

但是佛教提供的，不只是一種修心方法，能使內心平靜，更深層地認識自我，同時更滿足了西方心靈另一種深刻的需要。西方文明深層的理性傳統，認爲人類的幸福取決於社會秩序的改革，如消除暴政、經濟壓迫、社會不公義。對這一前提的承諾，推動了西方民主的興起，也產生了各種不算成功的社會主義形式的實驗。然而，從十九和二十世紀的經驗來看，如果沒有一些道德指導準則，僅僅是對自由和民主的追求，很容易適得其反。因此，以「自由、平等、博愛」爲口號發起的法國大革命，以斷頭台終結。布爾什維克革命承諾「無產階級專政」，最終形成蘇聯警察國家。西方理想主義者看到了佛教崇高的社會倫理基礎，奉獻於世界和平、社會正義和生態的理智思維，而內心又受到道德準則的保護，可免於世俗的政治烏托邦主義可能造成的畸形。

要理解今日眾多西方人傾向佛法，我們必須考慮的另一因素是現代西方文化中社區的解體，日漸工業化和城市化，舊日的人本尺度的社會結構，讓每個人都找到自己的一席之地，如今讓位給巨型體制，把個人貶格到僅只是不講人情的社會秩序下的齒輪，人們感到隔絕、疏離、切斷了跟社會的休戚與共之感，陷入一個爲無情的個人主義推波助瀾的系統。這些毀滅性的價值挑起廣泛的心理危機，如長期壓力、焦慮和抑鬱。人們尋求的逃生路線有濫交、暴力娛樂節目、酗酒、吸毒，但這些舉措當然毫無可能提供解決方案。

今日許多人即使在擁擠的大都市中也感到孤寂和隔絕，當佛教西來，正好提供了抗衡力量。一方面，佛教提供無條件的愛、悲心、合作和利他的價值，都是被基督教傳統淡忘的理想，同樣重要的是，佛教帶來了一種新的社群感：佛教團體在尋找自己的組織形式的當下，逐漸演化成佛教中心的模式，共修的修行人定期聚會，充滿友誼精神，一起修學佛法。許多佛教學會設有住宿設備，眾多勤奮的修行人可暫時或永久居住，有些團體在城市裡設有中心，會員週間可去，偏遠的鄉間中心則供長期禪修之用。

## 盛行的佛教傳承有所轉變

前文提到，當西方的佛教進入第三階段時，從巴利傳承轉向禪宗和西藏金剛乘。一個解釋是，這些傳承比較具有吸引力，表面上比較異國情調。另一個原因是，禪師和藏傳喇嘛較有個人魅力。這樣的解釋還不夠完整，我相信，這些傳統比上座部受歡迎的主要原因，是因爲他們的禪修比上座部主流更有活力。在巴利聖典中，佛陀確實一再強調禪修比什麼都迫切，而這個訊息也在整個南亞有一小部分誠懇的修行者遵行，然而老一代的歐洲佛教徒以理性看待巴利佛教，有崇高的道德和傑出的思想系統，好似爲了肯定這一點，少數在西方定居的具代表性的亞洲上座部，大都展現教義和道德方面，很少展現大乘和金剛乘大師的生命力，由於現今的西方求道者正在尋找一種可融入生活的修行，而不僅僅是一種用來欣賞和討論的思想體系，他們自然會感受到另類佛教形式——禪宗、金剛乘和新西方佛教宗派——的吸引力勝過上座部。

然而，這並不是說在西方缺乏上座部的禪修傳承。許多西方人多年前來到亞洲國家，在合格教師的指導下修行，後來回到西方教授並建立佛法中心。但是，我們發現，通常這樣以上座部禪修爲基礎的西方老師，外顯或內隱地，並不認同上座部佛教的教義，相反地，他們明確或內隱地將自己與亞洲上座部佛教保持距離，稱自己的佛教方式爲「觀禪傳統」或「正念覺知的修行」，同時他們發展出充滿活力的訓練系統，所表現的幾乎是心理洞察力和自我探索的一門自主學科。這當然是西方佛教的弱點，因爲觀禪若要達到眞正的目的「無漏心解脫」，古典佛教的宗教和哲學維度絕對必要，假使忽略了佛法的經典和教義層面，對佛法的理解結果可能是稀釋的、僞劣的。但這精簡的修行——非宗教、非教義、非僧伽的觀禪修行——正是西方人修行上座部佛教的模式。這發展讓我們更細密地檢視我們的傳統，並自問：爲什麼人們經由這樣挑挑揀揀的策略，以局部的方式來修行佛法，而沒有把佛教視爲有機整體，而全盤接受？

## 三、將上座部佛教帶到西方的挑戰

這便進入本次演講的第三個主要部分，也就是將上座部佛教傳法到西方所面臨的特殊挑戰。

我思考這個問題時，腦中立即浮現的是：「我們究竟希望弘揚上座部佛教的哪一種類型？」一方面，如上述，西方人尋找的不只是聖典和思想，不只是書本上的佛教。書本當然重要，可以把佛法介紹給人們，當作聞法和思法的材料。我的意思並不是說佛教文獻可缺，而是不足夠，要正法深植人心，必須直接走向他們，不是在書本封面之間，而是活的、呼吸的人在生活中體現教法的眞理。

因此，當我問：「我們想弘揚什麼類型的佛法？」我考慮的不是白紙黑字的純粹經典佛法，實際上，佛教一直展示著具體的修行，鑲嵌在社會結構中，體現在眞實的人身上。因此我們應考慮上座部佛教的修行方面，而不只是巴利聖典的教義。我們思索如何把佛教帶來西方，必須決定我們想帶來上座部眾多面目中的哪一面，這樣的考慮多少有點爲時過早，因爲如果佛教能在西方生根，它會採取適合西方社會和文化條件的形式。但一開始，我們需要一個作爲種子或核心的東西。

我們能和亞洲佛教成熟形式合作嗎？斯里蘭卡和其他亞洲國家上座部佛教主要的形式，是寺院的宗教，這環繞著比丘托缽、菩提供修（Bodhi poojas）、唱誦、形式化的盂蘭盆開示，我並不想貶低這些宗教行爲的價值，這原都是信心的重要表現，在佛法的庇護下形塑自己的特色，然而，這不是西方人會感興趣的佛教，西方人常因對教會式的基督教失望而找到佛教，亞洲上座部的現代化轉世，在公共環境中必須有許多任務加身：對新富的都市人口提供道德和社會引導、保存佛教文化傳統、為佛教在政治事務當說客，但這種佛教模式仍與西方關連甚少。

上座部佛教的理想形式，是將各健康的上座部傳承融合成一個有機整體。弘法必須重在禪修，但它應該包括：強調佛教道德（包括佛教對當代倫理道德問題的看法）、聖典和教義研究、全心修行，當然也還要有相當份量的儀軌，但儀軌必須與修行合而為一，而不僅是遵循文化規範。禪修應該是弘法的核心。學生一旦體驗到禪修對生活的好處，就會對聖典研究、虔誠修行、戒和儀軌更有興趣。然後，儀軌將把佛法不同層面融合成一個連貫的整體，這是由內在的禪修經驗向外激勵，使得整體生機勃勃。

## 僧團是弘法重心

現在我們觸到問題的核心了。上座部佛教在其正統的模式中，一直將僧團視為住持正法傳統者。因此，如果上座部要在西方佔有一席之地，那麼它應該藉由僧團來弘法，由在家人護持。否則，最終只會成為一個稀釋的上座部版本，就像所謂的觀禪僧團那樣。由僧團弘法，才能強調真正佛法的特色——出離和節制，也才能提醒大家，只有棄捨一切執著，用智慧判斷，而不用聰明的理由去增強執著，才能證得涅槃。

然而，對僧團的需求很快就會遇到實際問題，大多數西方人認為僧團制度是奇怪而陌生的體制，更複雜的是，在西方，大部分弘法大任是由在家人擔負。禪中心，甚至藏傳佛教社群都是，僅少數例外。研讀巴利聖典的觀禪社群，幾乎所有老師都是在家人，經常以男女搭配的團隊到各地傳法。這個模式證明對西方學生非常有效，因爲學生跟老師有同樣的背景和人際關係模式，很容易就跟老師有所認同。然而，不可避免地，這種稀釋的教學方式把佛法的邊角磨鈍了，從經典的觀點，邊角應該是銳利的。

在這樣的背景下，上座部比丘持戒而禁欲，遵行克服欲樂的教法，不免發現自己簡直是逆流而上，在上座部佛教的母國，不淫的生活方式是崇高的美德，值得尊敬，西方人看這只是個人的抉擇，甚至是個奇怪的選擇，常引起懷疑而非仰慕。除少數例外，這樣未必可代表一個優越的精神地位，也未必能自稱是值得他人景仰的理想，因此，在這樣嶄新的背景中，如果比丘忠於他的專業，必然對佛法的智慧和卓越的內心力量有深刻的信心，要不然，他不是被迫還俗，就是感到必須返回母國，他不但要持守戒誓，還必須爲整個佛道概念中出離的角色作見證。

我們面臨的西方弘法的另一個問題，更爲實際，今天的斯里蘭卡，要找到具有「佛法使者」（dhammaduta）個人品質，又能夠將佛法有效地傳達給截然不同文化背景的比丘非常困難。這對於上座部佛教整體在國外弘法產生了不利的影響，使它在生氣蓬勃的西方佛教前沿仍如一灘死水。往往，斯里蘭卡的寺院在西方樹立起來，表面上是傳法給西方人，最後其實只有兩種命運：寺院要不是變成斯里蘭卡僑民的社交和文化中心，要不就是，如那國家沒有斯里蘭卡僑民社區，就變成沉睡者，偶爾被好奇的訪者或學校團體喚醒，一旦西方的佛法尋求者的興趣被啟動，又會重訪寺院，希望得到修道的滋養，結果可能找不到足夠的活動來滿足新滋生的興趣，又可能退回私人研讀佛法，或找尋其他修行活力更高的佛教宗派。

在所有亞洲上座部佛教界中，我覺得斯里蘭卡人最有可能將佛法傳到西方。從我的觀察，泰國、柬埔寨和緬甸的比丘幾乎完全專注於自己的教界，甚至不曾想像佛法能影響西方人。斯里蘭卡人最傾向於佛法傳到西方的理想，斯里蘭卡僧團也有比丘準備學習西方語言，並將教義轉化為西方人聽得懂的訊息。然而，儘管如此，當我們觀察西方佛教場景，仍令人失望。我們看到人們對禪宗和藏傳佛教、以及新佛教運動，如「相即共修團」、「西方佛教教團之友」、以及觀禪的世俗修行，都有高昂的興趣。除了阿姜蘇美多（Ajahn Sumedho）的甘露（Amaravati）網，其中包括西方比丘和比丘尼，正統的上座部僧團在西方的影響相對較小。當然，有人可能會認為這正證明西方人過於頹廢，無法欣賞真正的佛法。然而，這種解釋不僅不可取，而且也有誤區。相當數量的西方佛教徒感到自己強力地受到上座部佛教傳統的吸引，並且正尋覓比丘來傳法。因此，的確有此需求，只是資源供不應求。

## 僧團教育的狀況

雖然我對這個問題沒有一步到位的解決方案，但可對其起源進行初步診斷。我暫時做個假設：我認為部分原因在於斯里蘭卡的整個僧團教育體系。這個系統非常不足，需要從頭進行大幅改善：改善僧團訓練的目標、深度和廣度。受過這種制度訓練的比丘到海外弘法時，會發現自己面臨著嚴重的障礙。一方面是，他們不僅必須學著在自己的角色和期待缺乏明確定義的社會中，適應那種社會關係，另一方面是，他必須針對西方學生生命的關注點，常規的講道和儀式根本不管用。而且他們必須處理在許多知識領域內的知識暴增，這些知識都與佛教有關。

斯里蘭卡僧團因應在西方弘揚上座部佛教挑戰的唯一途徑，就是在斯里蘭卡當地迅速改善僧伽教育。如果比丘要出國弘法，他不僅需要完全了解自己的上座部傳統，還要熟悉其他主題。他至少需要一些佛教歷史和宗派廣博的知識、一些比較宗教的知識，而且英語流利。他也應該知道或準備好學習他前往國家的語言。除了這些特定領域的能力外，他還需要理性的開放和敏銳，以理解來自不同文化的人的根性、心態和世界觀，並以他們聽得懂的方式跟他們建立關係。他必須有眞實修行的基礎，因爲無論懂得多少書本和教義的知識，如果沒有虔誠的修行，也將枉然。不幸的是，幾乎找不到一個佛學院能夠提供必要的培育，同時佛教僧人不思開創改革，反而傾向保守而維持現狀。在這方面，佛教教育機構比基督教神學院差，基督教神學院爲自己的傳教士提供了全面而廣泛的教育，連神學院的佛教研究領域也往往優於佛學院。

## 禪修的復興

然而，問題並不全在僧團，問題延伸到了整個斯里蘭卡佛教，不只是教育，而在於如何理解修學佛法的目的。似乎在斯里蘭卡歷史上的某一點，上座部佛教失去了擔任普世正覺和解脫的角色，大部分斯里蘭卡佛教徒，除少數誠懇的比丘和虔誠的在家信眾，佛教變成建構並維持道德和共同認同的方法，因此太多佛教徒，包括比丘，失落了佛法的普遍性，失落了無分別和無我的心，這正是佛陀偉大和吸引力所在。相反地，這普遍心態被顛覆了，反而利用佛法來支撐社會認同，於是把人們鎖在自己的群中，而不是向全人類開放，藏傳佛教徒的情形就很不一樣，他們忠於菩薩的理想，救度一切眾生，趨向解脫，使普世和無我仍然栩栩如生。

這狹隘的眼光也瀰漫到僧團，結果比丘的培育並不全在於引導他們走在正覺之道——向正覺之心的清淨、解脫、智慧——而是在教導他們如何監護這獨特的社會和文化遺產。我並不想貶低這項服務的價值，因為在這個國家，保留斯里蘭卡的佛教文化和社會支柱非常必要，尤其是抗拒基督教福音派和物質消費至上主義的入侵，但這僅是附屬功能。教導年輕比丘通向智慧和寂靜之路才是更重要的功能，附屬功能不應專橫，使純正原始的佛法之道湮沒在濃霧和雜草之中。

因為上座部佛教傳承明顯區分所謂「村鎮比丘」——奉獻於傳教和社區服務——和「森林比丘」——奉獻於全時禪修，又加劇了這些問題。這種區分導致了一個情形：如果比丘無意在今生走上通向涅槃之道，把禪修推遲到未來世，把他穿著僧袍的生命合理化為社會服務，然而，這樣的社會服務，大部分是世俗的色彩，很容易就轉向政治激進分子，通常又都與種族主義有關，很少整合到真實的修道，除非是巧立名目；另一方面，那些想在今生走上道、果的比丘，撤退到森林全時禪修，不曾與更大的社區一起分享願景，還有，他們所受的訓練也欠缺在外國傳法的語言和社會技巧。因此我們有一個顯明的二分法：受過訓練的村鎮比丘對佛法缺乏深刻的洞察力或禪修經驗，另一方面，禪修比丘並不太想弘法。這樣陷入進退兩難之境，無可遁逃，但我忍不住問自己：正覺者佛陀如果還活在世上，這是他所樂見的嗎？

強迫全天候禪修的比丘去承當比較積極的專業，並不合適。若要糾正這種不平衡，對治方法就是在培育比丘的佛學院內恢復禪修。僧伽教育中的禪修，原是修道生活的心要，居然失落了，然而，我們現在知道，失落了禪修教育，在整個僧伽教育系統中留下了痛心的傷痕。對治方法就是恢復禪修，但我們不可能僅僅從外在來強制規定比丘禪修。禪修不會從眞空中發生，必須明確理解佛教修行的基礎和目標，而且禪修原是整體修行的一部分，才有可能。因此，我們眞正需要的是，恢復佛教出離生命核心中的修行。

## 訓練重點在於正覺之道

就個人而言，我並不認爲需要爲了培養比丘成爲「佛法傳教士」或「佛法使者」而特別設立機構。這些機構很容易吸引因其他理由而想出國的比丘：獲得聲望、竄紅，還可能找工作和還俗。我覺得加強現有比丘培育中心的課程是明智之舉。同時，我們應該留意參與者中有能力在西方弘法的比丘。

我們還必須記住，訓練比丘的目的不是讓他們成爲佛法使者，而是引導他們走向正覺之道。因此，培訓應該重在比丘的內心培育，既包括有利於個人成長的品質，又從修行流溢出對他人的慈悲。然後，可選出具有特殊技能、有根性弘法的比丘，只要展示了海外任務所需的內在成熟度，便可指派擔任出國弘法的任務。

## 無定論的結論

我得出了一個無定論的結論。西方佛教現階段的發展，正在採取一種形式，側重於把佛法當作通過禪修的內心轉變之道，其他修行則從屬於這項重點。我們不應該立即論斷西方佛教是亞洲人理想的仿效模式。西方佛教徒往往缺乏對聖典的扎實知識，因此很容易改編教義，以適合自己的盤算和期望。我認爲，在此具有良好教理學術知識的亞洲比丘可以做出重大貢獻。雖然西方佛教需要導正其正見，但很明顯西方佛教徒的焦點在於個人的禪修經驗，以達內心寂靜和智慧。

如果斯里蘭卡佛教徒要有助於西方佛教的健康成長，便需要同時也成爲體現活生生佛法的代表，也就是說，我們需要比丘——以及比丘尼——在生活和性格中表現出佛法可帶來眞正的內心智慧、清淨和寂靜，並在外展現出對他人的慈心和悲心。

這是一項艱鉅的挑戰，但如斯里蘭卡要貢獻於西方佛教的發展，則是不可或缺的要求。由於弘法的主要責任在於僧團，國內的僧團若要做好這任務，必須強化內部，才有資格執行這項任務。這需要一些強烈的內部批評，並嘗試眞正的改革，尤其在僧團培育系統方面。如果沒有這種變革，斯里蘭卡對於歐洲佛教發展的貢獻，不會強過經營寺院來服務斯里蘭卡僑民的貢獻。

現在我將以一個亮點來結束演講。儘管缺乏合格擔任「佛法使者」的比丘，但西方有幾處上座部比丘成立的寺院和佛教中心，以低調、不獨斷獨行的方式努力弘法。其中斯里蘭卡比丘最爲突出，他們必須艱苦努力並自我犧牲，才能完成任務。他們面臨的困難不僅是外在的，也是內在的。他們必須在西方消費至上文化的誘惑中保持虔誠的紀律，還必須抗衡佛教傳統的壓力，從一成不變的傳統背後，找出隱藏著的佛陀的明確信息。這些比丘通常沒有大型組織，也不可能從母國獲得財務支持，但是他們對佛法的虔誠和對眾生的慈悲心，積極幫助西方人踏上佛道。他們無私的工作應得到這個國家所有眞誠佛教徒的讚嘆和支持。

摘錄自〈歐洲弘法之必要〉，可倫坡的德國佛法使者學會出版小冊子，二〇〇〇年。原為可倫坡瑪哈威利中心大講堂，紀念 Mitirigala Dhammanisanthi 尊者（原名 Asoka Weeraratna）逝世一週年會議的開場演講，二〇〇〇年七月二日。

❶原名阿索卡·維拉拉特納（1918-1999），由於觀察到德國在二次戰後，急於尋求替代的道德和精神追求，而於一九五二年創立德國弘法使團（German Dharmadatu society），後又於一九五七年創立柏林佛教精舍（Das Buddhistische Haus），於一九七二年剃度出家，成為一名森林比丘，他的法號並無公認譯名，故在此保留原名。

❷海倫娜·布拉瓦茨基、亨利·斯泰爾·奧爾科特和威廉·關·賈奇等人於一八七五年，在紐約市建立神智學協會（Theosophical Society），又譯為通神協會，以研究神智學，神祕主義與精神力量為主。由於思想理念和印度宗教文化相契，他們一八七九年來到印度旅行並參訪宗教勝地。最後再落腳到錫蘭對岸的馬德拉斯。一八八二年，學會的總部在馬德拉斯（今清奈）正式成立，從而與這一時期的印度民族解放運動、印度教復興運動聯合在一起。

# 53 善、美、眞

## 如何踏上通往快樂的道路

人類的本性都是趨樂避苦，然而這個目標虛幻得可以。因爲我們渴望快樂，這渴望卻沒有自動包括尋求快樂的智慧。如果「得到快樂的知識」自動跟著「想要快樂的渴望」一同到來，佛陀就不必出世了，我們可完全靠一己之力得到完美的快樂。

我們需要佛陀的引導。雖然我們自然趨樂避苦，卻不清楚如何達到快樂的道路。於是我們的根本問題是「知」和「正知」。儘管我們對自己的理解力頗具信心，我們的心卻不是「知」的可靠工具，心會受到與生俱來的扭曲，而得不到自己需要的知識。正由於這些扭曲，我們無法理解如何才能避免痛苦，找到快樂和寂靜。

缺乏清楚的理解，佛教聖典稱爲無明或愚癡。我們由於無明，成爲貪愛的受害者，因此習慣性做出的某些行爲，表面上看似愉悅、最終卻帶來不滿足或痛苦。有些行爲看似困難、痛苦、具挑戰性，我們感覺這些行動過程也許會帶來穩定的快樂，但由於需要努力、奮鬥、改變內心，與我們自然的傾向有所衝突，我們就不怎麼想做了。總之，我們因循熟悉的慣性行為，雖帶來立即的快樂，最終卻毀了自己。我們不想做自己不甚熟悉的善行，然而我們如有正確理解，便會看到善行終將帶來利益。

許多人認為快樂就是感官欲樂，認定快樂來自耽溺於愉悅的色、聲、香、味、觸，因此耗費精力，找尋方法來得到欲樂的目標，另有一些人，倒不在乎財富可以買到的欲樂，卻關注如何得到更多的財富，這樣的人看來，財富本身就是「善」，他們用收入、銀行帳戶和資產來評估自己和他人，他們投入大把時間賺取更多、獲取財物、增加財富，卻難得停下一時半刻，來享受財富帶來的享樂。

還有些人努力追求權力，希望獲得高位以控制他人，他們認為，在政治上和社會上位高權重，就是快樂。也有人不太在意財富和權力，卻在乎個人的安全感，他們不想爬上社會高位，非常滿足於相對較低的社會階級：安全而且舒適的中產階級，隨波逐流過一般認為受人尊重的生活。他們也許在郊區擁有一幢不錯的房子，不錯的太太或先生，不錯的子女就讀於不錯的學校，他們生命裡的每一件事都像繪本一樣美，只有一件事：就是沒有深度的意義來源，賦予他們真正的尊貴和價值。

如果我們深度檢驗這些追求世間目標的人，無論是欲樂、財物、財富、權力或安全感，會發現在他們內心的核心部分並沒有真正的快樂和滿足。他們得不到快樂，因為他們認為快樂就是向貪欲的指令投降，他們不理解貪欲本身是不會滿足的，因此，他們達成一個渴望的目標之後，並不感到快樂，馬上又迷上另一個新的渴望，這份新渴望推動他們追求更新的享樂、更多的財富、更高的權力，於是，這樣追求世間成就，便墮入惡性循環：渴望帶來滿足，滿足又引起新的渴望。

我們如何相信這是事實？只需要想想那些所謂特權精英的生活，這樣的人看似要什麼有什麼，可操作大量財富、權位高，擁有每個人夢想中的奢侈品，然而，雖然這樣的人也許是別人眼中羨慕的對象，內心卻得不到眞正的寧靜。如果你走進他們家，你會看到大房子，眾多的房間、精緻的家具、華麗的裝潢。他們也許有傭人和廚師，享用各種美食，享受崇高社會地位而來的特權，但你若走進他們的浴室，看看他們的藥櫃，或許會發現鎮靜劑、抗憂鬱劑、安眠藥、興奮劑等各種精神藥物，就是爲了應付每日的壓力和緊張。

我們經過這些反思，會相信眞正的快樂不是物質的擁有和世間的成功，而是靠心智和心靈的素質來決定：不是由我有什麼，而是我是什麼來決定。眞正的快樂來自平靜的心，並非取決於物質條件。當然，我們要快樂地生活，還是需要某種程度的物質安全感，畢竟，受到飢餓、疾病和貧窮所迫時，不容易獲得快樂。然而，物質的安全感只是培育內在素質的基礎和出發點。只有培育內在素質，也就是培育內心，才有眞正的快樂和寂靜。

佛陀的傳統教法說到整個「生命存有」，即生死輪迴，就是苦，這個教法也告訴我們，究竟的快樂只來自解脫「輪轉」：即證悟究竟眞理——涅槃，才能解脫輪迴。然而，佛陀也開示了此時此地、今生就可以感受到的快樂，因此我想根據佛法來檢驗眞正快樂的意義，而不摻入業、輪迴和解脫輪迴的涅槃的經典框架。

我並非對這些教法置之不理，因爲我們靠著這些教法才能得到深刻而全面的佛法見地。佛陀所開示的整個解脫之道，就是根據這個思想架構建立起來的，若除掉或用理性梳理它，便只能得到一個掏空版本的教法。然而佛陀也說過，我們應該用一己的經驗來檢視佛法。因此我想先從眼前、可親見的快樂與平靜的意義說起。我們若用可見的快樂作爲探詢的基礎，便會對佛法所說我們目前還看不見的部分，生起信心和信任。

接下來我將探討快樂的概念、分析它的元素，探尋如何能夠得到它。我會用三個概念來探討，這三者是根據西方哲學傳統中終極的善，並展示如何也能從佛陀的教法來完成，這三個概念就是善、眞、美，但我將用不同的順序來檢視：善、美、眞。

這三個概念統領人類價值的三個不同的領域：道德、美感和知識。「善」是道德領域的巔峰，又是當下正確行爲的底層基礎，一個充滿正確行爲的品質，也是正確行爲所引發的內心狀態。我們要決定在日常生活的具體情況中如何行動，就必須訴諸一個特定類型的反思，作爲節制行爲的原則，換句話說，要實現「善」，我們必須用道德考量來回應狀況。

「美」是美感領域最高的價值。「美感」一詞通常意指對藝術作品的欣賞。但我更廣義地用來指涉以「美」爲主導元素的整個美感經驗，藝術被認爲是美感的領域，因爲偉大的藝術作品能夠喚起我們崇高的感覺，感知一種「超越的美」，但我們也可注視令人屏息的自然景色、仰慕偉大的人格、發展崇高的心識，而得到美的認知。大多數人對藝術的沉思都會使心靈提升到正常生活中不曾感知的狀態，因此對我們絕大多數人，藝術是喚醒奇妙而偉大經驗的主要方法，但我們也可直接轉化心識的感情和美感能力，用更大的心靈潛力，使我們更經常與美麗的事物相遇。

眞理是我們追求知識的終極目標。科學事業的目的完全在於發現有關世界的眞理，雖然科學的發現有其實際的用途，但科學並不完全是技術的人質。一般認爲理論知識本身就是一種善，「純粹科學」——全面而細密地理解世界——可以激起我們的熱情，即使其技術應用並不可行，卻仍推動了許多科學研究。然而，由科學方法得來的知識，總是有許多偶然，它跟一個看不到完整細節的領域綁在一起，永遠不斷改正和延展：永遠搔不到癢處。我們所渴求的知識，只能從眞理的領域才能得到滿足，因爲這是完美的知識，也就是穿透最深實相之後的了知。

總之，要追求眞正的快樂，必須結合三個品質：遵守道德的「善」，或在活躍的生活中履行道德價值。「美」的沉思，高揚感覺的經驗，賦予一種崇高感。認識「眞」理，給我們理性生活一種滿足和完整。

## 善

根據佛陀的教法，眞實的快樂，無論高下，必要條件都是善，也就是道德的正確，或說是戒。一旦具備這樣的善，道德行為才能實現出來。我們要得到真正的快樂，即在生命裡感受真正的快樂，必須過道德的生活，這意味我們必須在身業和語業上考量他人的福祉，作為行為標準。道德生活就是我們超越自我利益的需求，並注意到他人的利益，來決定我們的行為。

雖然佛教的經典中，道德通常被歸納為各種戒，但佛陀說，道德的基礎並不在於一套法則或戒，而是一套可以應用在有情眾生的關係上——尤其是人類——的原則。這個原則就是以自己為判定標準，來決定如何與他人互動的指南。當我們必須在特定的情況下和他人互動，我們必須踏出自己身體的界限，把自己放在他人的位置。我必須首先考慮，如果他人這樣對我，我如何作想，這個原則意味著，其實我們必須對他人展現尊重和體諒，不只是一個受著孟浪的自我利益所驅動的人。

佛陀從這個基本原則出發，發展出教法中基本的道德戒行。因此從道德觀點出發，在一般情況下，以自己為判定標準，就形成五戒。因為我們想到自己會有什麼感受，於是發展出不殺、不與取、不邪淫、不妄語四戒。佛陀在這四條之外，又加上一條：不服食迷亂神志之物。至此完成了五種戒行。加入這一條的原因，並非神志迷亂會直接傷害他人，而是因為一旦沉迷，良心的節制就減弱了，因此比較容易違犯其他四戒。

遵守五戒，以實踐道德，會帶來一種快樂，佛陀稱為無過之樂（anavajjasukha），人們一旦做出自私、不道德的行為，或許確保了自己的利益，看似成功、快樂而滿足，我們還可能羨慕他們呢！但只要一個人行爲違反了基本的道德原則，心底深處定會生起不自在的感覺——模糊或清楚地認識到：我們已經傷害了他人，造成他人的痛苦。這種認知會有一種被啃噬的痛苦，無論外表看起來多麼成功，都無法找到眞正的快樂。

這樣一來，我們來想像黑幫老大，從走私海洛因撈得不少財富，又幹掉對手，行賄官員，來維持地位，坐著司機駕駛的名車，穿著時尙，身旁總有美貌女子，在最昂貴的度假勝地度假。我們若問：「他要是知道自己的成功是建築在這麼多人的痛苦上，內心眞的快樂嗎？」答案當然是：「不會快樂的。」

然而，我們若用道德綱領來克制自私的傾向，並節制行爲，就會知道我們並沒有故意傷害其他有情眾生，內心便生起清明和清淨。我們若減低了自私的欲望，不傷害他人，就感受到一種無過之樂：一種從清明的良心生起的喜悅和自在。這樣的快樂是因爲我們認識到自己並沒有把痛苦加諸其他有情眾生。我們既然不會讓其他眾生感到害怕，我們便給出了「無畏施」（**abhayadāna**）。在我們的面前，一切有情眾生都會感到安全：生命安全、財產安全、人我關係安全、交流溝通安全，這是道德行爲的一個面向：不把傷害和痛苦加諸眾生。

但只遵守克制的原則還不夠，我們若要成就「善」，就必須培養相應於五戒的內心品質，我們應培養的正面品質已隱含在五戒中：對他人的慈心和悲心、誠實、尊重他人婚姻關係、言語眞實、內心冷靜。這些是五戒的對應品質，如果我們承當起道德的兩個方面——諸惡莫作，眾善奉行——便在生命中體現了「善」的原則，這是眞快樂的第一個基礎。

## 美

佛陀說，「善」或清淨的道德是眞正快樂的基礎，而且是不可或缺的基礎，但善本身還不夠，我們若要找到比僅有道德的善還要深刻而且更具實質的快樂，就必須再往前一步，這樣就走到了快樂的下一個組成元素，我稱爲「美」，用這個字並非指身體上的美，如一張美麗的面孔或動人的身形，而是指內在美，也就是內心的美。在佛陀的教法中，眞正美的標誌是內心的美，這就是阿毗達摩用美心（sobhana cittas）、美心所（sobhana cetasikas）來表達，標誌踏上快樂和寂靜之路的必備素質。

我們若要培育美心所、美心，必須從道德最基礎的素質開始，這些素質本來自然就在道德心識之內，因此，道德心識就成爲追求美的發射器。道德上的不善心所達不到眞正的美，然而我們若要在美的路上更進一步，還必須刻意推進道德清淨的心識登上守戒無法達到的頂峰。在這個過程中，這些心的素質會擴張、強力而且崇高，進入一個完全新的景觀，即佛教宇宙觀所述的，不是我們通常居住的欲界，而是到了純淨的形式：色界，嫻熟了禪定便可進入。

佛陀教導過許多培育美心的方法，美心包括專注於某些顏色圓盤的遍處、出入息、隨念佛法僧三寶等等。聖典裡經常提到一種禪修業處，培育四種崇高的心態，稱爲「梵住」：慈、悲、喜、捨。以上四者必須發展成爲無量心，對一切眾生，打破限制，它們是梵天的自然素質，因此在禪修中培育四梵住，就是讓內心成爲梵天的住所。

第一個梵住是慈心，我將在此闡明其修行方法。慈心的特徵就是希願他人都能身心安康和快樂，這個希願終必延伸到宇宙中的一切有情眾生，這個素質自然含有道德戒行，但是在這個修行階段，我們並不只把「關注他人的身心安康和快樂」視爲行動基礎。這樣做其實是爲了淨化內心，使內心煥發、美麗、崇高，因此培育慈心是一種刻意的禪修練習。

我們必須思惟四種範疇的人：自己，然後是親愛的人，再來是中性的人，最後是敵對的人。我們首先思惟自己。我們希願自己身心安康和快樂，思惟：「願我身心健康，願我快樂，願我不會受到任何傷害和痛苦。」你把自己當作例子，想要身心安康和快樂，用自己作爲平台，向其他人延伸慈心的感受。從開始希望自己身心安康和快樂，我們就了解爲什麼其他人也希望身心安康和快樂，因此我們學到去延伸願望，希願他人也身心安康和快樂。

我們必須能夠對自己產生一種自然、溫暖、煥發的慈心感受。比較容易的方法是，從自己的視覺影像開始，好像看到自己在鏡子裡，微笑而且快樂，把你的形象一再遍滿思惟：「願我身心安康，願我快樂，願我不會受到任何傷害和痛苦。」當你很熟練如何散發慈心給自己之後——也就是當你感覺到一種溫暖的光束從內心射出，遍滿自己——然後你根據不同範疇的人，一一給予祝願。

從友善的人開始：一位眞正的朋友，然而你不應該選擇一個有親近而親密情感關係的人，像是丈夫或妻子，女朋友或男朋友，也不要選擇自己的孩子，因爲這樣一來，慈心可能掩飾了情感的執著，而偏離了禪修的正道。相反地，你應選擇一位尊敬的老師或親近的朋友，你有感情和尊敬，卻不是一份情感關係。

邀請這位友善的人到你的心中，產生、加強、培育一種希望，祝願你的朋友身心安康和快樂，一旦可以成功散發慈心給朋友——有一種深刻而眞實的祝願，希望朋友身心安康和快樂——下一個應選擇中性的人，這可能是你每天在街上擦肩而過的人，或郵差，或在超市工作的女士，或你每天上班坐公車的司機，這個人你經常見到，知道他的面孔，跟他卻並沒有私人的交情，你對於這個人的心態應完全中性，沒有一絲友誼，也沒有一絲惡感。

然後你視這個人爲一個人類，就像你一樣。你必須思惟：「就像我希望身心安康和快樂，這個人也希望身心安康和快樂。」來爲禪修鋪路。用比喻來說，你把心從身體裡拿出來，放到另一個人的身體當中，你試著從那個中性的人的眼睛，來體驗這個世界。我並不是說你應該開發神通或具有讀心術的本領，但你可以用想像力來感受，如果自己是這位中性的人，這會讓你認識到，所謂中性的人並不是一個沒有名字的面孔，而是眞正的人類，像你一樣，渴望身心安康和快樂，也跟你一樣，排拒痛苦。

做了這樣想像的身分交換之後，然後回到自己的身體，散發這樣的思惟：「願這個人身心安康，願他快樂，願他不會受到傷害和痛苦。」你繼續散發慈心，直到這個中性的人身上充滿溫暖、光明、煥發的祝願，希望他身心安康和快樂。

一旦成功地散發慈心給中性的人，接下來你要選一個一向當作敵人的人、一個有敵意的人、一個僅因爲他存在就會引起你憤怒的人。你取這個人的相，同樣從這個人的觀點來看世界，你運用上述同樣的身分交換技巧，然後，等你的心被這樣的思惟軟化了之後，你便向有敵意的人散發慈心。

散發慈心給一個有敵意的人，往往非常困難。因此佛陀教導了不同的方法，來除去對這樣的人的怨恨，如果你善巧運用這些方法，平衡安忍和精進，最終會克服你對他的敵意，然後就可希願他得到眞正的快樂，即使這個人根性卑鄙而且殘酷。你堅持努力，直到你深刻而眞誠地關懷他的身心安康和快樂，然後就散發慈心給這個人，直到你感覺這個敵人像朋友一般。

於是我們學到如何散發慈心給自己、友善的人、中性的人和有敵意的人。經由這些修行，我們就可全部平等散發慈心給這些人，沒有差別，沒有排斥，佛經稱這個階段爲「破除界限」，因爲我們已不會在自己和他人之間，或是在朋友、中性的人和敵人之間樹立界限。我們經由不斷的練習，鞏固了不同的人之間的無分別階段之後，接下來就開始延伸慈心的感受，越來越廣，包括一切眾生，我們散發慈心給我們的城市、我們的國家、我們的大洲，甚至其他的大洲，還有整個世界。我們散發慈心給世界上一切人類：白的、棕的、黑的、黃的，男人、女人和兒童，沒有遺漏，於是我們就可以包括一切眾生，包括生存於不同界的一切眾生。

在知名的《慈經》裡，佛陀說，就像母親愛她的獨子，甚至願意犧牲自己的生命，我們也對一切眾生遍滿慈心的感受，這樣一來，我們就從「無分別」的慈心轉化成眞正「遍滿」的內心素質。

慈心的培育給心帶來內在的美。美的心是促成眞實的快樂和寂靜的一個元素。痛苦、不知足、不滿足，都從心的煩惱而來，我們培育了慈心禪，這個清淨的愛會擴張，一直到沒有界限，去除了所有煩惱的暗黑。當煩惱去除，許多其他殊勝的內心素質就會生起並且開花：信、輕安、定、捨。這些清淨的素質帶來喜悅、快樂、寂靜，即使在困難的外在條件之下也一樣。就算他人對你嚴厲苛責，就算你生活在艱難的情況下，你的心仍保有快樂和寂靜。所以快樂的第二個元素就是「美」——美的心，而一種培育內心之美的有效方法，就是破除界限的慈心禪。

當我們的心安頓而且澄澈，便學到如何保持心一境性，由這樣的精進，心進入深定的階段，叫做三摩地（samādhi）。持續不斷地努力，如果我們善根成熟，可以達到很高的新境界，稱爲禪那（jhānas），由其中的喜、樂、輕安等來鑑定，可分爲四個階段，把心提升到比欲界崇高許多的境界，這些境界是美心的頂峰，對這些境界熟練了之後，便實現了美，把美變成一個活生生的經驗。若要正確說明禪那的境界，需要詳細的討論，但修行慈心禪已經足夠幫助心達於這樣的境界。

## 眞

至此我們講到快樂的第三支因素：眞。更確切地說，就是證悟眞理。佛陀說，即使戒行清淨，心也因修定而清淨，仍未達到最高的快樂和寂靜。禪定帶來不可思議的喜悅和寂靜，使心充滿煥發和光明，但那煥發和光明是不完美、不完整、不穩定的。要達到最高的快樂和寂靜，還必須向前一步，需要的是智慧，直接親證眞諦。

證悟眞理對眞實快樂很重要，因爲只有智慧可以根除煩惱，培育慈心可暫時降伏內心煩惱，使它不能侵入心識，占據念頭，然而，即使培育慈心和其他重要的素質，也會體驗到寂靜和清淨，但煩惱仍繼續存在心底深處，如果我們不精進，煩惱很可能逮到機會生起，滲入心識，引起苦難。

根據佛陀，一切煩惱中最深的根就是無明，只要無明還在，煩惱就會持續，雖然也許是隨眠而非現行，如果要心完全不受煩惱老奸巨猾的衝擊，我們必須除去無明，只要無明去除了，一切煩惱也隨之消失，永不退轉。

佛陀說，無明的意義就是不理解實相。對我們每一個人，究竟來說，世間就是我們自己的「五蘊」——色、受、想、行、識，世間是根、境、相應的識的「總和」，去除無明的工具是智慧，因此智慧就是正確理解實相，正確理解世間：五蘊、六處、各種心識。

這種智慧不能簡約到只是概念性知識，而是直接、感知的，不能經由客觀對象化的過程，也不能經由退後、把自己和親身體驗拉開距離，而需要我們用「內線者」的觀點，完全主觀親驗、卻不認同體驗就是我。這個觀點只能經由系統性的訓練達成。如要達到根除煩惱的智慧，我們必須進入佛教禪修訓練的階段，稱爲觀禪。「觀」意謂直接見到我們身心的實相，見到我們體驗的構成，這是修習觀禪的目標。首先，我們必須建立定力，藉慈心禪、十遍處、出入息等修行，達到心一境性，然後，用集中而統一的定心，探索刹那體驗的本質。

產生智慧的主要因素是正念，密切、仔細地作意那連續感知過程中，發生於自己和自己身心之內發生的現象，正念不嘗試去操控感知的內容，只是一有現象生起，便在每一刹那觀察發生的現象。一旦我們運用定心來探詢自己的體驗，完全地專注，就開始理解一切緣起的事物的眞實本質，因爲一切緣起的存在就在我們自己身心之內！就在我們身心之內，五蘊之內，我們可以知見整個世間的本質。

正念加深之後，只要我們觀照五蘊，便發現它們都具三個共相，也就是無常——每一刹那有無數生滅，無常很容易招致苦，苦又是空的，沒有任何實質可以說是自我。這三個共相存在於一切有爲法中，就是一切「行」、一切因緣構成的事物的眞實本質。我們觀察自己體驗裡的每一現象都是生生滅滅，因此知道在一切處生起的每一現象必然滅去：有生就有滅。我們觀察本身體驗的方方面面都會動搖而且滅去，我們便感受到苦，因此我們知道有爲世間沒有任何事物值得執著，因爲執著就是痛苦。我們可以看到我們身體構成的一切元素，也就是五蘊，都沒有實質，沒有自有自成的我性，這樣就爲我們個人領域中直接體驗的「知」開啟了一道通向「遍知」的門，一旦知道在我們五蘊複雜體的實相，我們就在無量時空中，看到有爲世間的必然性。

但是有爲世間的全面眞理，還不是究竟眞理，它仍是一個因緣、生、滅的眞理，因此是一個有瑕疵的眞理，其實我們只接觸了半面眞理，但這是我們必須知道的半面眞理。佛陀說：「法住智在前，然後涅槃智。」（pubbe dhammaṭṭhitiñāṇaṃ paccha nibbāne ñāṇaṃ，相應部12・70經：蘇尸摩經），當我們思惟五蘊，心便有泰然的捨心。找到制高的瞭望點，澄澈清楚地觀照到生命一切組成元素中都有三共相。當觀智圓滿，就超過了有爲的局限，從有爲法的領域，進入無爲法，佛陀稱此爲涅槃，從一切苦究竟解脫：「這麼具備的比丘具備這最高慧的依處，比丘！因爲這是最高聖慧，即：一切苦滅盡之智。」（中部140經：界分別經）。

## 三位一體

我們應該知道，在尚未證悟眞理並把眞理嵌入生命之前，我們在追求「善」和「美」的成就，是不完整而且危脆的。沒有證悟超越的眞理，「善」，或者說德行，必須用精進來維持，我們易受引誘而違犯戒行，如果我們遵行道德的決心動搖了，也許會完全拋棄良知，向原始衝動投降。因此，如果「善」不是建立在直接親證眞理的話，很快會被相反的事物滲透，佛陀說只有達到究竟眞理的首次突破，也就是須陀洹果（sotāpatti），才不致違犯五戒，成就「四證淨」，只有阿羅漢或解脫者才能根除不道德行爲的傾向，因此證悟眞理才能夠牢固、安穩而且完美地成就「善」。

「美」也一樣。美的心因培育梵住——如慈心、悲心——而成就，由精進來保持，就像任何修剪整潔的花園，如果我們不日日澆水、除草、修剪，就會變成荒煙蔓草、秩序大亂，而且醜陋不堪。定心的寂靜、喜悅、煥發，是眞誠努力的回報，但我們也不能以爲理所當然必有報償，因爲如果我們懈怠，煩惱就會突破我們心識的表土，扭曲我們的念頭，顚倒我們的情緒。我們只有得到禪定，才能歷劫享受喜悅和寂靜，但喜悅和寂靜會動搖，只要沒有「眞」，我們的成就可能退步或消失，唯有證悟眞理，煩惱才能「斷其根本，無基，息滅，於未來世永不復起」。因此，只有證悟眞理，「美」才是永續的成就。

所以我們看到構成眞實快樂的三支因素——善、美、眞——中，眞理有自己獨特的層次，份量與其他兩者不可同日而語，「眞」是「善」和「美」穩固的基礎，「眞」的頂峰可使「善」和「美」趨近到它們能達到的最遠的盡頭，「眞」使「善」和「美」安穩，讓兩者絕不退失，同時「眞」將兩者天生的卓越潛力發揮到完美。

總而言之，當我們細密分析快樂的概念，看到它包括三支：善、美、眞，或說道德的清淨、內心的美麗、眞理的證悟。我們首先遵循戒行——德行的準則，在生命裡體現「善」。然後。

以「善」爲基礎，我們培育「美」，經由內心培育的修行達到清淨的心，至於方法，我們只討論了一項，也就是慈心的培育。然後，心由於修定而清淨、寂靜、煥發，我們就致力於證悟眞理，我們運用定心來探詢自己經驗的本質，首先我們證悟有爲法的本質，展現在我們自己身心現象的「五蘊」，然後我們證悟無爲法——涅槃，無上的眞理。證悟涅槃可圓滿這目標的三個元素——善、美、眞，三位融爲一體，也就是一個不可分割的整體，這個整體將給我們的生命帶來寂靜、和諧與最高的快樂，這就是佛陀所謂的不可動搖的心解脫。

原刊於菩提葉154期，首刊於二〇〇一年。

Published by agreement with Buddhist Publication Society through the Chinese Connection Agency,a division of The Yao Enterprises,LLC.

善知識系列　JB0153

輪迴可有道理？——五十三篇菩提比丘的佛法教導
Dhamma Reflections:Collected Essays of Bhikkhu Bodhi

作　　者／菩提比丘（Bhikkhu Bodhi）
譯　　者／雷叔雲
責任編輯／陳怡安
業　　務／顏宏紋

總 編 輯／張嘉芳
出　　版／橡樹林文化
城邦文化事業股份有限公司
104 台北市民生東路二段 141 號 5 樓
電話：(02)2500-7696　傳眞：(02)2500-1951
發　　行／英屬蓋曼群島商家庭傳媒股份有限公司城邦分公司
104 台北市中山區民生東路二段 141 號 2 樓
客服服務專線：(02)25007718；25001991
24 小時傳眞專線：(02)25001990；25001991
服務時間：週一至週五上午 09:30 ～ 12:00；下午 13:30 ～ 17:00
劃撥帳號：19863813　戶名：書虫股份有限公司
讀者服務信箱：service@readingclub.com.tw
香港發行所／城邦（香港）出版集團有限公司
香港灣仔駱克道 193 號東超商業中心 1 樓
電話：(852)25086231　傳眞：(852)25789337
Email: hkcite@biznetvigator.com
馬新發行所／城邦（馬新）出版集團【Cité (M) Sdn.Bhd. (458372 U)】
41, Jalan Radin Anum, Bandar Baru Sri Petaling,
57000 Kuala Lumpur, Malaysia.
電話：(603) 90578822　傳眞：(603) 90576622
Email：cite@cite.com.my

內文排版／歐陽碧智
封面設計／周家瑤
印　　刷／韋懋實業有限公司

初版一刷／ 2022 年 7 月
ISBN ／ 978-626-96138-4-7
定價／ 600 元

城邦讀書花園
www.cite.com.tw



國家圖書館出版品預行編目（CIP）資料

輪迴可有道理？——五十三篇菩提比丘的佛法教導 / 菩提比丘（Bhikkhu Bodhi）著；雷叔雲譯. -- 初版. -- 臺北市：橡樹林文化，城邦文化事業股份有限公司出版：英屬蓋曼群島商家庭傳媒股份有限公司城邦分公司發行，2022.07
面；　公分. --（善知識系列；JB0153）
譯自：Dhamma reflections : collected essays of Bhikkhu Bodhi
ISBN 978-626-96138-4-7（平裝）

1.CST：佛教　2.CST：文集

220.7　　111007793

廣　告　回　函
北區郵政管理局登記證
北 台 字 第 10158 號

郵資已付　免貼郵票

104 台北市中山區民生東路二段 141 號 5 樓

城邦文化事業股份有限公司
橡樹林出版事業部　收

請沿虛線剪下對折裝訂寄回，謝謝！

|橡|樹|林|

書名：輪迴可有道理？——五十三篇菩提比丘的佛法教導
書號：JB0153

橡樹林文化

# 讀者回函卡

感謝您對橡樹林出版社之支持，請將您的建議提供給我們參考與改進；請別忘了給我們一些鼓勵，我們會更加努力，出版好書與您結緣。

姓名：＿＿＿＿＿＿＿＿ □女 □男 生日：西元＿＿＿＿＿年

Email：＿＿＿＿＿＿＿＿＿＿＿＿＿＿＿＿

●您從何處知道此書？

□書店 □書訊 □書評 □報紙 □廣播 □網路 □廣告 DM □親友介紹

□橡樹林電子報 □其他＿＿＿＿＿＿

●您以何種方式購買本書？

□誠品書店 □誠品網路書店 □金石堂書店 □金石堂網路書店

□博客來網路書店 □其他＿＿＿＿＿＿

●您希望我們未來出版哪一種主題的書？（可複選）

□佛法生活應用 □教理 □實修法門介紹 □大師開示 □大師傳記

□佛教圖解百科 □其他＿＿＿＿＿＿

●您對本書的建議：

＿＿＿＿＿＿＿＿＿＿＿＿＿＿＿＿

＿＿＿＿＿＿＿＿＿＿＿＿＿＿＿＿

＿＿＿＿＿＿＿＿＿＿＿＿＿＿＿＿

＿＿＿＿＿＿＿＿＿＿＿＿＿＿＿＿

＿＿＿＿＿＿＿＿＿＿＿＿＿＿＿＿

非常感謝您提供基本資料，基於行銷及客戶管理或其他合於營業登記項目或章程所定業務需要之目的，家庭傳媒集團（即英屬蓋曼群商家庭傳媒股份有限公司城邦分公司、城邦文化事業股份有限公司、書虫股份有限公司、墨刻出版股份有限公司、城邦原創股份有限公司）於本集團之營運期間及地區內，將不定期以MAIL訊息發送方式，利用您的個人資料於提供讀者產品相關之消費與活動訊息，如您有依照個資法第三條或其他需服務之業務，得致電本公司客服。

我已經完全瞭解左述內容，並同意本人資料依上述範圍內使用。

＿＿＿＿＿＿＿＿＿＿＿＿（簽名）

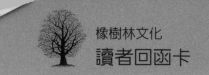